_____ 님의 소중한 미래를 위해
이 책을 드립니다.

경제는 돈의 흐름을 알고 있다

경제는 돈의 흐름을 알고 있다

돈을 지배하는 경제의 핵심원리

김종선 지음

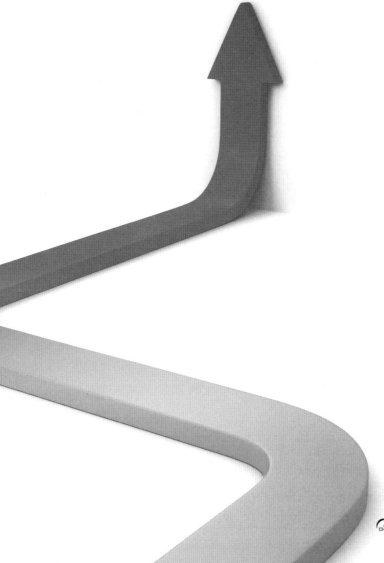

메이트북스

메이트북스 우리는 책이 독자를 위한 것임을 잊지 않는다.
우리는 독자의 꿈을 사랑하고,
그 꿈이 실현될 수 있는 도구를 세상에 내놓는다.

경제는 돈의 흐름을 알고 있다

초판 1쇄 발행 2018년 8월 3일 **| 지은이** 김종선
펴낸곳 ㈜원앤원콘텐츠그룹 **| 펴낸이** 강현규·정영훈
책임편집 이가진 **| 편집** 최미임·안미성·이수민·김슬미
디자인 최정아 **| 마케팅** 한성호·김윤성 **| 홍보** 이선미·정채훈
등록번호 제301-2006-001호 **| 등록일자** 2013년 5월 24일
주소 06132 서울시 강남구 논현로 507 성지하이츠빌 3차 1307호 **| 전화** (02)2234-7117
팩스 (02)2234-1086 **| 홈페이지** www.matebooks.co.kr **| 이메일** khg0109@hanmail.net
값 18,000원 **| ISBN** 979-11-6002-155-4 03320

이 도서의 국립중앙도서관 출판시도서목록(CIP)은 e-CIP홈페이지(http://www.nl.go.kr/ecip)에서
이용하실 수 있습니다.(CIP제어번호: CIP2018022240)

위험은 자신이 무엇을 하는지
모르는 데서 온다.

• 워런 버핏(세계적인 투자의 귀재) •

경제를 내 편으로
끌어들이는 방법

사람들은 늘 경제를 바라본다. 내 일자리, 내 노후가 걸려 있기 때문이다. 그런데 신기하게도 경제 이야기는 무슨 이야기가 됐든 재미가 없거나 어렵다. 가까이 다가서기 부담스럽다. 경제 이야기가 반드시 그래야할 필요가 있을까? 그래서는 안 된다. 경제는 나와 내 이웃들이 먹고 사는 이야기, 그 이상도 그 이하도 아니기 때문이다. 무엇보다 쉽고 재미있어야 한다. 그래야 귀를 기울일 수 있을 것이다.

경제란 것은 본시 복잡다단하게 서로 얽혀 움직이기 때문에 질서라고는 전혀 찾아볼 수 없는 것처럼 보일 때가 많다. 그러나 늘 그런 것만은 아니다. 가을이 다 지나가기도 전에 눈이 내리기도 하고, 또 겨우내 여울

물을 붙들고 있던 살얼음이 채 풀리기도 전에 성급하게 꽃이 피기도 한다. 이처럼 때로는 이르게, 또 때로는 뒤늦게 움직이기도 하지만 계절은 언제나 사계의 분명한 구분을 가지고 순환한다. 예나 지금이나, 또 앞으로도 변함없이 말이다. 경제도 마찬가지다. 때로는 길게, 또 때로는 짧게 끌고 가기도 하지만 호황과 불황을 오가는 패턴, 즉 비즈니스 사이클을 포기하는 법은 없다.

우리가 흔히 경제라고 알고 있는 경제성장, 고용, 또 금리 등이 모두 이 비즈니스 사이클에 맞추어 움직인다. 또 이와 함께 주가, 채권 가격, 환율, 유가 등과 같은 모든 금융자산 가격들도 이에 맞물려 움직인다. 경제란 그런 것이다. 과연 그렇다면 계절의 순환에 순응하며 때맞추어 씨를 뿌리고, 또 때맞추어 수확하는 일에 일생을 거는 농부처럼 도시의 투자자들도 경제의 움직임에 순응하며 때맞추어 자산시장에 뛰어 들고, 또 때맞추어 자산시장에서 빠져 나오는 일에 자신의 노후를 걸어야 하는 것은 아닐까?

예나 지금처럼 앞으로도 경제는 미리 정해진 길을 따라 앞만 보며 달려갈 것이다. 그러나 변화무쌍한 일정을 가지고 움직이기 때문에 늘 다른 듯이 보인다. 경제의 그런 겉모습만 보고 좌절한 채 외면해서는 안 된다. 또 나와 내 가족의 생계가 걸려 있는 경제를 쉬운 일도 어렵게 풀어 이야기하기 좋아하는 경제학자들에게만 맡겨두어서도 안 된다. 특히 정부는 모르고, 또는 알면서도 일부러 거짓말을 하며 국민들을 오도하기도 한다. 야성적 충동으로 날뛰기 쉬운 시장을 길들이기 위한 고육지책이었다고 뒤늦게 변명하지만, 사실은 경륜이 턱없이 부족했던 경제 관료들 탓이었던 경우가 많다.

그래서 경제는 누구든지 반드시 두 눈을 부릅뜨고 똑똑히 지켜보아야 한다. 그래야 내 일자리와 내 돈을 지킬 수 있다. 이 책은 경제의 운동 원리를 제대로 알고 경제를 내 편으로 끌어 들이는 방법에 대한 이야기들을 엮었는데, 크게 다음과 같은 순서로 전개된다.

① 경제에 맞서면 죽는다.
② 그 경제는 비즈니스 사이클 다름 아니다.
③ 모든 자산시장은 이 비즈니스 사이클의 지배를 받는다.
④ 그러나 경제도 때로는 궤도를 이탈하기도 한다.
⑤ 그래서 언제나 경제가 보내는 신호에 주의를 기울여야 한다.

이 책은 어디까지나 경제서적이다. 그러나 독자 여러분들은 지레 겁먹을 필요가 없다. 이 책은 페이지 넘김이 좋기 때문이다. 맥주는 무릇 목넘김부터 좋아야 하는 것처럼 책, 특히 경제서적처럼 자칫 지루해지기 쉬운 책의 내용을 독자들에게 끝까지 전달하기 위해서는 한 번 들면 절대 놓지 않을 책을 만들어야 했다. 이를 위해 필자는 역사 속의 유명 인사들이 등장하는 많은 일화들을 소개했다. 뿐만 아니다. 브렉시트, 비트코인, 트럼프발 무역전쟁, 북한 리스크 등과 같은 최근 이슈들이 경제와 충돌하거나 수용되는 모습까지 빼놓지 않았다. 이 모든 실제 이야기들을 통해 독자 여러분들은 경제를 끌고 가는 비즈니스 사이클의 정체와 또 이에 연동해서 움직이는 자산시장의 움직임을 꿰뚫어 볼 수 있는 안목을 얻게 될 것으로 믿는다.

김종선

| 차례 |

| 프롤로그 | ## 누가 경제에 맞서는가?

9장 위기의 신호들

에필로그 내 돈은 내가 지킨다

경제는 스스로 움직입니다. 재빨리 움직이다 힘들면
쉬어 가면서 알아서 속도를 조절하는데,
그게 바로 경제의 운동원리입니다.

『경제는 돈의 흐름을 알고 있다』
저자 심층 인터뷰

'저자 심층 인터뷰'는 이 책의 심층적 이해를 돕기 위해 편집자가 질문하고 저자가 답하는
형식으로 구성한 것입니다.

Q. 『경제는 돈의 흐름을 알고 있다』를 소개해주시고, 이 책을 통해 독자들에게 전하
고 싶은 메시지가 무엇인지 말씀해주세요.

A. 이 책은 한 마디로 경제의 운동원리를 설명하는 책입니다. 사람들이
살아가면서 당면하는 많은 중요한 문제들, 이를테면 일자리, 재태크
등과 같은 것들이 경제에 달려 있다는 사실을 우리는 잘 알고 있습니
다. 그러나 그런 경제에 대해 우리는 정작 많이 알고 있지 못합니다.
경제란 것이 워낙 복잡다단해 보여 존재라 쉽게 접근하기 어려운 탓
이겠지요. 그렇다고 외면해서는 안 됩니다. 파헤쳐야 합니다. 물이 무
섭다고 피하려 들기만 하면 수영은 영원히 배울 수 없겠지요. 수영을

배우고 나면 물이 친구가 되는 것처럼 경제를 알고 나면 복잡한 현실이 달리 보이게 됩니다. 좋은 코치를 만나면 수영을 빨리 배울 수 있게 되는 것처럼 독자들이 이 책을 통해 경제의 운동원리를 이해하고, 이를 이용해 자신들의 재테크 수준을 한 차원 끌어올릴 수 있기를 기대합니다.

Q. 경제를 지배하는 거대한 운동원리로 '비즈니스 사이클'을 언급하셨습니다. 이 비즈니스 사이클은 무엇입니까?

A. '비즈니스 사이클'은 마치 사계의 변화와 같습니다. 계절의 변화는 태양과의 거리에 달려 있지요. 태양과 가까이 있는 동안은 여름이고, 또 멀리 있는 동안은 겨울입니다. 여기서 태양은 외부적인 존재입니다. 그러나 경제는 이와 다릅니다. 경제에서는 태양과 같은 절대 존재는 없습니다. 경제는 스스로 움직입니다. 재빨리 움직이다 힘들면 쉬어가면서 알아서 속도를 조절하는데, 그게 바로 경제의 운동원리입니다. 그러한 과정에서 일어나는 호황과 불황의 궤적이 바로 비즈니스 사이클입니다. 사계의 변화가 많은 자연현상들의 전부는 아니겠지만, 계절이 규칙적으로 변한다는 사실만큼 중요한 일도 없습니다. 무엇보다 계절에 따라 우리가 할 수 있는 일을 찾아낼 수 있게 합니다. 경제도 마찬가지입니다. 비즈니스 사이클을 일으키는 운동원리를 이해하면 비즈니스 사이클의 어느 구간에서 어떤 자산에 투자해야 좋은지 알 수 있게 됩니다. 재테크의 성공 여부는 거의 절반 이상이 여기서 결정됩니다.

Q. 모든 자산은 비즈니스 사이클을 타고 달린다고 표현하셨습니다. 이에 대해 자세한 설명 부탁드립니다.

A. 자산투자의 성과가 비즈니스 사이클에 기반하는 이유는 모든 자산들이(각기 자신들이) 좋아하는 자리를 따로 갖고 있기 때문이지요. 주식은 금리가 낮은 곳을 좋아하지만 외환은 금리가 높은 곳을 좋아합니다. 또 채권도 주식처럼 고금리를 싫어하지만 금리에 대응하는 모양이 주식과는 약간 다릅니다. 비즈니스 사이클은 각 국면마다 각기 다른 높이의 금리를 선보입니다. 그래서 비즈니스 사이클의 각 국면마다 투자 성과가 좋은 자산이 따로 있게 되는 거지요. 각 시장참여자들이 이런 사실을 잘 알고 있으면 손에 들고 있는 투자자산에 잘 맞는 자리를 찾아 순차적으로 비즈니스 사이클로 뛰어들었다가 빠져나가는 일을 반복할 수 있게 되겠지요. 바로 이런 모습을 두고 모든 자산들은 비즈니스 사이클을 타고 달린다고 말한 것입니다.

Q. 주식도 업종에 따라 먼저 뜨는 것이 있고, 나중에 뜨는 것이 있습니다. 자산시장 진입과 이탈 타이밍에 대한 자세한 설명 부탁드립니다.

A. 주식은 주력 상품에 따라 각기 다른 업종에 소속되어 있습니다. 그런 만큼 비즈니스 사이클의 각 국면에서 반응하는 모양이 각기 다 다릅니다. 이를테면 포항제철은 원자재, 하나은행은 채권, 현대자동차는 증권, 또 한국전력은 외환에 가깝습니다. 그러니 모든 주식이 일제히 같이 떠올랐다가 내려가는 일은 절대 없겠지요. 자산시장 참여자들은 늘 이런 원리를 염두에 두고 시장을 들여다보아야 합니다. 그렇게 하면 비즈니스 사이클에 맞추어 떠오르는 업종, 혹은 투자자산을 찾아다니며 늘 수익을 내는 순환매매가 가능해집니다.

Q. 주요 거시경제지표들은 경제의 '바이탈 사인'과 같다고 하셨습니다. 지표의 힘과 역할에 대해 자세한 설명 부탁드립니다.

A. 경제가 과열되어가는 호황기와 경제가 쉬어가는 불황기가 어떻게 다른가를 알아내려면 그런 국면들에서 어떤 다른 일들이 흔히 일어나는지를 먼저 들여다보아야 합니다. 우리가 과로하면 우리 몸에서 심박동이 빨라지고, 또 체온도 재빠르게 올라갑니다. 경제에서 그런 일을 하는 것이 바로 거시지표들입니다. 국민소득, 실업률, 소비자 물가지수 같은 것들이 대표적인 거시경제지표들인데 우리 경제의 펀더멘털을 보여주는 척도입니다. 그러니 경제의 '바이탈 사인'이라 할 수 있습니다. 이런 지표들을 잘 관찰해야 지금 경제가 비즈니스 사이클에 맞는 투자자산을 적기에 투입할 수 있습니다.

Q. 경제와 금리의 관계는 어떻게 이해해야 합니까? 이에 대해 자세한 설명 부탁드립니다.

A. 금리는 한 마디로 공기 중의 산소의 양과 같습니다. 산소 농도가 희박하면 제대로 움직이기 어려워지는 것과 같은 이치로 금리가 올라가면 경제활동이 힘겨워집니다. 어떤 경제활동이든지 금융으로부터 자유로울 수 없는데, 금리가 올라가면 금융 비용이 무거워지기 때문입니다. 그런데 이 금리는 경제와 함께 변합니다. 경제활동이 활발해지면 돈을 빌려 사업을 확장하려는 사람이 많아지기 때문에 금리가 올라가게 됩니다. 그리고 나중에는 바로 이 금융 비용 때문에 경제가 활력을 잃으면서 불황으로 치닫게 되지요.

Q. 중앙은행은 어떻게 인플레이션을 감지하며, 어떠한 원리로 움직입니까? 이에 대해 자세한 설명 부탁드립니다.

A. 경제의 현재 기세를 보여주는 가장 중요한 지표는 금리인데 금리는 경제의 운동원리에 따라 제 스스로 높이를 조절하는 기능을 가지고 있습니다. 경제의 활력에 맞추어 자동적으로 오르고 내리면서 경제를 보호합니다. 그런데 이 자동조절 기능이 제대로 작동하지 못하는 경우가 있습니다. 사람들이 경제를 지나치게 낙관적으로 보면서 달릴 때 일어납니다. 역사적으로 그런 일이 드물지 않게 일어났는데, 내버려두면 버블을 일으키며 심각한 후유증을 남기기 때문에 중앙은행이 반드시 개입해야 합니다. 시장 금리를 더욱 빠르게 올라가게 만들어 경제를 강제 입원시키는 것이지요. 그러기 위해서는 반드시 그럴 만한 이유를 먼저 찾아내어야 하는데 물가 상승 압력, 즉 인플레이션 우려가 바로 그것입니다. 여기서 중요한 것은 누구나 다 알고 있는 소비자물가지수가 바로 그 물가 상승 압력 지표가 아니라는 사실입니다. 소비자물가지수가 절대로 목표치를 넘어서지 않게 하는 것이 중앙은행이 하는 일인 만큼 그에 앞서 일어나는 물가 상승 징후를 찾아내어야 하는데 고용지표들이 그런 일을 잘 해냅니다.

Q. 위기를 불러오는 버블의 생성과 파열 과정, 정부의 대응 패턴은 무엇입니까? 자세한 설명 부탁드립니다.

A. 버블은 탐욕에서 오는데 그렇다고 사람들이 반드시 어리석기 때문인 것만은 아닙니다. 늘 그럴만한 이유가 있었습니다. 그래서 현재의 상승세가 앞으로도 계속 이어질 것이라는 어처구니없는 생각에 반복적으로 빠져듭니다. 이런 일이 일어나면 중앙은행도 사실 속수무책입

니다. 자산시장으로 유입되는 자금의 규모가 워낙 크기 때문에 금리 인상으로 그 기세를 꺾기가 쉽지 않기 때문입니다. 또 자칫 잘못되는 경우에는 그 자체만으로도 경제위기를 불러 올 수 있는 만큼 감히 손 쓰지 못합니다. 대신 버블이 터진 후에 수습하는 쪽으로 가닥을 잡습니다. 금리를 재빨리 내려 그나마 경제 전체가 완전히 망가지지 않도록 하는 것이지요.

버블은 결국은 터집니다. 지금까지 한 번도 예외가 없었습니다. 들어오는 공기가 너무 많아 터지는 아이들의 풍선과는 달리 자산시장의 버블은 시장에 더이상 들어오는 돈이 없을 때 터집니다. 이른바 '상승 모멘텀'이 꺾이는 순간 버블은 수명을 다하게 됩니다. 이런 패턴은 앞으로도 지속될 것이 확실합니다. 지금까지 하나도 변한 게 없으니까요. 이런 사실을 꿰뚫어 보고 있으면 '버블 100배 즐기기'도 가능하겠지요. 18세기 영국에서 있었던 '남해 버블'에서 우리가 잘 아는 물리학자 뉴턴은 '쪽박'을, 음악가 헨델은 '대박'을 터뜨린 일이 있었습니다.

Q. 경제위기에 대비하려면 언제나 위기의 징후를 찾아내려는 노력을 해야 한다고 하셨습니다. 어떻게 대처하거나 반전의 기회를 노려야 할까요?

A. 자산시장 버블의 충격은 경제 전체로 파급되는 일이 많습니다. 2008년의 금융위기가 대표적인 사례가 되겠지요. 하지만 정부가 재정지출을 늘리며 앞장서서 버블을 키운 경우에는 수년 전 남유럽에서 일어났던 것과 같은 재정위기도 함께 일어납니다. 우리나라와 같은 신흥국의 경우에는 다른 나라의 위기로 인해서도 외환위기의 유탄을 맞을 수 있습니다. 재정위기는 그 원인이 국내에 있는 만큼 국내 거시

경제지표로 그 징후는 물론 진행 과정까지 엿볼 수 있지만, 외환위기의 경우에는 그것만으로는 부족합니다. 나라 밖의 지표까지 지켜보아야 합니다.

Q. 경제에 대해 관심이 있지만 흐름을 어떻게 읽으면 좋을지 고민하고 혼란스러워하는 독자들에게 한 말씀 부탁드립니다.

A. 경제는 지표로 추적이 가능한데 좋은 지표들은 얼마든지 있습니다. 그러나 그런 것들을 일일이 다 기웃거리기 시작하면 길을 잃기 십상입니다. 우리가 보아야 할 것은 나무가 아니라 어디까지나 숲이지요. 경제 전문가가 아닌 일반인들이 숲을 보는 가장 손쉬운 방법은 경제를 지배하는 금리를 움직이는 인플레이션 지표에 주목하는 일입니다. 월가의 기관투자자들은 그런 지표로 신규 취업자수와 시간당 임금에 늘 주목하는데 노동시장이 미국처럼 탄력적으로 변하지 않는 우리나라의 경우에는 취업자수가 중요하겠지요. 여러 지표를 종합적으로 보면 좋긴 하겠지만 지표 간의 복잡한 상관관계를 잘 알지 못하는 일반인들에게는 자신에게 편안한 지표 가운데 몇 가지만 골라 관찰하는 편이 좋겠습니다.

경제 전문가가 아닌 일반인들이 숲을 보는

가장 손쉬운 방법은 경제를 지배하는

금리를 움직이는 인플레이션 지표에 주목하는 일입니다.

Economy knows the flow of Money

프롤로그

누가
경제에 맞서는가?

아! 영국

1992년 여름, 유로화 채택을 앞두고 모든 경제지표들이 일제히 '노'라고 말하는데도 불구하고 이에 완강하게 저항하던 영국에 맞선 소로스의 이야기를 들어보자.

통독을 바라보는 이웃나라들의 불편한 속내

1989년 동유럽에 공산주의의 잔재를 쓸어내는 자유화의 물결이 밀어닥쳤다. 같은 해 여름, 마침내 헝가리가 베를린 장벽과 함께 동서냉전을 상징하는 '철의 장막'의 다른 한 축을 이루고 있던 오스트리아와의 장벽을 개방한다. 또 뒤이어 같은 해 11월 9일, 수일 동안 이어진 대규모 시위에 굴복한 동독도 그 날 자정을 기해 베를린 장벽을 개방하고 동독인들이 서독으로 자유롭게 이동할 수 있도록 허용하기로 한다. 이윽고 자정이 되자 전 세계인들이 지켜보는 가운데 수많은 동독인들이 이를 기념하면서 장벽 위로 올라가 반대편에서 올라오는 서독인들과 손을 잡으며 환호한다. 1961년에 설치되어 28년 동안 200만 톤의 콘크리트와 70만 톤의 철근으로 동서독을 가로막던 45km의 베를린 장벽이 마침내 해체되는 역사적 순간이었다.

그러나 이 장면을 TV 생중계로 지켜보던 당시 프랑스 대통령 미테랑의 표정은 그다지 밝지 않았다. 독일과 긴 국경을 접하고 있는 프랑스로서는 통독이 여간 부담스러웠기 때문이다. 독일은 마르크화를 가지고 있고, 또 프랑스는 핵무기를 가지고 있지만 통독 후 독일의 마르크화가 자신이 가지고 있는 핵무기를 압도하면서 제2차 세계대전 후 지금까지 가까스로 독일의 팽창을 견제하고 있던 역내 세력 균형이 무너지지 않을까 심각하게 우려했다.

프랑스뿐만이 아니었다. 영국을 포함한 당시 유럽 주요국들은 모두 그런 이유로 독일의 통일을 반대하고 있었다. 그래서 통일된 독일이 독주하지 못하도록 '유럽연합EU'이라는 정치적 공동체의 출범과 마르크화를 무장해제시킬 수 있는 '유로화'의 채택을 독일에 요구하고 있었다.

유럽 국가들이 단일 화폐를 채택하기로 하는 논의는 사실 이전부터 진행되어오고 있었다. 그러나 실제적인 논의는 주로 남유럽에 포진되어 있는 스페인, 포르투갈, 그리스, 이태리 등과 같은 고인플레이션 국가들과 독일, 네덜란드와 같은 저인플레이션 국가들 간의 이해관계가 엇갈려 아주 더딘 속도로 진행되고 있었다. 독일 역시 유로화의 채택에 원칙적으로는 찬성했지만 유로화 관리와 관련된 유럽의회나 유럽중앙은행 등과 같은 정치적 기구들의 실체가 명확하게 설정되기 전이었던 만큼 서두를 이유가 없다는 입장을 보이면서 갈 길 바쁜 프랑스의 속을 끓이고 있었다.

이렇게 독일의 마르크화 포기가 통독의 관건으로 부상하자 독일은 딜

레마에 빠진다. 때문에 독일의 콜 수상은 미국의 부시 대통령에게 전화로 마르크화는 독일의 자존심 그 자체라 말하며 자신의 어려운 입장을 토로하기도 했다. 그러나 독일의 통 큰 양보로 1992년 2월 유럽경제공동체EEC 회원국 대표들이 유로화 채택을 위한 마스트리히트조약Maastricht Treaty에 서명한 후 같은 해 10월 3일 독일은 마침내 통일의 위업을 달성한다.

금융 강국인 영국, 경제에 맞서다

영국은 통독으로 갑자기 급류를 타게 된 유로화 채택에 동참하기 위해 1990년 뒤늦게 유럽통화제도EMS의 환율조정체제에 가입한다. 환율조정체제는 일종의 고정환율체제로, 유럽단일통화로 가기 위한 중간 단계였다. 이 무렵 유럽엔 유럽중앙은행ECB이 출범하기 전이었던 만큼 독일의 중앙은행인 분데스방크가 사실상 그 역할을 대신하고 있었다.

그러나 당시 독일의 분데스방크는 국내 사정으로 유럽중앙은행의 역할을 감당하기 어려운 실정이었다. 통독에 따른 막대한 재정지출이 불러올 인플레이션 억제를 위해 고금리 정책을 쓰고 있었기 때문이다. 이러한 독일의 고금리는 결국 마르크화의 강세를 불가피하게 했다. 이 같은 마르크화의 강세는 환율조정체제 가입과 함께 회원국 간의 환율 정책의 동조화 의무를 지고 있는 영국으로서는 매우 곤란한 일이었다.

심각한 불황에 시달리고 있던 영국으로서는 고금리가 불러올 파운드화의 강세와 이에 따른 경상수지 악화를 감내할 형편이 못되었기 때문이었다. 이에 따라 환율조정체제로부터의 탈퇴를 요구하는 여론이 비등

해갔다. 그러나 영국정부는 입장을 바꾸려 하지 않았다. 모든 경제지표들이 일제히 '노No'라고 말하고 있는데도 불구하고 이에 완강하게 저항하고 있었던 것이다. 이때 소로스가 이런 영국을 손보기 위해 외환시장에 개입한다.

영국을 끓게 만든 소로스의 미친 존재감

헝가리 출생의 유대인인 소로스는 시장의 실제적 현상을 매우 중시하는 헤지펀드 투자자로서 주요 경제지표들이 가리키는 시장의 흐름을 미리 내다보면서 많은 성공을 거둔 사람이었다. 그런 소로스가 국내 경제사정이 일제히 '노'라고 말하고 있는데도 끝내 환율조정체제 잔류를 고집하는 영국정부에 맞서 지상 최대의 전투를 벌이기로 한 것은 1992년 8월이었다. 일 거래액이 무려 1조 달러에 달하는 외환시장에서는 아무리 영국정부라 하더라도 시장의 거대한 흐름을 가로지를 수는 없을 것으로 확신한 소로스는 100억 달러에 상당하는 거금의 영국 파운드화를 빌려 매도하는 숏 포지션으로 먼저 달러화를 확보한 후 다시 그 돈으로 독일 마르크화를 매입하는 롱 포지션으로 들어가면서 영국 금융당국을 향한 첫 포문을 열었다.

소로스는 이어서 또 자신의 계획을 각종 언론매체를 통해 공개적으로 드러내놓고 이야기하면서 다른 투자자들의 동참을 암묵적으로 유도했다. 당시 소로스는 이미 전설적인 이름을 가진 투기꾼이었다. 그런 그가 자신의 돈을 먼저 크게 걸고, 즉 자신이 스스로 고용한 용병을 끌고 적진을 향해 달려가고 있지 않은가? 더 많은 전리품을 챙기려면 그의 뒤를 바짝 쫓는 게 좋다. 어느 순간 소로스가 문득 뒤를 돌아보니 백만대군이 따르고 있었다.

소로스의 전략은 결국 의도한 대로 큰 성공을 거둔다. 필마단기의 선공으로 일으킨 작은 전투 하나로 마침내 다른 투기꾼들을 대거 자신의 편으로 끌어들이면서 큰 전쟁으로 바뀌게 한 것이다.

소로스와 그의 동조자들의 밀물 같은 파운드화 매도세에 맞서 영국 정부는 500억 달러나 투입하면서 자국 통화인 파운드화를 사들이며 환율 방어에 전력을 기울인다. 그러나 실패한다. 이에 마지막 수단인 금리 인상 카드를 꺼내 파운드화를 팔고 나가려는 투기꾼들을 애써 회유하려 했지만, 금리 인상으로 초래될 경기후퇴에 대한 우려로 인해 정치적으로 수용되지 않으면서 영국의 재무장관은 결국 같은 해 9월 16일 환율조정 체제에서 전격적으로 탈퇴하고 변동환율제를 채택한다. 소로스의 거침 없는 공격에 마침내 백기를 들고 투항한 것이다.

이 사건으로 소로스는 역사상 가장 위대한 투기꾼의 명성을 얻었을 뿐만 아니라 2개월도 채 안 되는 기간 동안 10억 달러가 넘는 투자수익도 얻게 되었다. 그러나 소로스만 웃은 게 아니었다. 아이러니하게도 영국 역시 곧 뒤돌아서서 웃게 되었다. 소로스의 압력에 못 이겨 영국이 변동환율제로 급선회하자 영국의 파운드화는 15% 정도 급락한 후 곧 안정을 되찾는다. 그 자리가 맞다고 시장에서 판단한 것이다. 환율이 안정되자 영국은 금리를 올리기는커녕 내릴 수도 있게 되었다.

영국은 결국 국제적으로 적잖이 망신을 당했지만 그 대신 얻어낸 저금리와 파운드화 평가절하로 불황에서 탈출할 수 있게 되었다. 결국 소로스가 영국을 곤경에서 구해낸 셈이다. 소로스가 울고 싶어 하던 영국의 뺨을 사정없이 때려준 격이기도 했다.

도날드 창, 홍콩을 구하다

아시아 외환위기 당시 해외 투기꾼들이 장치한 이중 잠금장치를 거짓말처럼 해제하고
홍콩을 절체절명의 위기에서 구해낸 도날드 창의 신비 역공을 이야기하려 한다.

위기의 홍콩

투기꾼들이 국가를 상대로 작전을 벌이는 일은 그 후에도 계
속 있었다. 남미에서는 멕시코와 아르헨티나를 반복해서 괴롭혔고, 아시
아에서도 태국에 뒤이어 말레이시아, 인도네시아와 한국에 고난의 행군
을 강요했다. 그럴 때마다 승리를 거둔 쪽은 늘 소로스의 후예들인 투기
꾼들이었다.

이는 악이 선을 누르는 슬픈 역사의 한계인가? 아니다. 시장의 흐름에
어두운 고지식한 관리들이 실효적 시장원리를 등에 업은 영리한 투기꾼

들을 이겨내지 못하면서 흔하게 일어나는 역사의 한 단면일 뿐이다. 그러나 늘 그랬던 것만은 아니다. 아시아 외환위기 당시만 해도 그랬다. 동아시아 전역이 모두 위기로 치닫지는 않았다. 중국, 대만, 싱가포르, 홍콩은 당시의 외환위기를 피해간 나라들이다. 중국, 대만, 싱가포르는 워낙 특수한 외환시장이기 때문에 처음부터 비켜간 곳이다.

그러나 홍콩은 투기꾼들이 어떤 나라들보다 더욱 거세게 공격한 곳인데도, 이들을 뿌리치고 경제를 지켜냈다. 어떻게 그럴 수 있었을까? 시장의 흐름에 편승해 약게 공격하는 투기꾼들을 따돌리는 동시에 배후로 돌아서서 이들을 역공하는 전략을 지닌 지혜로운 관리가 있었기 때문이다.

외환위기로 동아시아 전역이 들썩거리기 전만 해도 홍콩은 일등 국가였다. 홍콩은 자국 통화의 가치를 미국 달러화에 고정시켜 두는 통화위원회 제도를 가지고 있었는데, 이를 제외하고는 세계 어느 경제보다 자유로운 경제였다. 그러나 동아시아 경제위기가 불러온 역내 불황은 홍콩 경제에도 타격을 주지 않을 수 없었다. 일본인들의 관광행렬은 거짓말처럼 사라지고, 동남아 화교기업들의 금융 수요도 급감하자 홍콩 경제도 예전 같을 수가 없었다. 게다가 미화 1달러당 7.8달러로 고정시켜둔 홍콩달러가 그동안 경제위기로 대폭 평가절하된 다른 아시아 국가들의 통화에 비해 훨씬 비싸지면서 홍콩 경제는 대외적으로 더욱 어려워지기 시작했다. 그래서 홍콩달러의 평가절하를 요구하는 여론이 비등해졌다.

하지만 홍콩정부는 시장의 이런 요구를 무시하는 차원보다 오히려 한 걸음 더 나아가 아예 환율 문제에 절대 개입하지 않겠다는 선언까지 한다. 즉 일련의 거시경제 지표들이 가리키는 시장의 흐름은 평가절하 쪽으로 기울어져 있는데, 소로스와 대결했던 영국정부처럼 원칙에 집착하며 시장에 맞서기로 한 것이었다.

이와 같은 지나치게 적극적인 대응은 결국 해외투기꾼의 공격을 불러온다. 소로스의 신화에서 교훈을 얻은 일부 헤지펀드들이 1998년 8월 홍콩을 일제히 공격하기로 한 것이다. 이들은 먼저 홍콩주식을 빌려 매도한 후 거기서 확보한 홍콩달러화로 미국달러화를 매입하는 이른바 '더블 플레이'를 전개했는데 그 이유에 대해 스티글리츠는 저서 『끝나지 않은 추락』에서 이렇게 말한다.

"투기꾼들은 홍콩달러를 공격하면 이에 따라 발생하게 될 홍콩달러의 가치 하락을 홍콩당국이 가만히 보고만 있지 않을 것으로 생각했다. 통화가치의 하락을 막는 전통적인 대응책은 금리 인상이다. 금리 인상은 주가 하락으로 이어진다. 이런 계산에 따라 투기꾼들은 먼저 주식을 공매도하면서 홍콩달러 공격의 첫 포문을 열었다. 나중에 돌려주기로 약속하고 주식을 빌려다가 팔아치운 것이다. 홍콩정부가 금리를 올리면 주가가 하락하게 되므로 빌린 주식을 싸게 되사서 갚으면 되므로 큰돈을 벌수 있게 된다. 반대로 홍콩당국이 금리를 올리지 않으면 홍콩달러의 가치가 떨어지게 될 것이므로 투기꾼들은 외환시장에서 큰돈을 벌 수 있게 된다. 어떤 경우에도 투기꾼들은 돈을 벌게 될 것으로 생각했다."

오, 도날드 창!

드디어 전투가 시작되자 홍콩은 예상했던 대로 처음부터 형편없이 고전했다. 투기꾼들이 일으킨 환 투기로 미 달러화 대비 홍콩달러화의 환율이 급상승하자 이를 방어하기 위해 금리를 무려 280%나 인상했다. 그러자 투기꾼들이 예상했던 대로 홍콩증시는 이런 매머드급 금리 인상의 충격을 이겨내지 못하고 급격하게 얼어붙었다. 투기꾼들이 예상했던 그대로였다.

홍콩 경제가 이렇게 한동안 좌표를 잃고 비틀거리자 사태의 추이를 관망하던 외국인들이 마침내 떠날 조짐을 보이기 시작했다. 자본유출이 본격화되는 경우 환율상승 모멘텀이 더욱 강하게 일어나면서 홍콩의 운명은 그야말로 파국을 맞이하게 되었다. 바로 투기꾼들이 기다리던 마지막 장면이었다.

그러나 이 절체절명의 마지막 순간에서 반전이 일어난다. 임진왜란 때 우리에게 이순신 장군이 있었던 것처럼, 이때 홍콩에는 도널드 창이라는 지혜로운 장수가 있었다. 창은 7.8 홍콩달러당 미화 1달러의 비율로 비축해두고 있던 홍콩통화청의 미국달러화를 가지고 대응했다. 창은 먼저 이 돈으로 홍콩주식을 사들이며 홍콩주가의 하락을 막는 일로부터 방어전의 첫 포문을 열었다. 이는 주식 공매도에서 마련한 자금으로 홍콩달러를 공격하기 시작한 투기꾼들의 약점을 집중 공략하는 아주 영리한 작전이었다. 투기꾼들은 이제 비싼 가격으로 홍콩주식을 되사들이지 않으면 안 되게 되었기 때문이다.

그러나 이 작전이 성공하기 위해서는 무엇보다도 투기꾼들이 일으킨 주가 하락을 되돌릴 수 있을 정도의 대규모 작전이어야만 했다. 그래서 창은 시작부터 투기꾼들이 숨도 쉬지 못할 정도로 강하게 압박했다. 투기꾼들이 생각했던 것보다 훨씬 많은 미국달러화를 홍콩통화청이 가지고 있었기 때문에 가능한 일이었다. 이로 인해 결국 홍콩정부는 뜻하지 않게 홍콩 내 주요 기업의 최대주주가 되며, 하루아침에 전례를 찾아보기 힘든 완전한 사회주의 국가로 변하는 듯했다. 그러나 홍콩증시는 창의 예상대로 안정을 찾아가며 주가도 예전 수준으로 다시 올라서게 되었다. 반면 투기꾼들은 자신들의 예상과는 전혀 다르게 주식시장과 외환시장, 양쪽 모두에서 발생한 큰 손실에 직면하게 되었다.

홍콩과의 일전에서 투기꾼들이 범한 결정적인 실수는 자유시장경제의 전형인 홍콩에서 정부가 이런 식으로 개입할 수 있을 것으로 전혀 예상하지 못한 것이었다. 그러나 홍콩은 이들의 예상을 뒤집고 과감하게 시장에 개입했다. 홍콩의 이 같은 뜻밖의 시장개입에 대해 국제여론은 매우 부정적이었다. 정부의 직접적 개입을 반대하는 자본주의 시장경제의 원칙을 어겼다는 것이었다.

그러나 시장을 움직이는 진정한 힘은 교과서에 기술되어 있는 단편적 시장경제 원칙 따위의 알량한 룰이 아니라 언제나 차익을 쫓는 돈의 흐름이라 생각한 창은 이에 조금도 굴복하지 않았다. 오히려 악화된 해외 여론에 기대어 버티기에 들어선 투기꾼들의 기를 완전히 꺾기 위해 새로운 일격을 가하기로 했다. 공매도를 제한하는 새로운 규정을 만들어 해외투기꾼들이 주식 공매도를 할 수 있도록 주식을 빌려준 홍콩투자자들이 주식을 회수해야만 하게 만든 것이었다. 결국 홍콩을 공격하던 해외투기꾼들은 완전히 손을 들고 홍콩을 떠나야 했다.

누가 뭐라 하든 홍콩정부는 과감한 시장개입을 통해 위기의 홍콩 경제를 안정시켰을 뿐만 아니라 주가방어를 위해 사들여두었던 주식을 5년 후에 내다 팔아 엄청난 수익을 거두기까지 했다.

마하티르의 나홀로 역주행

말레이시아는 외환위기 탈출을 위해 IMF 측이 내려준 동아줄에만 시종일관 매달렸던
한국, 태국, 인도네시아와는 달리 이를 버리고 과감하게 자신의 길을 선언한다.

태국 경제의 부상과 침몰

　　　1980년대와 1990년대에 많은 개발도상국들이 외채로 인한
금융위기를 겪는다. 위기는 처음에는 일부 원자재 수출 가격의 하락, 수
입유가의 상승, 외채의 급격한 증가, 그리고 외채의 생산적인 용도로의
사용 실패 등에서 왔다. 1990년대 일어났던 동아시아의 경제위기 역시
급격한 자본자유화와 함께 금융권의 외화 표시 외채 도입의 급증과 외
국인들의 포트폴리오투자를 통한 외화 유입이 외견상 가장 두드러진 원
인으로 지목되었다.

그러나 그보다 더 중요한 것은 그렇게 유입된 외화자금을 생산적인 용도로 사용해서 원금과 이자 상환에 필요한 외화수익을 올려야 했는데, 그렇게 하지 못함에 따라 단기적으로 외화 유출입에 심각한 불균형을 불러오게 된 사실이다. 이런 상황에서는 국가신용등급의 하락과 함께 통화 가치의 하락이 불가피하기 때문이다.

동아시아 전역은 물론 러시아를 넘어 브라질과 아르헨티나로까지 감염 지역을 확대시켰던 이른바 '1997년 글로벌 외환위기'의 단초를 제공했던 태국의 경제위기 역시 자본자유화로 갑자기 돈벼락을 맞은 태국이 그 많은 외화를 주체하지 못해 일어난 일이었다.

태국 경제는 1980년대에 외국 기업, 특히 일본 기업들의 직접투자에 힘입어 성장가도에 들어선다. 그리고 1990년대 초부터 자리 잡기 시작한 세계적인 저금리 기조로 달라진 국제금융시장의 자금 흐름도 태국 경제에 영향을 미친다. 조금이라도 더 높은 수익을 얻기 위해 서구자본이 개발도상국으로 대거 흘러 들어오게 된 것이다.

처음에는 멕시코를 중심으로 한 남미지역으로만 흘러들어갔지만 멕시코에 금융위기가 일어나고, 구소련의 해체로 공산화 위협이 사라지면서 아시아 개도국 쪽으로 투자의 물꼬가 새로 터지기 시작한 때문이었다. 이에 따라 태국을 포함한 동아시아 방면으로의 자본 유입도 급격하게 증가했다. 이들을 가리켜 '신흥국'이란 새로운 말을 쓰기 시작한 것도 바로 이 무렵이었다.

대규모 자본 유입으로 인해 상대적으로 귀해진 태국의 바트화는 곧 절상압력을 받게 된다. 그러나 태국 중앙은행은 환율을 안정적으로 유지하기 위해 외환을 적극 매입하는 것으로 대응한다. 지나치게 많이 들어온 미국 달러화를 거두어들이는 대신 바트화를 풀면서 시중에 돌아다니는 바트화와 달러화의 상대적 비중을 조절하려 했던 것이다.

이에 따라 바트화 통화 공급량이 이전에 비해 대폭 늘어나면서 일본식 버블이 형성될 위험성이 커져갔다. 이에 대비해 중앙은행은 물론 국채를 발행해서 환율방어로 풀려나간 통화량을 다시 거두어들이는 이른바 '중성화 정책'을 실시했다. 그러나 국채발행 증가로 인해 국내금리가 상승하면서 정책당국의 의도와는 달리 해외로부터 저금리 자본의 유입을 더욱 부채질하는 부작용을 불러온다.

태국 중앙은행은 결국 환율 방어를 포기하면서 바트화의 평가절상을 용인하는데, 이는 곧 무역적자의 확대로 나타났다. 이런 현상은 사실 나쁜 결과는 아니다. 태국의 역동적인 경제성장을 보고 들어오는 해외자본 유입으로 발생한 자본수지 흑자가 일시적으로 무역수지의 적자를 불러오는 것은 경제학 교과서에도 기술되어 있는 당연한 현상이기 때문이다. 이것은 오히려 태국 경제의 건전성을 보여주는 증거가 되기도 한다. 하지만 적자규모가 걷잡을 수 없이 커지면서 해외투자자들의 우려를 낳게 된 것이다. 게다가 태국이 고질적으로 안고 있던 정실자본주의의 실체가 조금씩 알려지면서 불안감은 더욱 고조되었다.

그런 외중에 1996년에 이어 1997년 상반기 동안 수출이 감소하면서 태국 경제는 활력을 잃기 시작했다. 해외자본 유입도 따라서 감소했다. 그러나 억제되지 않는 수입 증가로 인해 외환수요는 증가했다. 이 결과 바트화는 외환시장에서 절하압력을 받게 되었다. 그러나 외화표시 부채가 많은 태국으로서는 절하를 용인하기도 어려운 실정이었다. 그래서 외환보유고를 풀어 바트화를 사들이면서 최대한 절하를 막으려 했다.

하지만 외환보유고에는 한계가 있으므로 결국 통화량을 줄여 금리를 올림으로써 외화유입을 유도하는 방법을 사용하게 되었다. 하지만 이 방법 역시 바람직하지 못했다. 고금리로 경기가 더욱 위축될 수 있기 때문이었다. 결국 적절한 방법을 찾지 못한 채 수수방관하는 자세를 견지하게 된다. 그러나 시장에서는 바트화의 절하가 불가피할 것으로 보고 내국인들이 먼저 바트화를 팔고 달러화를 사는 움직임을 보였다.

중앙은행의 우유부단한 행동이 불확실성을 증폭시키다 결국 이런 결과를 초래하게 된 것이었다. 바트화 가치의 하락이 불가피하다고 마침내 판단한 외환투기꾼들이 바트화를 빌려 달러화로 바꾸는 숏 거래로 공격을 시작한 것도 바로 이때부터였다. 바트화 약세를 쫓아가는 투자가 아니라 바트화 약세를 더욱 가속화시키려는 악의적인 움직임이었다. 또 투기꾼들이 홍콩을, 또 소로스가 영국은행을 공격했을 때와 같은 정교한 '더블 플레이'도 아니었다. 그런데도 태국은 결국 먹히고 말았다.

외환시장 사정이 이렇게 긴박하게 돌아가기 시작하자 태국 중앙은행이 전면에 나서 보유하고 있던 달러화를 팔아 바트화의 평가절하를 막으려 안간힘을 다 써보았지만, 결국 외환보유고가 바닥을 보이면서 바트화는 급락했다. 바트화가 급락하자 달러화 표기의 외채를 가지고 있던 기업의 부채도 따라서 커지면서 태국 경제는 독자적인 수습이 불가능한 위기국면으로 치닫게 된다.

동반 침몰한 한국 경제

외환보유고가 마침내 바닥을 드러내자 태국 중앙은행은 이런 때를 대비해 외국 중앙은행과 체결해둔 통화스와프를 통해 달러화를 빌린 후 7월 2일 결국 바트화의 운명을 시장에 맡기는 건곤일척의 승부수를 띄운다. 그러나 바트화는 예상보다 더 크게 하락한다. 약간의 통화 가치 하락과 또 이에 따른 수출 확대로 경기가 회복될 수 있을 것이라는 마지막 희망이 사라진 것이다. 그리고 태국의 외환위기는 이웃나라인 말레이시아와 인도네시아로 즉시 전염된다.

당시 말레이시아는 태국처럼 무역수지 적자가 심각한 상태였다. 하지만 인도네시아의 적자 규모는 호주보다 더 낮은 상태였는데도 외환위기를 피해갈 수 없었다. 또 태국과 별 관계가 없는 한국까지 외환위기에 전염된 것은 더욱 이상한 일이었다. 하지만 외국투자자들 눈에는 아시아 국가들이 다 같아 보였던 모양이다. 그래서 일단은 아시아지역 신흥시장에서 일제히 돈을 빼는 것으로 대응했다.

당시 인도네시아는 민간 부문의 과도한 외채로 인해 루피아화의 가치가 한때 80% 이상 하락하는 국면으로까지 악화되면서 외채상환이 불가능한 상황으로 몰리게 된다. 한국도 예외가 아니었다. 당시 한국은 선진국 클럽이라는 OECD 가입을 앞두고 실시한 자본자유화로 민간 부문에서 은행과 기업의 외화 차입이 봇물을 일으키면서 외채 규모가 급증하고 있었다. 태국으로부터 전염되어온 외환위기로 원화 가치가 급락하자 한국 역시 외채상환에 곤란을 겪게 된다. 이에 따라 태국, 인도네시아, 한국은 긴급하게 요구되는 달러화 수혈을 위해 일제히 IMF로 달려간다.

그러나 이들은 기대와는 달리 IMF 측과 세계은행으로부터 그다지 호의적인 반응을 이끌어내지는 못한다. 구제금융 지원에 대한 조건으로 고금리를 포함한 긴축적 재정 및 금융정책을 강요받게 된 것이다. 이로 인해 외환위기로 출발한 금융위기는 총체적 경제위기로 발전한다. 고금리로 인해 많은 기업들이 도산하면서 실업자가 증가하고, 또 이에 따라 실물경제는 빠르게 불황으로 빠져든다.

투자신뢰 회복을 위해 실시한 고금리가 오히려 실물경제의 발목을 잡으면서 신뢰를 더욱 악화시키는 결과를 초래하게 된 것이다. 그래서 고금리에도 불구하고 통화 가치는 더욱 하락하는데 주가 역시 덩달아 크게 떨어진다. IMF의 처방이 처음부터 잘못되었다는 사실이 증명된 것이다. 그러나 IMF와 세계은행의 요구로 더욱 활짝 열린 자본시장을 통해 외국인들은 이 틈을 타 급매물로 나와 있는 경제위기국들의 자산을 헐값으로 사들인다. 반면 말레이시아는 태국, 인도네시아, 한국과는 달리 홀로 다른 길을 걷는다.

말레이시아도 처음에는

말레이시아도 처음에는 태국에서 시작된 외환위기에 곧바로 감염되었다. 미 달러화 대비 2.45링깃 선에서 오랫동안 안정적으로 유지되어 오던 말레이시아의 링깃화가 2.80링깃으로 평가절하되더니 1998년 1월 7일에는 4.88링깃으로까지 후퇴하면서 5링깃 선까지 위협하게 된다.

이와 같은 링깃화 가치의 급락은 상당부분 선·현물 외환시장에서 벌어지고 있는 투기꾼들의 공격에서 비롯된 것이었다. 외환시장에서 투기꾼들은 링깃화의 평가절하를 예상하면서 현재의 환율로 링깃화를 되사서 갚을 것을 전제로 미리 팔아치우는 숏 거래를 가동시키고 있었다.

그러나 말레이시아는 같은 시기에 외환투기꾼들의 공격을 받고 있던 다른 아시아 국가들과는 사정이 조금 달랐다. 무엇보다 말레이시아는 당시 자본시장을 완전히 개방하고 있지 않았다. 기업들이 외채를 도입하기 위해서는 중앙은행의 허가가 필요했는데, 도입한 외채를 이용해 외화 수입을 올릴 수 없는 경우에는 처음부터 허가를 받을 수가 없었다. 자본자유화로 말미암을 부작용에 대비한 말레이시아 정부의 예지가 돋보이는 장면이다. 그 결과 말레이시아의 외채는 대책이 미흡했던 이웃나라들에 비해 상대적으로 가벼웠다.

그러나 외화유출이 본격적으로 일어날 경우 외환위기를 일으킬 정도의 평가절하는 언제든지 일어날 수 있기 때문에 마냥 안심하고 있을 수만은 없었다.

이에 따라 말레이시아도 처음에는 IMF 측과 세계은행의 권고안을 기꺼이 수용하기로 했다. 그러나 말레이시아 경제 역시 기대했던 것처럼 개선되기는커녕 고금리와 긴축적 재정정책을 이겨내지 못하고 불황에 빠져 들어간다. 링깃화의 가치는 물론 외환위기 전이었던 1997년 7월 1천을 상회하던 말레이시아의 주가도 1998년 9월에는 262까지 내려앉으며 자본유출이 줄을 잇게 된다.

마하티르의 U턴

사태가 이렇게 계속 악화되자 말레이시아는 IMF 측과 세계은행의 권고안을 전면 재검토하면서 새로운 대안을 찾기 시작한다. 이에 따라 말레이시아는 1998년 1월 위기대응기구 신설과 함께 마하티르 총리가 직접 전면에 나서기로 하면서 환율안정과 자본유출 방지를 위한 몇 가지 비상조치를 단계적으로 선보인다. 급기야 마하티르 총리는 1998년 9월 1일 TV 생방송에 직접 출연해 링깃화의 가치를 미 달러화에 고정시키는 동시에 외환거래를 한시적으로 일부 정지하는 초강수를 발표하며 세계를 놀라게 한다.

말레이시아는 또 동시에 그동안 금과옥조처럼 지켜왔던 IMF 측과 세계은행의 긴축적 권고안과는 정반대 방향의 확장적 재정 및 금융정책을 채택한다. 완전한 U턴을 실시한 것이다. 마하티르의 그런 결단에 힘입어 말레이시아 경제는 곧 회복세로 들어서며 외환위기 전에 보여주었던 쾌속 성장궤도로 신속하게 복귀할 수 있게 된다. 굴욕을 참고 IMF 측과 세계은행의 긴축적 권고안을 거의 그대로 수용했던 한국에 비해 전혀 손색이 없는 성과를 보여준 것이다.

태국, 인도네시아, 한국과는 달리 독자노선을 선택한 말레이시아는 알고 보면 참 재미있는 나라다. 말레이시아는 무엇보다 경제성장의 활력을 떨어뜨리지 않는 가운데 인구의 24.6%를 차지하고 있는 화교들의 경제력 집중을 완화시키기 위해 국내 기업과 대학에 '부미푸테라'라고 불리는 원주민들에 대한 의무할당고용 및 입학을 요구하는 등 원주민 우대정책을 통해 사회적 불안을 제거하려 애를 써왔다.

그럼에도 인종분쟁과 관련된 소요가 그치지 않자 결국 1965년 말레이시아 의회가 126대 0으로 화교 일색의 싱가포르를 말레이시아연방에서 탈퇴시키기로 '쿨' 하게 의결하면서 이광요가 이끄는 싱가포르라는 국가를 홀로설 수 있게 해준다. 무력제압도 없었고, 유혈참사도 없었다. 그런 껄끄러웠던 과거사에도 불구하고 싱가포르는 지금도 생존에 필요한 물을 말레이시아에 의존하고 있다. 그런 착한 이웃이 있는 싱가포르가 한국으로서는 부러울 뿐이다.

의사 출신인 마하티르는 일본과 한국 경제의 성공모델을 적극 수용하는 '동방정책'을 채택하면서 말레이시아를 한국, 홍콩, 싱가포르, 대만으로 구성된 아시아의 '호랑이 경제'를 뒤이은 새로운 신흥국으로 도약시키는 데 성공을 거둔 지도자다.

　당시 해외언론들은 이런 말레이시아 경제를 두고 '지글지글 끓어오르는 경제'란 말로 압축해 보도해주었다. 그가 예사 인물이 아니었음을 보여주는 근거는 나중에 또 목격된다. 정계를 은퇴한 후 집권여당의 부패에 반발해 야당 지도자로 변신한 후 2018년 5월 집권에 성공하는데, 이때 그의 나이는 무려 93세였다. 그런 인물이었기에 대세를 거슬러 필마단기로 미국과 IMF, 그리고 세계은행이 연합한 거대세력에 외롭게 대들수 있었다. 그러나 세계 경제를 지배하는 주력세력에 정면으로 맞서기로는 말레이시아가 처음이 아니었다. 마하티르에 16년이나 앞서 멕시코가 있었다.

멕시코의 의미 있는 억지

초대형 유정 발견에 이은 미국 발 초고금리 쇼크로 역대급 롤러코스트를 타야 했던
멕시코가 부채탕감을 위해 워싱턴으로 날아가 미국과 맞짱 붙은 이야기

천당과 지옥을 오간 멕시코

1930년부터 1970년까지의 40여 년 동안 멕시코는 '멕시코의 기적'으로 경제사에 기록될 정도로 더 없이 달콤한 시절을 보낸다. 정부주도의 수입대체 산업 육성으로 멕시코 경제는 눈부시게 발전한다. 1940년에서 1970년까지의 30년 동안 인구는 2배로, 국내총생산은 6배나 증가한다. 그러나 멕시코의 기적은 이 정도로 끝나지 않았다. 1960년대 말 코앞에 있는 바다인 멕시코 만에서 대형 유정이 새로 발견되자 멕시코 경제는 순간 폭주 기관차로 돌변한다.

멕시코정부는 장차 황금알을 낳으며 재정의 상당 부분을 담당하게 만들 국영 석유회사를 육성하기로 하고, 이에 필요한 막대한 자금을 외화로 해외에서 조달하기로 한다. 이 소식은 마침 미 연준의 저금리 정책으로 뜻하지 않게 많은 현금을 보유하게 된 미국 상업은행들의 레이더망에 포착된다.

멕시코정부의 공격적인 개발전략과 미국 상업은행들의 자금투입에 힘입어 멕시코는 단숨에 세계 제4위의 석유수출국으로 부상할 정도로 석유생산량이 급증한다. 그러나 그런 기쁨도 잠시였다. 유가 상승으로 인한 인플레이션을 견디지 못한 미국이 일으킨 '볼커 쇼크'가 멕시코로 밀려오면서 멕시코 경제는 즉시 얼어붙는다.

예기치 못했던 유례없는 고금리와 그로 인한 세계적인 불황이 불러온 유가 하락은 멕시코 경제를 즉시 바닥에 눕혀버리는 치명적인 악재가 되었다. 유가 하락으로 외화수익이 급감한데다 고금리와 그에 동반한 달러 가치의 상승이 초래한 외화부채에 대한 원리금과 이자 상환부담 가중이 멕시코가 당장 수용할 수 있는 한계를 웃도는 것이었기 때문이다. 멕시코는 1982년 마침내 링 위에 타월을 던지며 경제위기를 맞는다.

미국에 도전장을 내민 멕시코, 웃다

외채상환에 고심을 거듭하던 멕시코는 1982년 워싱턴으로 대표단을 파견해서 미국의 재무부 장관에게 채권자들인 뉴욕의 주요 상업은행장들과의 회합을 요청한다. 멕시코에 대한 악성부채로 역시 고심하고 있던 뉴욕의 채권은행장들이 일제히 달려오지 않을 수 없었는데,

그 자리에서 멕시코의 재무장관은 다음과 같이 말한다.

"우리는 파산했습니다. 어떤 이가 1천 달러를 빚지고 있으면 이는 그 자신의 문제지만, 그가 1천만 달러를 빚지고 있으면 이는 당신의 문제입니다. 우리는 빚을 갚을 수 없게 되었습니다. 그러니 외채상환 조건을 재협상하고 신규대출을 늘려줘야 합니다."

이러한 멕시코에 대해 미국의 채권은행들은 할 말을 잃는다. 무슨 이런 경우가 있냐는 생각에 순간 울컥하지만 어쩔 수 없다. 부실채권으로 회계장부에 빨간 줄을 긋고 은행장 이하 주요 간부들이 주주들로부터 호된 질책을 받은 후 일제히 책상을 빼는 벌을 받는 것보단, 멕시코에 산소공급기를 달아주고 우선은 회생이 가능한 것처럼 꾸며두고 앞날을 도모하는 편을 선택한다.

미국 금융가의 이러한 '꼼수'는 그 이후 4반세기가 지날 때까지도 사라지지 않는다. 2008년 미국의 금융위기가 공식적으로 표면화되기에 앞서 미국의 주요 금융사들은 미처 매각하지 못하고 재고로 안고 있던 부실 서브프라임 모기지 관련 파생상품의 노출로 인한 신용하락을 피해가기 위해, 이에 관한 내역을 장부에 기록하지 않는 이른바 '부외금융'이라는 기상천외한 회계수법을 동원한다.

리먼 브라더스의 파산신청으로 시작된 미국의 금융위기가 은행간 자금거래를 완전히 단절시키는 유례없는 악성 신용위기로 확산된 이유도 바로 여기에 있었다. 각기 그렇게 숨겨놓은 부실 자산이 얼마인지는 일반투자자들은 고사하고 동업자들끼리도 절대로 알아낼 수 없었기 때문이다.

이렇게 해서 채무상환 기일의 재조정은 물론 추가 대출이 황급히 이루어지며, 멕시코는 그로 인한 불황은 피해갈 수 없었지만 최소한 디폴트로 가지는 않았다. 억지가 나라를 구한 것이다. 사실상 그 억지는 흔히 생각하는 것처럼 막무가내식의 떼쓰기가 아니라 처음부터 잘 계산된 억지였다.

멕시코는 얼마 지나지 않아 곧 다른 개발도상국들과 함께 외채로 미국을 또 성가시게 한다. 그러나 이번엔 미국도 전처럼 일방적으로 당하지는 않았다. 똑똑한 관리가 있었기 때문이다. 당시 재무장관이었던 브래디였다. 브래디는 미국정부를 마치 '봉'으로 생각하는 멕시코류의 해외정부들을 뿌리치기 위한 묘안을 찾아낸다.

브래디, 멕시코를 길들이다

그동안 개발도상국들이 발행한 국채는 거래규모가 작았고, 또 거래도 활발하지 못해 대부분의 개발도상국들은 국채 발행을 통한 해외자금 조달에 어려움을 겪고 있었다. 그래서 어쩔 수 없이 해외은행들로부터의 차입에 의존해오고 있었다. 이런 연유로 해외은행들은 특정 국가에 대한 편중된 대출로 앞서 소개된 멕시코 사례에서와 같이 대체로 난감한 처지에 내몰리는 일이 종종 일어났다. 구조적인 문제였던 만큼 근본적인 틀을 바꾸지 않고서는 해결이 어려운 문제였다. 그래서 당시 미국의 재무장관이었던 브래디가 나섰다.

그는 멕시코를 포함한 남미와, 또 비슷한 처지에 있던 일부 동유럽 국가들에게 미국은행 대출금 원금과 일부 체불이자를 묶어 달러화 표시의 국채로 발행해서 시장에서 거래되도록 유도한다. 미국 은행들은 이 '브래디 플랜'으로 인해 디폴트 가능성이 높았던 기존의 부실대출금을 해당국의 국채로 전환해서 시장에 매각하면서 재무 구조를 개선할 수 있게 되어 두 손 들고 환영한다. 자금난에 시달리던 개발도상국들 역시 이제 보다 공개된 방법으로, 또 보다 더 큰 규모로 해외자본을 도입할 수 있게 되어 좋아했다.

결국 채권자와 채무자, 양쪽으로부터 모두 환영을 받는 거래가 된 브래디 플랜은 이후 개발도상국들의 자본조달방식을 획기적으로 전환하는 계기가 된다.

그러나 브래디 플랜의 핵심은 멕시코와 같은 개발도상국들이 전처럼 소수의 채권은행을 상대로 다시는 떼를 쓸 수 없도록 한 데 있다. 미국 정부를 일부 보증인으로 세워 채권은행에 대한 부채를 국채로 전환해서 시장에 팔려나가도록 했으니, 이제 채무국들에 대한 감시자가 온 시장 천지에 널려져 있게 된 것이다. 개발도상국들이 발행한 국채를 매입한 세계 각지의 투자자들이 이들 국가들의 경영실적을 채권 가격에 반영하기 시작한 것이다.

그래서 소비자물가지수가 상승하거나, 실업률이 올라가거나 혹은 경상수지 적자가 증가하면서 국가 경제의 펀더멘털이 나빠지는 경우 국채 가격이 사정없이 내려가며 새로운 국채를 발행할 때 더 높은 금리를 약속하지 않으면 안 되게 만들기 시작한 것이다. 미국을 향해 날아오는 큰 화살을 레이저광선으로 파괴해서 작은 바늘로 만들고 공중에서 흩트려 날려버리는, 마치 만화에서나 일어날 일을 브래디가 실현시킨 것이다.

채권자와 채무자, 양쪽으로부터 모두 환영을 받는
거래가 된 브래디 플랜은 이후 개발도상국들의 자본조달방식을
획기적으로 전환하는 계기가 된다.

Economy knows the flow of Money

1부

경제,
그가 살아가는 법

경제는 어떻게 살아가는가? 우리가 가장 먼저 알아내야 할 문제인데 해답은 '스스로 살아간다'이다. 자생적 운동원리를 가지고 자신의 길을 간다. 때로는 꽃길을, 또 때로는 가시밭길을 달리지만 절대로 멈춰서는 법이 없다. 그렇다면 그런 경제를 움직이는 운동에너지는 도대체 무엇인가? 인플레이션이다. 경제가 과열되면 인플레이션이 발생하면서 속도를 늦추게 한다. 그러다 인플레이션이 물러나면 예전의 열기를 되찾는다. 이런 모양으로 호황과 불황으로 이루어진 비즈니스 사이클을 따라 달리는 것이 바로 경제가 살아가는 법이다.

호황과 불황을 어지럽게 오가는 경제, 그러나 어떤 일이든 순차적인 변화 뒤에는 언제나 패턴이 있다는 사실에 주목해야 한다. 그래서 그 패턴만 찾아내면 말처럼 쉽지는 않겠지만 이를 극복하거나 대비할 수 있게 된다. 패턴의 중심에는 경제를 지배하는 거대한 운동원리인 비즈니스 사이클이 있다. 금리, 임금, 환율, 물가 등을 결정하는, 다른 모든 시장들은 이 비즈니스 사이클에 무조건 복종한다. 따라서 경제의 흐름에서 나홀로 이탈하지 않기 위해서는 언제나 비즈니스 사이클을 염두에 두고 있어야 한다.

1장

경제의 실효적
지배자를 찾아

경제 한가운데로

경제는 결코 뜬금없는 사건들의 연속체가 아니다. 크고 작은 운동원리에 따라
늘 나름 질서정연하게 움직이는 만큼 그 원리부터 먼저 알아내야 한다.

경제는 스스로 돌봐야

제방을 넘어 범람해오는 강물처럼 사납게 달려오는 경제에
정면으로 맞서다 크게 낭패를 본 영국과는 다른 방식을 취한 나라들이
있다. 상상을 뛰어넘는 비상한 대응으로 뒤늦게나마 반전의 기회를 잡으
며 기사회생에 성공한 홍콩, 어려운 입장에서도 대책 없이 끌려 다니지
않고 국가의 체통을 잘 지켜낸 말레이시아, 그리고 이도 저도 아니었지
만 게임의 룰을 정확하게 간파하고 자국의 이익을 극대화할 방편을 찾
아낸 멕시코에겐 공통점이 하나 있었다. 모두 경제를 잘 알아 경제를 자

신의 편에 서게 할 줄 아는 지도자나 경제 관리가 있었다는 점이다.

세상을 끌고 가는 경제원리는 마치 중력의 법칙과도 같아 감히 맞서지 않는 편이 좋다. 이겨내기도 어렵지만, 설사 이기더라도 나중에 엄청난 비용을 지불하지 않으면 안 되기 때문이다. 중력을 뚫고 로켓을 대기권 위로 쏘아 올리는 데 얼마나 많은 돈이 드는지를 생각하면 된다.

경제는 앞서 언급한 사례에서와 같이 국가의 길흉화복만을 결정하지 않는다. 그 속에서 살아가는 국민들의 안위도 함께 끌고 간다. 그래서 국민들은 정부가 당면한 경제적 이슈에 올바르게 대응하고 있는지 잘 감시할 필요가 있다. 정부는 극복하기 어려운 위기 앞에서도 때로는 절대 위기가 아니라고 어쩔 수 없이 강변하기도 한다. 외환위기 당시 우리 정부는 IMF로 달려가기 직전까지도 우리 경제는 펀더멘털이 튼튼하다며 국민들을 안심시키려 들었다.

이런 일들은 사실 그다지 드문 일은 아니다. 세계 어디에서나 언제나 일어난다. 따라서 국민들은 자신의 안위를 늘 스스로 돌보지 않으면 안 된다. 그렇다면 국가를, 또 그 속의 국민들을 때때로 예기치 못한 궁지로 몰아넣는 경제는 대체 어떤 원리로 움직이는가? 내 경제, 내 돈을 안전하게 지키기 위해서는 경제의 운동원리부터 먼저 알아보자.

경제의 운동원리

영국에게 어려운 선택을 강요했던 독일 고금리 정책의 단초가 되었던 '통독', 동아시아 외환위기에 이어 홍콩으로 투기꾼을 다시 불러 모으게 했던 '자본시장 자유화'는 물론 전쟁이나 천재지변 혹은 기술

혁신과 같이 경제논리로는 설명이 쉽지 않을 뿐만 아니라 예측은 더욱 어려운 이른바 '지정학적 변화'에 해당한다. 그러나 이런 일들이 시장에 일으키는 변화는 대부분 예측이 가능하다.

우선 통독 후 서독에 비해 크게 낙후된 입장에 있었던 동독에 대한 대규모 정부지원이 불가피했을 것이란 사실은 남북통일에 대한 기대감과 함께 따라올 통일 비용을 걱정하는 우리 국민들도 쉽게 짐작할 수 있는 일이다. 통독 후 급격하게 늘어난 정부지출의 확대는 결국 돈이 급격하게 시중으로 풀려나가는 것이다. 그래서 인플레이션에 대한 인내심만큼은 세계에서 최고 꼴찌로 꼽힐 독일의 분데스방크가 절대로 가만히 있지 않을 것이란 사실도 충분히 예측가능한 일이었다.

통독에 대한 논의가 무르익어가는 동안 금리 인상만큼은 예견할 수 있었던 것이란 이야기다. 금리 인상의 폭이야 쉽게 예상하기 어렵겠지만 고금리가 불러올 경제적 파장은 이미 교과서에 다 기술되어 있고, 또 역사적으로 많은 사례들이 사실임을 입증하고 있다. 이럴 때 어느 정부나 반드시 해야 할 일은 순응하는 가운데 뛰어넘는 방법을 모색하는 것이다. 그래야 살아남을 수 있다.

동아시아 경제에 강력한 상승 에너지를 공급했던 자본 유입의 물꼬를 트게 한 자본시장 자유화도 마찬가지다. 자본시장 자유화가 왜 일어났는지도 중요하지만, 그보다 더욱 중요한 것은 그 뒤에 꼬리를 물고 계속해서 일어나는 일들이다. 자본시장 자유화를 신호로 밀물처럼 밀려오는 대규모 외화유입으로 한동안은 아주 좋았다. 국경을 넘어오는 그 많은 돈들이 다 어디 가겠는가? 내국인들이 가지고 있던 주식도 사고, 또 부동산도 산다. 주식과 부동산을 외국인들에게 넘긴 내국인들은 그 돈을 가지고 또 어떻게 하겠는가? 다른 내국인들에게서 또 주식을 사고, 부동산을 산다.

자본시장 자유화가 터놓은 물길을 따라 외화가 흘러들어오면 주식이나 부동산과 같은 투자 자산들이 뜨거운 감자가 되어 이손 저손으로 바쁘게 옮겨 다니는 가운데 몸값이 치솟게 된다. 이렇게 자산 인플레이션이 일어나면 모두들 가만히 앉아서 부자가 된다. 그래서 소비자들은 저축을 줄이고 소비지출을 증가시키게 된다. 이에 따라 경제활동의 일등 지표인 국내총생산, 즉 GDP도 따라서 증가하게 된다.

기업도 가만히 있지 않는다. 주가가 상승하니 신주발행을 통한 자금조달이 아주 쉬워진다. 그래서 기업주도의 투자지출이 증가한다. 이 역시 GDP 증가에 일조한다. 해외에서 자본이 유입되면 경제는 실제로 이렇게 좋아진다. 경제가 성장하는 사실이 지표로도 곧 확인되면 기다렸다는 듯이 자본 유입은 더욱 활기를 띠게 된다.

그러나 이와 함께 일어나는 중요한 사실이 있다. 외국 돈이 많아지면서 상대적으로 귀해진 국내통화의 가치가 올라가는 일이다. 그로 인해 수출이 어려워지는 대신 내국인들의 해외여행이 많아지고, 동시에 고가의 수입품을 흔하게 구경할 수 있게 된다. 공장을 짓는 일보다 골프장이나 레저용 콘도 개발이 더 많아지는 것도 이 시기에 흔히 일어나는 일이다. 외국에서 빚을 내어 들여온 돈을 비생산적 용도로 그렇게 다시 흘려 내보내는 것이다. 구조적으로 무역수지에서 적자가 날 수밖에 없다.

그래도 처음 한동안은 해외자본이 정신없이 쏟아져 들어오니 큰 문제는 없다. 그러나 들여온 외환을 이용해서 실제로 벌어들이는 소득이 그다지 많지 않다는 사실을 외국인들이 점차 알게 되는 순간 재난이 잉태되기 시작한다. '이 사람들이 장차 무슨 수로 내 돈을 갚을까?' 하고 의심하기 시작하는 순간부터 자본이 유입되는 속도가 느려진다. 그 후 갑자기 자본 유출이 자본 유입을 상회하는 때가 온다. 그때는 이미 돌이킬 수 없는 순간이다. 외환위기가 온 것이다. 뻔한 사실인데도 자꾸 반복된다. 1980년대 초 남미에서 발생한 경제위기가 바로 이것이었다. 똑같은 일이 1990년대 중반 남미에서 다시 일어나고, 또 1990년대 후반 자리를 옮겨 동아시아에서 일어난 것이다.

경제는 지난 수백 년 동안 이렇게 움직여왔다. 경제가 움직이면서 남겨놓는 흔적, 즉 주요 경제지표의 변화를 추적하면 다 알 수 있다. 어떤 경우에도 경제는 유령처럼 흔적을 남기지 않은 채 움직이는 법이 없기 때문이다. 그래서 이런 흔적들을 자세히 들여다보면 경제라는 것이 그냥 내키는 대로 걸음을 내딛는 것이 아니라 나름 운동원리를 가지고 있고, 또 그 규칙에 따라 움직인다는 사실을 어렵지 않게 발견할 수 있다.

그런데 이 운동원리들에 앞서 부분적으로 언급했던 것과 같이 금리변화에 따른 환율변화 원리, 그 뒤를 이어 바로 일어나는 물가변화, 국제수지 변화 등과 같이 다소 복잡해 보이는 미세한 운동원리들이 있는가 하면, 이 모두를 아우르는 거대한 운동원리도 있다. 따라서 경제의 동태적 움직임을 정확하게 파악하기 위해서는 작은 운동원리에 대한 이해에 앞서 이 거대한 운동원리에 대한 개념파악이 무엇보다 중요하다.

경제를 지배하는 비즈니스 사이클

2014년 북미의 겨울은 아주 매서웠다. 캐나다 북부에 있는 차가운 극소용돌이가 이례적으로 남쪽으로 내려오면서 오대호 주변의 중서부와 뉴욕을 포함하는 동북부에 남극보다 더 추운 한파를 몰고 온

탓이다. 매우 추워 1911년 이후 무려 103년 만에 이리호와 온타리오호를 연결하는 수로에 있는 나이아가라 폭포가 완전히 얼어붙는 장관을 연출하기까지도 했지만 겨울은 어디까지나 겨울이다. '빼앗긴 들'도 아닌데 봄이 왜 쉽게 오지 않을까?

이는 시간 문제에 불과하다. 지구가 태양을 중심으로 공전하는 운동을 멈추지 않는 한 겨울 다음에는 반드시 봄이 오기 때문이다. 그 다음은 여름과 가을이다. 나이아가라 폭포를 작정하고 다시 얼려버리려면 최소한 그때까지는 기다려야 한다. 봄, 여름, 가을, 그리고 겨울로 미리 정해진 순서에 따라 움직여야 하기 때문이다. 그게 자연의 순리다. 나이아가라 폭포는 그 후 2018년 1월에 다시 공중에서 얼어붙는데 4차례의 뜨거운 여름을 참을성있게 견뎌낸 뒤였다.

경제도 마찬가지다. 경제에도 순리란 것이 있다. 불황에서 회복되어가는 과정 어디에선가부터 들뜨기 시작하다 풍선처럼 부풀려지면서 영원히 끝나지 않을 것 같은 상승 운동을 이어간다. 그러나 그런 기대를 저버리고 어느 순간 갑자기 기운을 잃고 처음 출발했던 곳으로 떨어져 내려온다. 회복기, 확장기, 침체기, 그리고 수축기로 이어지는 순환을 이어가야 하기 때문이다. 이게 바로 비즈니스 사이클인 동시에 경제의 순리다. 순리에 맞서는 일은 어떤 일도 오래 가지 않는다.

경제를 잘 이해하려면 무엇보다 경제를 이렇게 실효적으로 지배하고 있는 순리, 즉 거대한 운동원리인 비즈니스 사이클부터 먼저 들여다보아야 한다. 국내외 금리 변화가 불러오는 자본유출입과 그에 따른 환율 변화, 또 그에 따른 물가, 국제수지, 경제성장률의 변화와 같은 것들은 이에 비하면 작은 경제원리들에 불과하다. 게다가 이렇게 꼬리에 꼬리를 물고 잇달아 일어나는 일들은 경제가 비즈니스 사이클의 어느 국면에 있는가에 따라 경제에 주는 충격도 각기 달라진다.

　수많은 사례들이 있지만 경기순환에 맞물려 움직이는 고용시장의 변화 양태 한 가지만 봐도 그렇다. 불황을 딛고 경제가 다시 회생의 조짐을 보이기 시작할 때는 근로시간부터 먼저 길어진다. 경제회복에 대한 확신이 없는 만큼 사람을 새로 고용하기보다는 현재 고용하고 있는 사람들에게 잔업을 요청하는 것이 안전하기 때문이다. 그러나 경제가 본격적으로 좋아지면 사람을 새로 고용해야 한다. 잔업으로 처리할 수 있는 한계를 벗어나기도 하지만 지출되는 잔업수당도 만만치 않기 때문이다. 일손을 구하는 기업들이 늘어나면 노동시장에서 임금이 상승하기 시작한다. 그러다 어느 순간 임금상승 속도가 가팔라지면 중앙은행이 바빠진다. 인플레이션 경고등이 켜졌기 때문이다.

　이처럼 모든 사람이 지켜보는 가운데 고용이 증가하는 와중에서도 임금이 미동도 하지 않는 국면이 있는가 하면, 어느 순간 중앙은행을 초긴장 상태로 몰고 갈 정도로 임금이 재빠르게 상승하는 국면도 있다. 또 침체국면에서 외국자본이 유입되면 예기치 못했던 백기사의 지원을 받은 것처럼 경제가 기운을 차리면서 예정된 일정을 앞질러 회복가도에 들어설 수 있게 된다. 그러나 정반대의 국면에서는 독이 된다.

　내수만으로도 이미 과열 국면에 들어서 있는 경제에 해외자본까지 쏟아져 들어오게 되면, 그야말로 불난 집에 부채질하는 격이 되어 인플레이션을 뒤집어쓰게 되기 때문이다. 따라서 국내외에서 실시간으로 일어나는 크고 작은 경제나 정치적 사건들이 어떤 모양으로 발전해갈지를 알아내기 위해서는 지금 우리 경제가 비즈니스 사이클의 어느 국면에 있는지부터 먼저 알고 있지 않으면 안 된다.

　소로스의 공격을 불러온 영국의 실책은 비즈니스 사이클이 가리키는 경제의 순리에 맞선 데서부터 출발한다. 금리정책의 변화는 어느 때나 자금의 흐름을 바꾸는 새로운 물꼬를 튼다. 자금은 눈이 없다. 그리고 염치도 모른다. 오직 예민한 후각만을 이용해 금리가 높은 곳으로 냅다 달려간다. 이것이 지금껏 자금시장을, 그리고 경제 전체를 지배해온 '중력의 법칙'이다. 세월이 변한다고 달라질 수 없다. 금융시장이 자유화, 국제화되면서 흐름의 속도만 전례 없이 더욱 빨라졌을 뿐이다.

통독으로 인한 막대한 재정 지출로 야기된 인플레이션 억제를 위해 독일이 선택한 고금리 정책은 역내에서 당장 기대되던 역할과는 다소 거리가 있는 것이었지만 과거 제1차 세계대전 직후에 경험했던 초인플레이션의 트라우마로 그 이후 인플레이션 억제에 오로지 목숨을 걸어온 분데스방크로서는 불가피한 선택이었다.

독일과 같은 경제대국의 고금리 정책은 국제자금의 흐름을 즉시 바꾸어버린다. 모든 자금이 일제히 독일을 향해 기수를 돌리게 된다. 독일로 자금이 재빠르게 빨려 들어가는 거대한 블랙홀이 즉시 형성되는 것이다. 수년 전 일본의 디플레이션 탈출 작전으로 태어난 초저금리 정책으로 엔화 표시 자금이 고금리를 찾아 일제히 일본을 탈출하면서 일어난 이른바 '엔 캐리 트레이드'와는 정반대 현상이 일어나게 되는 것이다. 이것이 당시 글로벌 자금시장을 가로지르는 흐름이었다. 따라서 다른 나라들은 어떤 식으로든 선택하지 않을 수 없게 된다.

금리를 따라서 올리지 않고 금리가 낮은 쪽의 국가편에 서면 자금 이탈로 인한 통화 가치 하락을 속수무책으로 지켜보는 수밖에 없게 될 것을 각오해야 한다. 하지만 통화 가치 하락으로 인해 수출이 늘어나 경제가 호전되는 반사이익은 챙길 수 있다. 그러나 외채가 많다면 그전에 외환위기를 야기할 수도 있으므로 조심해야 한다. 반대로 자금이탈을 막기 위해 금리를 따라서 올리면 통화 가치가 상승하면서 수입물가 하락으로 인플레이션이 억제되기는 하겠지만, 무역수지 악화로 인한 성장둔화의 딜레마를 피할 수 없게 된다.

영국은 여기서 아주 어중간한 선택을 한다. 국내경기의 불황으로 영국은 금리를 올릴 여력이 없었다. 여기까지는 괜찮았다. 패착은 다른 데 있었다. 금리를 올리지 않으면서도 고정환율제를 이용해 파운드화의 가치 하락을 막으려 한 것이었다. 이것은 도저히 말이 안 되는 무리수였다. 그러나 누가 감히 입을 대겠는가. 상대가 영국이 아닌가. 제2차 세계대전의 시작과 함께 뉴욕이 부상하기 전까지만 해도 국제금융시장의 무게중심은 어디까지나 런던에 있었다. 섣불리 일전을 요청하기 어려운 것 아닌가. 따라서 마치 아무 일도 없었던 것처럼 그냥 지나갈 수도 있었다.

그러나 이때 간 큰 투기꾼, 소로스가 나서면서 경제는 교과서의 기술대로 전개되기 시작했다. 세상에서 가장 위대한 경제학자 2명, 아담 스미스와 케인즈를 배출하고서도 시장에 감히 맞설 수 있을 것으로 안일하게 생각했던 영국은 결국 아주 큰 대가를 치렀다. 이처럼 한 국가가 당면한 경제현안을 타개하기 위해 내놓을 수 있는 정책대안은 그 나라의 경제가 현재 비즈니스 사이클의 어느 국면에 서있는가에 따라 크게 달라진다.

그렇다면 경제를 실효적으로 지배하면서 현재의 모습은 물론 장차 어떤 길로 가게 되는지, 또 더 나아가 예기치 못한 대내외 경제여건의 변화가 국내경제에 어떤 충격을 주게 되는지까지를 가리켜 주는 좌표가 되는, 이 비즈니스 사이클은 대체 무엇인가?

비즈니스 사이클의 정체

경제를 지배하는 거대한 운동원리인 비즈니스 사이클은 4가지 국면으로
이루어지는데 각 국면에서 주요 경제지표들은 각기 다른 방식으로 호응한다.

곁에 있어도 늘 다른 경제

P사장은 탁월한 경영수완을 발휘하면서 한때 업계를 선도
했던 인물이다. 그런데 지금은 회사 형편이 말이 아니다. 도대체 일이 왜
갑자기 이렇게 꼬였는지 모르겠다. 손이 딸려 주문을 다 받지도 못했던
게 바로 엊그제 일 같은데 지금은 영업사원들을 아무리 채근해도 반나
절 일거리를 채워오지 못하고 있다. 재고도 쌓여가지만 더욱 걱정스러운
것은 매달 들이닥치는 은행금리상환이 부담스럽다는 사실이다. 회사가
전에 없이 잘 돌아가는데다 은행에서 싼 금리까지 준다는 바람에 덥석

큰돈을 빌려 새로 도입한 기계 때문이다.

그런데 이 비싼 기계를 제대로 돌려보기도 전에 경기가 죽어버렸으니 황금알을 낳는 오리가 아니라 돈만 먹는 하마가 되어버린 것이다. 그래서 새 기계라 반짝반짝 더 윤이 나는 만큼 P사장의 근심은 더욱 깊어간다. "그때 욕심만 내지 않았어도 어떻게든 견뎌낼 수 있을 텐데……."

A과장은 오늘도 일이 손에 잘 잡히지 않는다. 머리 속에는 온통 주식 가격 하락을 알리는 청색 숫자로만 가득하기 때문이다. 한때는 HTS 화면에 비치는 상승일색의 빨간색 숫자를 잠깐씩 확인하고 남몰래 미소를 짓곤 했는데, 지금은 저녁뉴스에서 증권 소리만 나도 진절머리가 난다. 이어진 하락행진에 뉴스에서도 이제 더는 언급하지도 않는 것이 그나마 다행일까. 아무래도 욕심이 화근이 되었던 것 같다. 한참 잘 오를 때 팔고 나왔어야 했는데, 오히려 은행대출까지 얻어 더 사들이고 말았으니 말이다. 월급명세서에 찍혀 나오는 이자상환액을 볼 때마다 속이 까맣게 타들어간다.

P사장과 A과장은 일이 잘못된 게 마치 자신들의 욕심이 과했기 때문이라고 자책하고 있다. 그러나 자세히 들여다보면 그게 아니다. 돈을 벌겠다고 하는 것이 욕심이라면 이런 욕심은 많을수록 좋다. 욕심 없이는 행동이 있을 수 없고, 행동 없이 어떻게 돈이 벌리겠는가. 문제는 욕심의 흐름과 비즈니스 사이클의 흐름이 어긋난 데 있다.

그렇다. 문제는 바로 이 비즈니스 사이클이다. 리듬의 흐름에 자연스럽게 몸을 맡기는 훌륭한 춤꾼들처럼 비즈니스 사이클의 흐름에 욕심을 가볍게 얹어 놓을 수 있어야 돈이 벌린다. 그런데 이게 말처럼 쉬운 일인가. 틀린 말이 아니다. 그러나 그렇다고 아주 어려운 것도 아니다. 반복해서 일어나는 모든 일에는 언제나 패턴이 있기 때문이다. 비즈니스 사이클은 왜 일어나는가에 대한 복잡한 경제학적 논쟁은 전문가들에게 맡겨두고 비즈니스 사이클이란 무엇인가, 어떤 반복적인 패턴을 보이는가, 또 그런 패턴을 미리 읽을 수는 없는가에만 관심을 기울이면 된다.

　개별 가계와 기업들로 이루어진 수많은 시장참여자들이 저마다 자신들의 이익을 쫓는 과정에서 크고 작은 과부족 현상이 개별시장에서 수시로 발생한다. 수요가 공급에 비해 과할 경우에는 그 시장은 활기로 넘치게 된다. 가격을 올려 받아도 매출은 줄어들지 않는다. 시장은 마치 비 온 뒤의 여름 숲과 같이 나날이 푸른빛을 더한다. 그러나 공급이 수요를 넘어서는 경우에는 사정이 크게 달라진다. 가격을 아무리 내려도 매출이 늘어날 생각을 하지 않는다. 시장은 마치 엄동에 발가벗고 서있는 나무와 같이 날이 갈수록 메말라간다.

　이처럼 시장에서 일상처럼 일어나는 이런 국지적 과부족 현상은 눈에 잘 띄지 않는다. 평소 이 업종을 계속해서 주의깊게 관찰하고 있던 사람이 아니고서는 거기서 일어나는 일들을 일일이 다 알 수 없기 때문이다. 그러나 이러한 과부족 현상이 여러 업종에 걸쳐, 또는 더 나아가 시장 전체로 확산되어 일어나는 경우에는 다르다. 애써 외면하려 해도 시장의 움직임을 놓치기는 어렵다. 왜냐하면 아무래도 이때쯤이면 어느 누구도 그런 변화를 느끼지 않을 수 없기 때문이다.

　비즈니스 사이클은 바로 이런 것을 말한다. 전체적인 경제활동이 추세를 보이며 확장되거나 위축되면서 그리는 큰 궤적인 것이다. 개별 산업들은 임금이나 금리 등과 같은 일반적 경제변수에 산업적 특성에 따라 상대적으로 이르거나 혹은 늦게 영향을 받기 때문에 어느 시점에서 관찰되는 산업별 경제활동은 결국 앞서거니 뒤서거니 하면서 추세를 따라가게 된다.

과학의 힘으로 베일을 벗기다

봄, 여름, 가을, 겨울로 이어지는 계절의 변화는 때로는 인간들에게 가혹한 시련을 주기도 하지만, 그런 규칙적인 변화를 통해 '마더 네이처'는 우리 인간들에게 경이로운 아름다움을 선물해줄 뿐만 아니라 수확의 기쁨을 통해 생존의 끈을 이어가게 해준다. 지역에 따라 차이가 있긴 하지만 저마다 계절의 변화에 순응하거나 또는 이를 살짝 앞질러가는 경작기술을 개발하면서 우리 인간은 더이상 계절의 변화를 두려워하지 않게 되었다.

인간의 원초적 이기심이 '보이지 않는 손'을 통해 시장을 절묘하게 조절해나간다는 '아담 스미스'표 '미스터 마켓'도 인간들에게 늘 한결같은 시장 모습을 보여주지는 않는다. 때로는 윤사월에 꽃가루 날리듯이 온 사방에 돈이 흩뿌려지는 호황국면을 늘어지게 보여주는가 하면, 때로는 갑자기 지상에서 일자리를 일제히 감추어 버리면서 돈이라고는 약에 쓰려고 해도 찾아보기 어려운 불황 국면을 내보이기도 한다. 그러나 이런 변화가 계절의 변화처럼 비교적 규칙적이라는 사실은 매우 긍정적인 측면이다. 어떤 일이든 규칙적인 변화 뒤에는 언제나 패턴이 있어 일단 그 패턴만 찾아내면 말처럼 쉽지는 않겠지만, 최소한 이를 극복하거나 대비할 수는 있기 때문이다.

나이트는 1921년에 출간한 '리스크'와 '불확실'에 대한 기념비적 저술인『리스크와 불확실, 그리고 이윤』에서 이 둘의 차이를 다음과 같이 정의하면서 불투명한 미래에 도전하려는 현자들의 열의에 불을 지폈다.

그가 내린 정의는 앞으로 나타날 사안의 결과의 성격에 달려 있다. 장차 어떤 일이 일어날지를 수학적으로 분석할 수 있으면 리스크의 범주에 들어가면서 최소한 선택의 여지를 준다. 예를 들면 주사위를 던져서 1이 나올 확률은 다른 어떤 수가 나올 확률과 마찬가지로 6분의 1이다. 1이 나왔을 경우 상금이 6천 원이라면 이 게임에 참여해서 얻을 수 있는 수학적 기대치는 1천 원이다. 그래서 게임에 참가하는 비용이 1천 원 이하라면 이 게임은 무조건 참여해야 한다. 그런데 참여하는 비용이 1천 원 이상이면 무조건 손해다. 리스크를 분석하는 것은 바로 이런 이유에서다.

반면 어떤 일이 일어날지 전혀 예측할 수 없다면 이 사안은 불확실의 범주에 들어가면서 선택의 여지를 전혀 주지 않는다. 경마와 같다. 과거 통계를 통해 경마에 출전한 경주마들의 우승확률 순위를 우리는 알아낼 수 있다. 그러나 주사위 던지기와는 분명히 다른 확률이다. 이 분류 방식에 의하면 로또는 리스크의 범주에 들어간다. 45개의 숫자 중에서 6개의 숫자를 맞추어 1등에 당첨되는 확률이 8,145,060:1라는 사실은 수학적으로 계산이 가능하기 때문이다.

이렇게 보면 경제 예측은 경마처럼 불확실의 영역에 있다. 지금까지의 데이터로 우리는 현재의 경제가 어떤 국면에 서 있는지 어느 정도는 계산할 수 있다. 그러나 이 예측은 경마에 출전한 경주마들을 우승 확률로 줄을 세우는 정도다. 절대적인 수치가 아니라는 이야기다. 그래도 사람들은 우승 확률이 높은 말에 걸기를 좋아한다. 그게 안전하다는 사실을 경험적으로 알기 때문이다.

야구도 마찬가지다. 결정적인 순간에 정확하게 타율에 맞춰 안타를 쳐내는 것은 아니지만, 감독들은 선수들의 타율을 절대로 무시하지 않는다. 예를 들면 앞서 2개의 타선에서 안타 없이 물러선 3할 3푼 타율의 선수가 3번째 타선에 올라섰을 때의 안타 확률이 100%가 아닌 것은 맞지만, 안타를 칠 확률이 큰 것이 맞기도 하기 때문이다. 그래서 현대야구가 과거와는 달리 통계에 더욱 크게 의존해가고 있는 것이다. 경제도 마찬가지다. 통계학적 분석기술의 발전으로 경제 예측도 전보다 많이 발전해 있다. 그런 만큼 경기순환 경제학자들이 보여주는 경제이론에 귀를 기울이는 것이 지혜로운 투자자들이 갈 길이다.

경제의 4가지 얼굴

경제학자들은 그동안의 연구를 통해 경기순환에서 나타나는 경제활동의 패턴은 우선 크게 호황기로 불리는 확장 국면과 불황기로 불리는 수축 국면으로 나타난다는 사실을 확실히 알아냈다. 이를 토대로 이들은 확장 국면을 회복기와 확장기로 순차적으로 나누어 구분하고, 수축 국면도 후퇴기와 수축기로 세분할 수 있었다. 물론 확장 국면의 끝에는 정점이 있고, 또 수축 국면의 끝에는 저점이 있다.

확장 국면의 초입에 있는 회복기는 그야말로 경제가 불황의 긴 터널을 지나 다시 소생하는 시기다. 메마른 들판에 새싹이 돋듯 시장의 활기가 어렴풋이 감지되기 시작하면서 덮어두었던 생산설비를 조심조심 다시 가동하기 시작한다. 주문이 점차 늘어나긴 하지만 경기회복을 자신할 수 없어 직원을 신규 모집하기는 조심스러운 때다. 대신 종업원들에게 야근을 요청하는 일이 잦아진다. 그러나 주문이 계속 밀려들면서 경기회복에 대한 확신이 설 무렵이면 비용이 많이 나가는 시간외 근무보다 아예 사람을 신규로 더 모집하게 되는데, 이때가 바로 확장기의 문턱을 넘어서는 때다.

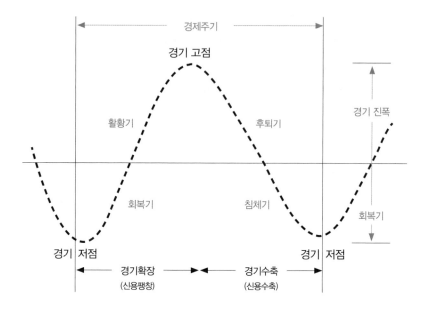

경제주기

경기 고점

경기 진폭

활황기   후퇴기

회복기   침체기

회복기

경기 저점   경기 저점

경기확장   경기수축
(신용팽창)   (신용수축)

여기서부터는 시장의 모습이 완연히 달라진다. 너도나도 사람을 더 쓰겠다고 하니 인건비가 올라가기 시작한다. 또 신규 주문이 쇄도하면서 생산설비를 증축하려는 기업도 많아진다. 그래서 은행에서 돈을 빌려다 쓰기도 어려워지기 시작한다. 게다가 제품을 만드는데 필요한 중간재나 원료비까지 올라간다.

그래도 이런 것들은 크게 문제가 되지 않는다. 경기가 좋아지면서 새 일자리를 얻어 월급을 받게 된 소비자들이 시장에서 줄을 서서 기다리고 있어 제품 값을 슬그머니 올려 받으면 되기 때문이다. 중앙은행이 인플레이션이 걱정이 돼 금리를 올리기 시작하는 것은 바로 이 무렵부터다. 미국의 중앙은행인 연방준비제도는 '선제적 방어'라는 용어를 만들어 사실상 이보다 더 이른 시점에서 금리를 올리기 시작한다.

시장에서의 이런 열기가 무한정 지속될 수는 없다. 뽑아 쓸 사람이 별로 없을 정도로 시장이 과열되면 그때부터 생산은 늘어나지 않고 물가만 올라간다. 실속은 없으면서 껍데기만 부풀려 커지는, 이른바 거품이 발생하기 시작하는 것이다. 그래도 그 속에 있는 사람은 좀처럼 그런 사실을 알지 못한다.

그러나 극심한 인플레이션으로 경제는 어느 순간에 심리적 변화를 겪으면서 붕괴되고 만다. 시장심리가 낙관 일변도에서 비관 일색으로 순식간에 변하면서 거품이 한꺼번에 터져버린다. 이때가 바로 정점을 통과하는 시점이다. 거품이 일단 꺼지고 난 뒤에 남는 것은 추락하는 일밖에 없다. 이때 '재고 사이클' 시스템이 재빠르게 작동되면서 추락의 속도는 더욱 빨라진다.

스티글리츠는 그의『끝나지 않은 추락』에서 재고 사이클을 이렇게 설명한다. "경기침체와 함께 매출이 감소하기 시작할 때 기업이 제일 먼저 하는 일은 공장가동을 줄이면서 서둘러 재고를 처분하는 이른바 재고 사이클 시스템을 가동시키는 것이다. 결국 일자리가 줄어들고, 또 이에 따라 가계소득의 감소가 불가피해지면서 가계의 소비지출 역시 타격을 받기 시작하면 기업매출은 더욱 줄어들고, 경기침체 역시 가속화될 수밖에 없게 된다."

경제 전체가 본격적으로 불황가도로 진입하게 되는 순간이다. 그러나 여기서도 선택의 여지는 있다. 빨리 떨어질 것인가, 아니면 천천히 떨어질 것인가 하는 것이다. 이른바 경착륙이냐, 아니면 연착륙이냐의 문제인데 결과는 중앙은행이나 정부가 호황기 동안 어떤 준비를 하고 있었느냐에 달려 있다. 어쨌든 경제는 어쩔 수 없이 수축 국면으로 들어서게 된다.

수축 국면으로 들어서면 고통스러운 일들만 경험하게 된다. 기업은 재고를 처분하지 못해 아우성을 쳐야 하고, 근로자들은 일자리를 잃고 망연자실하게 되는 것이다. 그래도 이 정도는 앞으로 경험하게 될 참극에 비하면 견딜만한 일들이다. 후퇴기로 막 들어서는 시장에서는 그래도 온기가 조금은 남아있기 때문이다. 이른바 경기방어 업종이란 것들이 있어서 시장을 지켜준다.

그러나 이것들마저 기운을 잃고 나면 본격적으로 수축기에 들어서면서 경제가 아주 어려워진다. 중앙은행에서 금리를 잇달아 내리며 기운이 빠져 있는 시장을 격려하지만 신문에는 실업을 걱정하는 기사들로 넘친다. 호황기 동안 분수에 넘치는 과생산, 과소비에 가담한 죄로 오랜 기간 상처를 핥으며 권토중래를 꿈꾸는 수밖에 없는 시기다.

그런 가운데서도 마침내 봄은 온다. 부채를 털고 일어서는 사람들이 하나 둘씩 생겨나기 때문이다. 그런 사람들의 숫자가 많아지면 시장은 다시 약간씩, 그리고 서서히 근력을 회복하게 된다. 제비가 한 마리, 두 마리 계속 날아들면서 봄을 알리는 것이다. 소비심리가 개선된다는 뉴스가 나타나는 것도 바로 이 무렵이다. 이윽고 저점을 통과하게 되는 시점이다. 그러고 나면 시장은 언제 그랬느냐는 듯이 다시 활기를 되찾는다. 그러나 이 시점에서 투자자들이 특별히 조심해야 할 일이 있다. 불황을 가속화시켰던 재고 사이클이 반대 방향으로 작동하면서 잘못된 신호를 보낼 수 있기 때문이다.

불황이 계속되면서 그로 인한 고통이 커지는 만큼 경기회복에 대한 기대도 따라서 커진다. 그러는 가운데 드디어 경제의 회생을 기대해볼 만한 희망의 조짐이 나타나기도 하는데, 제조업 가동률이 다시 증가하는 순간이 오는 것이다. 이것은 바로 기업매출이 증가하기 시작한다는 것을 의미하며, 동시에 일자리도 늘어난다는 것을 의미하기 때문이다. 그렇게 만 된다면 본격적인 경제회생은 그야말로 시간문제일 수밖에 없다.

그러나 이러한 청신호는 경제회생을 알리는 진짜 신호가 아닌 가짜 신호가 되는 수가 많다. 제조업 가동률의 증가가 신규 주문량의 증가에서 온 것이 아니라 그동안 소진된 재고가 너무 많아 재고량을 다시 채우는 과정에서 올 수 있기 때문이다. 만일 그렇다면 경제회생은 아직 먼 훗날의 이야기가 된다.

호황에서 불황으로 향하는 긴 여정을 한차례 끝냈다고 해서 경기순환이 TV 드라마나 영화의 대단원처럼 영원히 종료되는 것은 아니다. 시장의 흐름은 하나도 달라지지 않는다. 백설공주가 잠에서 깨어나 왕자님과 행복하게 살아갈 일만 남겨두는 삶이 아니라 이번엔 못된 계모 대신 모진 시모를 만나 엄청 구박을 받는 삶으로 이어질 수도 있다는 것이다. 불황을 벗어난 시장은 또 다시 회복기와 확장기를 거쳐 정점을 밟는 순간 곧바로 후퇴기와 수축기를 향해 번지점프를 하게 된다. 이런 일은 변함없이 반복된다. 그 동안의 역사가 이를 증명해왔다.

늘 다른 모습의 비즈니스 사이클에 주목해야

경제는 늘 이렇게 비즈니스 사이클이라는 큰 흐름을 따라 움직인다. 그러나 이 비즈니스 사이클은 언제나 같은 주기와 진폭의 사이클을 그리며 질서정연하게 이동하지는 않는다. 잠시도 멈출 줄 모르는 대내외 경제여건의 변화에 실시간으로 반응하면서 때로는 호황과 불황의 진폭을 터무니없이 끌어올리며 비즈니스 사이클의 행로를 마치 놀이동산의 롤러코스터처럼 아찔하게 만드는가 하면, 호황기와 불황기의 순환주기를 전례 없이 길게 늘어뜨리며 사람들을 지치게 만들기도 한다.

특히 호황 국면이 아주 길게 이어지는 경우에는 미래를 지나치게 낙관하는 투자자들이 '고위험 고수익' 투자를 급격하게 늘리면서 불행한 미래를 자초했던 사실은 네덜란드 '튤립파동' 이후의 400년 금융사에서 드물지 않게 발견된다. 또 전쟁과 같은 지정학적 변수는 물론 미국, 중국, EU와 같은 경제대국들의 예기치 못한 경제정책 변화 역시 정상적인 비즈니스 사이클 운동에 일대 혼란을 야기하면서 그 시대를 살아가는 사람들을 예측불가의 험로로 들어서게 만들기도 한다.

우리는 언제나 이런 한결같지 않은 비즈니스 사이클 궤도의 어디엔가 서 있게 된다. 상승속도가 너무 느린 것은 아닌가 혹은 하강속도가 너무 빠른 것은 아닌가 염려가 될 때는, 그 자리에서 관측된 경제지표들이 과거 지표가 그려준 정상적인 운동범위를 지나치게 상회하거나 또는 하회하고 있는지를 확인해야 한다.

산을 오를 때 심장 박동이 지나치게 빨라지면 잠시 걸음을 멈추고 쉬면서 왜 그런지 생각해보아야 하는 것처럼, 경제지표의 흐름에 이상 징후가 나타날 때에는 잠시 투자를 멈추고 왜 그런 일이 일어나는지 곧바로 알아보아야 한다. 그래야 내 경제, 그래서 결국은 내 일자리, 내 재산을 안전하게 지킬 수 있다.

경제지표의 흐름에 이상 징후가 나타날 때에는

잠시 투자를 멈추고 왜 그런 일이 일어나는지

곧바로 알아보아야 한다.

불황은 때로는 더욱 큰 재난을 불러오기도 하면서 아주 오래전부터 우리와 함께 있었다. 그러나 왜 그런 일이 일어나는지에 대해 우리는 오랫동안 무지했다. '보이지 않는 손'이 시장을 지배한다고 믿어왔던 이른바 고전학파 경제학의 틀 안에서는 결코 일어나지 않아야 하는 일이었기 때문이다. 그러다 불황에 대한 새로운 해석이 나오기 시작한 것은 1929년에 일어났던 경제대공황 이후부터였다. 그러나 안타깝게도 지금까지도 성공을 거두지 못하고 있다. 그렇지 않다면 2008년의 대불황은 일어나지 않았을 것이기 때문이다.

2장

태초에
불황이 있었다

불황은 재난이다

불황은 무섭다. 다른 무엇보다 먼저 사람들에게서
일자리를 빼앗아가기 때문이다. 또 불황은 생각보다 더 자주 우리를 찾아온다.

호환·마마보다 더 무서운 불황

다음 중 성인 남녀가 가장 무서워해야 하는 것은 무엇일까?
① 호환·마마, ② 토네이도·쓰나미, ③ 암, ④ 불황. 저마다 생각이 다르
겠지만 필자 생각엔 '아무래도 ④번 불황이라야 하지 않을까' 싶다. 이
책이 경제학 책이기 때문만은 아니다. 호환·마마는 옛날 사람들이 가장
두려워하던 재난이었다. 그러나 지금은 사라지고 없다. 토네이도·쓰나
미는 지금도 여전히 있고, 또 지구온난화로 강도가 더 세지며 빈도도 훨
씬 잦아졌다고는 하지만 일상적인 근심거리는 못된다. 아직까지도 여전

히 치료가 매우 어려운 질병으로 남아 있는 암은 지구환경의 오염과, 과열경쟁이 불러오는 스트레스로 노출범위가 더욱 넓어지고 있다. 그러나 의술의 발전으로 생존율이 엄청 높아지면서 점차 합리적으로 관리될 수 있는 질병 수준으로 낮아지고 있다.

건강을 위협받거나 자연재해의 피해자가 되는 경우 우리는 신체적 고통이나 불편함과 함께 닥쳐올 재산상의 피해를 떠올리며 두려워한다. 예기치 못한 경제적 손실, 바로 이것이다. 불황이 난치병이나 치명적인 자연재해보다 더 두려운 존재인 이유가 바로 이것 때문이다. 비즈니스 사이클의 중요한 한 축을 차지하고 있는 불황은 무섭다. 불황은 무엇보다 사람들에게서 일자리를 빼앗아간다. 1930년대의 경제대공황 당시 미국에서는 4명 중 한 명이 실업 상태였다.

갑작스러운 실업의 충격은 어느 나라에 사는 사람에게든 다 마찬가지겠지만, 고용안전망이 제대로 장착되어 있지 못한 나라의 노동자들에게는 더욱 극심한 고통을 요구하게 된다. 우리나라도 예외가 아니다. 불황의 공포는 당장의 실업만으로 끝나지 않는다. 불황에 대한 부실한 대응으로 인플레이션까지 불러오기라도 하는 경우에는 열심히 일한 보통 사람들의 노후 생활이 크게 위협받게 된다. 연금에 의존하는 은퇴 노동자들의 실질소득을 잘라먹으며 경제적 생존을 어렵게 만드는 것이다.

글로벌 불황의 시대

불황이 무서운 이유는 또 있다. 불황은 생각보다 더 자주 우리를 찾아온다는 사실이다. 미국의 경우 조사를 시작한 1854년 이후 현재까지 160여 년 동안 33번의 불황이 있었다. 또 거시경제이론이 자리를 잡으면서 불황을 예방하는 정부의 경제정책이 계속 업그레이드 되어왔다고 보는 1945년 제2차 세계대전 종전 이후부터 현재까지의 70여 년 동안에도 11번의 불황이 있었다. 우리나라도 공식적인 집계를 시작한 1972년 이후 현재까지 10번의 불황이 있었다.

이렇게 빈번하게 발생하는 불황은 그때마다 적지 않은 사람들에게 직장을 잃는 절망감을 맛보게 한다. 특히 미국은 1929년 경제대공황과 2008년 금융위기를 겪으면서, 우리나라도 1998년 외환위기를 겪으면서 전례가 없었던 대량실업의 고통을 감내해야만 했다. 불황은 실업만 불러오지 않는다. 공식적으로 기록에 등재되는 무거운 불황에 동반하거나 가볍게 저 혼자 앓고 가는 가벼운 불황에 끼어 슬며시 들어와서는 자산시장을 파탄내는 주가폭락 역시 연기금 자산에 큰 생채기를 내며 은퇴한 직장인들의 경제적 안정을 위협한다.

불황은 또 건강 문제와 같이 개인적인 일로만 머물지 않는다. 암이 무섭기는 하지만 전 국민이 다 암에 걸리는 일은 없다. 중세유럽을 거덜내었던 흑사병과 같이 전염이 빠른 질병도 예방의학의 눈부신 발전으로 이제 먼 옛날 이야기가 되었다. 불황은 또 자연재해와 같이 국지적인 현상으로 끝나지도 않는다. 쓰나미가 무섭기는 하지만 태평양이나 대서양 연안을 한꺼번에 공격하는 일은 없었고, 또 앞으로도 절대 없을 것이다. 북아메리카 대륙을 심심찮게 휘젓고 다니는 토네이도도 마찬가지다. 뉴스화면에 비치는 피해현장은 참혹 그 자체다. 그러나 미국 전역을 일렬 횡대로 서서 지나가는 일은 결코 없다.

그러나 불황은 이들과는 달리 국지적인 현상으로 끝나지 않는다. 주로 국가 단위로 불황을 겪는 일이 많지만 때로는 세계 경제 전체가 불황에 빠져드는 일도 드물지 않다. 1930년대의 경제대공황은 미국에서만 일어난 일은 아니었다. 유럽은 물론 기록에 의하면 중국과 일본도 적지 않은 피해를 입었다.

불황이 미숙한 국가경영으로 한 나라의 국경 내에서만 일어난다면 차라리 치료가 쉽다. 여유가 있는 이웃 국가들의 지원이 가능하기 때문이다. 그러나 불황이 국경을 넘어 이웃나라로, 또 그 이웃나라를 감염시키며 글로벌한 차원으로 확산되어 너나 할 것 없이 자신의 자리 보전에 여념이 없을 때는 불황의 파고가 더욱 사나워진다. 경제대공황의 어두운 그림자가 세계 경제를 휘감고 있던 당시, 미국은 물론 유럽의 주요국들은 자국민들의 일자리를 지키기 위해 일제히 보호주의 체제를 가동시키며 경제 불황을 더욱 심화시킨 전례가 있었다.

다시는 이런 일이 없도록 예방하기 위해 제2차 세계대전 종전 직전 연합국 대표들이 미국 워싱턴 DC 근교의 브레튼 우즈에 모여 미 달러화 중심의 새로운 환율관리체제를 유지하기로 합의하고, 이와 함께 국제통화기금IMF과 세계은행World Bank을 설립하기로 하는 등 공조하는 모습을 보이기도 했지만 늘 그런 것은 아니다. 특히 최근 서브프라임 모기지 금융위기가 불러온 글로벌 경제불황에서는 미국이 금융위기의 진앙이 되면서 사실상 이웃 우방들을 지원할 수 있는 여력이 많이 쇠잔해졌다. 유럽도 마찬가지다. EU에서 맏형 노릇을 해오던 독일도 이제 고단해하는 표정이 역력해졌다. 불황이 몰고 오는 한파는 과거 어느 때보다 매서워질 것으로 각오하지 않으면 안 된다.

아주 오래된 불황

불황이 때로는 심각한 대형재난까지 불러오기도 하는데 1636년의 튤립파동이 그랬고,
1939년에 시작된 제2차 세계대전도 그랬다.

튤립파동의 배후

불황은 때로는 실업난뿐만 아니라 더욱 심각한 대형재난까지 불러오기도 한다. 1636년 당시 최고품종으로 꼽히던 '셈페르 아우구스투스'라는 이름의 튤립 한 뿌리의 가격이 암스테르담의 괜찮은 집 한 채 값은 물론 숙련공의 10년치 연봉을 훌쩍 넘어설 정도로 거품을 한껏 키우다 폭발하면서 경제위기의 원조로 경제사에 각인된 튤립파동이 대표적인 예다. 이 파동이 우연히 일어났을까?

절대 아니다. 다 경제 환경적으로 그만한 여건이 조성되었기 때문이

다. 물론 그런 여건이 조성되었다고 해서 다 거품이 일고, 반드시 경제위기로 발전하는 것은 아니다. 눈사태나 토네이도와 같은 자연재해가 발생할 조건이 완벽하게 다 갖추어졌어도 반드시 대형재난으로 이어지지는 않는 것과 같다. 그러나 그러한 여건이 채 갖추어지지 않았는데도 공연히 대형재난이 일어날까? 그건 아니다. 경제도 마찬가지다. 우리나라의 외환위기를 포함해서 경제사에 기록되어 있는 모든 경제위기는 예외 없이 위기 발생에 앞서 사람들을 들뜨게 만드는 경제환경이 먼저 조성되었다.

12년간의 휴전 끝에 재개된 스페인과의 전쟁으로 인해 1620년대 내내 불황에 시달렸던 네덜란드는 1630년대에 들어서면서 그 동안의 긴 불황이 너무 무거웠던 탓이었을까? 네덜란드 경제가 확실한 호황의 도장을 찍기라도 하려는 듯 질주하기 시작한다. 네덜란드 동인도 회사의 주가가 1630년부터 1639년까지 2배나 뛰어 오르는데 특히 1636년 이후의 움직임이 활발했다. 1636년 3월 229플로린스에 불과했던 주가가 1639년 8월에는 412플로린스까지 뛰어 오르더니 1640년에는 20%가 더 상승한 500플로린스를 기록하게 된다.

이와 같은 주가 급등을 일으킨 것은 1636년 당시의 주 교통수단이었던 범선을 대체하는 바지선을 이용하는 새로운 수로 건설계획의 발표였다. 바람이 유난히 많은 풍차의 나라 네덜란드에서 날씨에 크게 영향을 받는 범선 대신 바지선을 이용하는 것은 마치 1920년대의 증기기관차의 발명과 함께 영국에서 마차를 기차로 대체하려 했던 것과 같다. 기차를 이용하려면 일단은 철로를 깔아야 하는 것처럼 바지선을 띄우기 위해서는 수로를 건설하는 대역사부터 먼저 일으켜야만 한다. 1850년 영국은 국내총생산의 36% 가량을 철도 건설에 쏟아부었다.

수로건설 소식은 발표 초기부터 네덜란드 경제를 들뜨게 했는데 1640년에 절정을 이루게 된다. 새로운 수로건설과 이와 관련된 운송 네트워크 사업들은 1660년까지 이어지는 네덜란드의 경제호황을 이끌어가는 중요한 활력소가 된다. 이렇게 경제호황이 오랜 기간 지속되면서 네덜란드는 유럽에서 가장 부유한 나라 중 하나로 급부상한다. 그러자 주머니 사정이 두둑해진 네덜란드인들은 그 동안의 칼빈주의적 근검절약정신을 잊고 너나 할 것 없이 하나같이 과시적 소비에 나서기 시작하면서 그 유명한 튤립파동을 일으킨다.

터키어로 이슬람교도나 시크교도 남자들이 머리에 둘러 감는 수건을 가리키는 터번에서 유래된 이름을 가진 튤립은 기록에 의하면 16세기 중반에 터키의 이스탄불인 콘스탄티노플에서 서부유럽으로 흘러들어온 것으로 알려지고 있다. 그 후 100여 년이 지난 1630년대까지만 해도 귀족이나 부유한 상인들의 전유물이었다. 사회적 저명인사로서 정원에 튤립을 심지 않는다는 것은 상상조차 할 수 없었던 것이 당시의 풍속이었다. 여기에다 영국인들의 말에 대한 사랑 못지않게 꽃에 대한 사랑이 남달랐던 네덜란드인들이었던 만큼 부유해지면서 가장 먼저 눈을 돌린 것이 튤립이었던 것은 당연한 일이었다.

이렇게 해서 호황으로 부유해진 네덜란드 국민들이 죄다 튤립 수집에 뛰어들게 된다. 부자는 가격이 비싼 희귀품종에, 중산층의 일반인들은 그보다 다소 저렴한 품종을 찾아 나선다. 기관 투자자들은 고가의 대형주에, 개미 투자자들은 저가의 중소형주에 올인하는 지금의 증시나 돈 많은 직장인들은 고가의 비트코인에, 가난한 대학생들은 저렴한 알트코인에 열중하는 가상화폐 시장 풍경과 풍경과 하나도 다르지 않았다. 이어지는 결과 역시 같았다. 튤립 가격은 품종을 불문하고 하루가 다르게 뛰어오르고, 또 그게 더 많은 사람들을 튤립시장으로 끌어들이며 튤립 가격은 급등한다. 그러나 그게 끝이 아니었다.

그 소문을 듣고 영국과 프랑스로부터 새로운 고객이 몰려들기 시작했다. 이른바 해외자본이 유입되기 시작한 것이다. 미국의 서브프라임 모기지 채권이 유럽으로까지 팔려나가면서 대서양 너머에서 새로 흘러들어온 돈뭉치가 미국의 주택시장을 더욱 뜨겁게 달구었듯이 영국과 프랑스에서 건너온 튤립 매입 대금도 튤립 가격을 한 차원 더 높은 곳으로 끌어올리는 데 일조한다.

결국 모든 버블은 반드시 터진다는 최초의 사례를 남기고 역사의 뒤안길로 사라지고 만 튤립파동을 사람들은 이렇게 버블의 기록으로만 기억한다. 그러나 그런 말도 안 되는 버블의 배후에 전쟁으로 인한 혹심한 불황과 그 뒤를 이은 장기호황이 있었던 사실에 대해서는 잘 알지 못한다.

독일이 다시 전쟁을 일으킨 배후에도

불황은 버블만 불러오는 것이 아니다. 전쟁, 그것도 세계적인 대전까지도 불러온다. 제1차 세계대전 직후 전쟁을 일으킨 독일에 책임을 묻기 위해 베르사유에서 개최된 파리강화회의에 케인즈는 영국 재무부 대표로 참석하는데, 여기서 그는 미국 대통령 우드로 윌슨이 영국 수상 로이드 조지와 프랑스 수상 조르주 클레망소에 넘어가 패전국 독일에 터무니없는 전쟁 배상금을 물리는 것을 목격하고, 또 다른 전쟁을 예견했다고 토드 부크홀츠의 저서 『죽은 경제학자의 살아있는 아이디어』에서 말한다.

케인즈가 세계정세를 제대로 읽지 못하는 각국 지도자들의 무능함을 질타하면서 독일이 전쟁 배상금을 지불할 수 없을 뿐만 아니라 결국은 독일로 하여금 새로운 도발을 꿈꾸게 할 것이라 예견했다는 것이다. 그의 예견은 안타깝게도 적중해서 패전으로 인해 크게 망가진 자존감과 함께 엄청나게 무거운 전쟁 배상금으로 절망감에 빠져 있던 독일 국민들에게 대단한 선동가였던 히틀러를 최고 권력자로 떠오르게 하면서 결국 더 큰 전쟁을 다시 일으키게 했다.

전승국들은 당시 독일에게 금이나 외화로 전쟁 배상금을 지불하도록 했다. 그러나 소득세 신설로 전비를 조달했던 프랑스와는 달리 국채발행을 통해 전비를 조달했어야 할 만큼 금과 외환이 이미 턱없이 부족했던 독일은 마르크화를 무제한 새로 찍어내어 외환을 사들이는 수밖에 없었다. 전쟁 배상금은 1921년 6월부터 지불되기 시작했는데 마르크화의 평가절하 역시 이때부터 함께 시작되었다. 그러나 마르크화의 평가절하 속도는 상상을 초월한다. 미화 1달러의 가치가 이듬해인 1922년 전반기만 해도 320마르크가 유지되었으나 1923년 11월에는 4조 2,105억 마르크로 걷잡을 수 없이 추락한다.

이렇게 해서 독일로부터의 배상금 회수가 사실상 불가능해지자 프랑스와 벨기에는 급기야 전쟁에도 산업시설이 전혀 파괴되지 않고 있었던 독일의 루르 지역을 강제점령하고 현물로 전쟁 배상금을 회수해가려 했다. 이에 절망한 독일 국민들은 모든 책임을 전후에 새로 들어선 바이마르 공화국의 무능 탓으로 돌리고 히틀러의 나치즘에 영혼을 넘겨준다. 이처럼 독일이 제1차 세계대전 패전의 상흔이 채 지워지기도 전에 다시 제2차 세계대전을 일으킨 배후에는 과도한 전쟁 배상금으로 초래된 마르크화의 비상한 평가절하와 또 그에 따른 초인플레이션이 불러온 불황이 있었다.

그러나 베르사유 협정에서 프랑스가 독일을 유난히 거칠게 다루었던 데는 그만한 이유가 있었는데, 케인즈는 영국의 입장에서만 들여다보았기 때문에 알 수가 없었다. 『리스크』로 유명한 피터 번스타인은 『금, 인간의 영혼을 소유하다』에서 승전국들의 그런 속사정을 이렇게 설명해주고 있다. 제1차 세계대전에서 승전국들과 패전국들 모두 재정적으로 극심한 타격을 받았으나, 그 중에서도 서부전선의 주전장터가 되었던 프랑스와 벨기에의 피해가 상대적으로 더욱 컸다.

또 당시 참전국들이 지고 있던 대부분의 부채는 자국 국민들에 대한 것이었지만 동맹국들 사이의 부채관계도 꽤 심각했다. 우선 승전국들 대부분이 미국에 대해 총 20억 달러 가량의 부채를 가지고 있었다. 또 프랑스, 이탈리아, 러시아가 영국에 대해 각기 5억 달러 가량씩 빚을 지고 있었다. 반면 전쟁이 끝났을 무렵 영국, 프랑스, 독일의 3국이 보유하고 있는 금은 모두 합해야 20억 달러어치도 못되었다. 그래서 승전국들끼리도 재정적으로 신경이 상당히 날카로워져 있었다.

전쟁으로 인한 피해가 가장 컸던 프랑스가 독일에 대한 변상 요구에 가장 적극적이었을 뿐만 아니라 더 나아가 독일의 변상이 완결되기 전까지는 전장으로부터 바다 건너 멀리 비켜 있어 피해가 상대적으로 적었던 영국에 대한 부채를 청산할 수 없다고 버텼다. 영국 역시 미국에 비해 많이 흘렸던 피 값을 상기시키며 프랑스가 빚을 갚기 전에는 미국에 대한 부채를 청산할 생각이 없다고 버텼다. 결국 문제는 돈이었다.

경기순환설, 설, 설 …

불황은 늘 우리와 함께 있었으나 불황이 소속되어 있는 경기순환에 대해
우리는 아직 정확하게 알지는 못하고 있다. 늘 다른 모습으로 나타나기 때문이다.

원조 경기순환설

경제학자들은 매우 제한적인 시각에서 출발했지만 일찍부터
경기순환의 원인과 주기에 대해 관심을 기울여왔다. 이 가운데 다소 특
이해보이는 것으로는 태양흑점설이 있다. 영국의 제본스가 1875년 호황
과 불황의 경기순환은 약 11년의 주기로 증감을 되풀이하는 태양의 흑
점수의 변화에 의한 것이라는 주술사적 주장을 한 것이다. 경기순환과
태양 흑점수의 변화, 도대체 무슨 이야기인가?

전체 가치보다는 하나 더 가지게 될 때 얻는 가치가 진정한 시장 가치

라는 '한계효용'이라는 새로운 개념을 창안해 물 값을 정말 '물'로 만들어 버렸을 뿐만 아니라 그 결과 1776년 국부론에서 출발한 아담 스미스의 자유방임적 고전학파 경제학을 반석 위에 올려놓았던 제본스의 주장이었던 만큼 가볍게 흘려보낸 언급은 결코 아니었을 것이다. 경기순환의 원인으로 전쟁이나 천재지변, 신자원 혹은 신기술의 개발 등과 같은 경제외적인 요인에만 주목했던 고전학파적 주장을 충실히 반영한 주장이다. 태양 흑점수의 변화가 지구의 기상 현상에 영향을 주고, 또 이에 따라 당시의 주력산업이었던 농업에 영향을 줄 수 있었던 만큼 제본스의 태양흑점설은 당시로서는 매우 의미있는 진단이었다.

제본스에 앞서 1862년 프랑스의 쥬글러도 당시 주요국들의 각종 경제변수들을 분석해 호황, 침체, 회복의 3단계로 진행되는 경기변동이 6년에서 10년에 걸친 일정한 주기로 반복되고 있다는 사실을 지적했다. 이것을 그의 이름을 따라 '쥬글러 파동'이라 하는데, 사실상 최초의 경기순환이론으로 기록되고 있다. 쥬글러에 이어 키친은 1923년 경기변동을 장·단기 파동으로 구분하면서 장기파동은 평균 40개월 정도의 주기를 가지는 단기파동 3개 정도로 형성된다고 했다. 40개월 수명의 이 단기파동은 나중에 '키친 파동'이란 이름으로 경제학 교과서에 등재된다. 키친의 단기파동과는 대조적으로 1925년 콘드라티에프는 장기파동을 주장하는데 18세기 말부터 1920년까지의 영국과 프랑스, 미국에 약 50년을 주기로 하는 장기 파동이 2차례 반 있었다고 주장했다.

이를 주기별로 다시 정리하면 40개월 주기의 키친 파동, 6년에서 10년 주기의 쥬글러 파동, 그리고 약 50년 주기의 콘드라티에프 파동이 있다는 것으로 요약되는데, 후에 기술혁신이론으로 유명한 슘페터는 하나의 쥬글러 파동은 3개의 키친 파동으로 구성되어 있고, 다시 하나의 콘트라티에프 파동은 6개의 쥬글러 파동으로 구성된다고 정리했다. 또 그는 각 파동의 원인으로 키친 파동은 재고의 축적에, 쥬글러 파동은 기술혁신에, 콘드라티에프 파동은 철로, 전기 등과 같은 대발명에 있다고 했다.

이런 시각에서 들여다보면 지난 세기 말에 있었던 미국의 정보통신혁명 역시 새로운 콘드라티에프 파동을 일으키기에 충분했을 것으로 쉽게 짐작할 수 있겠다. 더욱이 인터넷이 불러온 정보유통혁신이 스마트폰의 모바일 통신기술 혁신으로 날개를 달게 되자 마치 판도라의 상자라도 열린 듯 3D 프린트, 핀텍, 블록체인, 인공지능, 무인자동차 등과 같은 엄청난 기술들이 다투어 선을 보이기 시작하면서 이른바 '제4차 산업혁명'을 일으키고 있다. 그렇다면 우린 지금 50년 장기호황 국면의 가운데 지점에 있는 셈이다.

그들은 아직도 진화중

1929년 경제대공황이 일어나기 전까지만 해도 사실 경기순환에 대한 합리적인 학설이라곤 없었다. 당시 경제학계를 지배하던 고전학파 경제학자들의 생각으로는 불황이란 것은 아예 없어야 했다. 시장을 지배하는 '보이지 않는 손'이 시장에서 때때로 일어나기도 하는 모든 불균형을 순식간에 바로 잡아주는 것으로 믿고 있었기 때문이다. 그런 사고가 지배적이었던 가운데 일부 경제학자들이 반기를 든다. 미즈와 하이예크가 이끄는 오스트리아학파의 사람들이었는데, 이들은 금융시장에서부터 출발하는 경기순환이론을 내놓는다.

어떤 이유에서든 통화량이 증가하면 금리가 떨어지게 되는데 이로 인해 금융권으로부터의 차입이 급격하게 늘어난다. 이렇게 한꺼번에 대량으로 풀려나간 돈은 시장에 왜곡된 신호를 보내면서 투자보다는 투기를 조장하게 되는데 돈의 흐름이 막히는 순간 경제가 얼어붙으며 불황이 온다는 것이다.

그러나 이 두 사람은 불행하게도 불황에 대한 대책에 대해서는 전혀 언급하지 않았다. 결국 프리드먼과 크루그먼으로부터 틀렸다는 모욕적인 판정을 받게 되지만, 불황에 대한 마땅한 학설이 없었던 1920년대의 유일한 경기순환이론이었다. 하지만 곧이어 나타난 케인즈에게 추월당한다. 케인즈는 특히 유효수요의 부족이 불황의 원인이므로 미흡한 민간수요를 대신해서 정부가 나서야 한다는 해법까지 함께 내놓으며 분위기를 압도한다.

그러나 1970년대의 석유파동으로 일어난 스태그플레이션에 케인즈 경제학이 일격을 맞자 천하는 다시 주인을 잃은 채 혼란에 빠져든다. 케인즈의 주 무기인 재정정책이 고개를 숙인 사이 고금리를 앞세운 긴축적 통화금융정책이 인플레이션 사냥에 성공을 거두면서 새로운 주인이 등극하는 듯했으나 제2차 세계대전 후 한동안 케인즈 경제학이 보여주었던 완전고용 실적에는 절대 근접하지 못하자 경제학자들은 이게 대체 무슨 조화인지 알아내느라 지금도 잠을 설치고 있다.

그들은 때가 되면 늘 지구를 찾아온다

대체로 한국 경제는 4년, 또 미국 경제는 6년을 주기로 순환한다.
또 호황기는 길어지는 반면 불황기는 짧아지고 있다. 정책의 힘이다.

한국 경제는 4년을 주기로 순환한다

경기순환에 대한 학자들의 논쟁과는 상관없이 경기는 어느 시대, 또 어느 나라 할 것 없이 확장과 수축을 거듭하면서 순환한다. 경제학을 따로 공부하지 않아도 시장에 있는 사람들은 모두 그런 사실을 알고 있다.

그렇다면 과연 어느 정도의 시차를 두고 순환하게 되는지가 경기를 관찰하는 사람들의 중요한 관심사가 된다. 이를 알아내기 위해서는 기준순환일이란 개념부터 먼저 이해해야 한다. 기준순환일은 국민경제 전체

우리나라의 경기순환

	기준순환일			지속기간(개월)		
	저점(T)	정점(P)	저점(T)	확장	수축	전순환
제1순환기	1972.3	1974.2	1975.6	23	16	39
제2순환기	1975.6	1979.2	1980.9	44	19	63
제3순환기	1980.9	1984.2	1985.9	41	19	60
제4순환기	1985.9	1988.1	1989.7	28	18	46
제5순환기	1989.7	1992.1	1993.1	30	12	42
제6순환기	1993.1	1996.3	1998.8	38	29	67
제7순환기	1998.8	2000.8	2001.7	24	11	35
제8순환기	2001.7	2002.12	2005.4	17	28	45
제9순환기	2005.4	2008.1	2009.2	33	13	46
제10순환기	2009.2	2011.8	–	30	–	–
평균	–	–	–	31	18	49

자료: 통계청

의 순환변동에서 국면전환이 발생하는 경기전환점을 의미하는데, 확장 국면에서 수축 국면으로 전환하는 경기정점과 수축 국면에서 확장 국면으로 전환하는 경기저점이 있다.

우리나라의 기준순환일은 통계청에서 GDP, 산업생산 등 개별지표와 경기종합지수의 움직임을 분석한 후 관련 전문가의 의견을 들어 사후적으로 발표한다.

통계청에 따르면 한국 경제는 1970년 이후 경기순환이 10차례나 반복되어 왔고, 지금은 2009년 2월을 저점, 2011년 8월을 정점으로 한 제10순환기의 수축기에 있다. 이 기간 동안 우리나라 경기의 평균 순환주기는 약 49개월이며, 이중 확장기는 31개월, 그리고 수축기는 18개월로 집계되었다. 이를 보면 경기가 4년마다 돌아온다는 세간의 이야기가 전혀 근거가 없는 이야기가 아니었다.

물론 평균기간이기 때문에 당연히 이보다 긴 것도, 또 짧은 것도 있었다. 1993년 1월에 시작된 비즈니스 사이클은 5년 반이 넘는 67개월이나 소요된 반면, 1998년 8월부터 시작된 사이클은 3년에도 조금 못 미치는 35개월에 불과했다. 또 확장기가 수축기보다 긴 것이 비즈니스 사이클의 전형적인 특징 가운데 하나인데, 우리나라에서도 확장기가 평균 31개월로 18개월의 수축기보다 길게 나타났다.

그러나 미국 경제는 6년

한국 경제가 4년을 주기로 순환한다면 미국 경제는 몇 년을 주기로 순환할까? 결론부터 말하자면 미국 경제는 호흡이 길어 한국과는 달리 6년을 주기로 순환한다. 우리나라의 통계청이 경기순환분석을 시작하기 훨씬 앞서 이 일에 나선 미국의 전미경제협회 NBER의 기록에 의하면 미국은 경기순환을 조사하기 처음 시작한 1854년부터 지금까지 33차례의 경기순환이 있었는데 평균 순환기간이 56.2개월이었다. 그러나 이 기간 동안 2차례에 걸친 세계대전이 있었고, 경기순환에 대한 경제이론이 제2차 세계대전이 끝나면서 상당 수준 업그레이드되어 정책에 반영되었던 사실을 감안하면 1945년 이후의 기록에 더 깊은 관심을 기울이는 것이 현실적이다.

이런 관점으로 다시 들여다보면 1945년 이후 미국에서는 11차례의

기 간	확장	수축	전순환
1945년 이전: 1854~1945 (22순환)	28.9	20.6	49.6
1945년 이후: 1945~2009 (11순환)	58.4	11.1	69.5

경기순환이 일어났는데 평균지속기간은 6년에 2.5개월이 빠지는 69.5개월로 전체평균보다 13.3개월, 특히 그 이전 기간보다 19.9개월이 더 길어졌는데, 이런 차이는 매우 중요하다. 경기순환을 국면별로 쪼개어 제2차 세계대전 전후를 비교하면 그 차이는 더욱 크게 나타난다. 확장기간이 무려 29.5개월이 늘어난 반면 수축기간이 9.5개월 줄어들었다. 좋은 일은 더욱 길게, 반면 나쁜 일은 더욱 짧게 만든 경기순환이론의 힘이다.

한국은 4년, 미국은 6년으로 듣기 편하게 정리해버려서는 안 된다. 예외가 너무 많다. 1945년 이후에 발생한 경기순환에서 확장 국면이 짧게는 12개월, 그러나 길게는 10배가 넘는 120개월이 있었다. 일 년과 10년의 차이다. 이런 정도의 편차를 가진 데이터만으로는 정상적인 예측이 사실 어렵다.

미국 증시도 4년마다 뒤집혔다

경제가 불황의 바닥에서 회생해서 긴 호황기를 거쳐 정점에 도달한 후 기운을 잃고 불황기로 빨려들어 빠른 속도로 다시 바닥을 향해 낙하하며 마침내 주어진 일생을 마감하는데 걸리는 시간이 일반화시키기엔 무리가 있지만 지금까지의 기록에 의하면 한국은 4년, 미국은

S&P 500 주가지수 하락(1928.1.3~2012.4.9)

	약조정	중조정	강조정	약세장
발생횟수	294	94	43	25
연평균 발생횟수	3.5	1.1	0.5	0.3
평균지속기간(일)	36	102	191	299
평균 하락률	11	19.6	28.2	35.7
최근 발생일	2011.10.28	2011.4.29	2011.4.29	2009.1.6
발생빈도(월)	3.4	10.8	23.5	**40.4**

약조정(Dip): 5% 이상 하락
중조정(Moderate Correction): 10% 이상 하락
강조정(Severe Correction): 15% 이상 하락
약세장(Bear Market): 20% 이상 하락

자료: Ned Davis Research, 2012.4.9 - Paul Mangus, "Stock Market Corrections",
Wealth Management Insights Center, Wells Fargo

6년이었다. 그러나 독자 여러분은 경제보다는 증권시장에 관심이 더 많을 것이다.

미국의 네드 데이비스 연구소가 1928년 1월에서 2012년 4월까지의 84년의 기간 동안 S&P 500지수를 가지고 조사해 보았더니 주가가 5% 이상 조정받는 약조정은 294회, 주가가 10% 이상 조정받는 중조정은 94회, 주가가 15% 이상 조정받는 강조정은 43회나 있었다. 무엇보다 주목해야 할 것은 주가가 20% 이상 조정받는 약세장, 이른바 '베어마켓'이 무려 25회나 발생했다는 사실이다. 이를 보면 주가 조정이 생각보다 훨씬 빈번하게 발생하고 있을 뿐만 아니라 지속기간도 꽤 길다는 사실을 알 수 있다.

특히 투자자들이 가장 두려워하는, 주가가 20% 이상 조정받는, 약세

장은 3.4년에 해당하는 40여 개월마다 한 번씩 발생하면서 그때마다 평균 300일 가량이나 지속되었다. 약세장의 발생빈도에 대한 데이비스의 연구는 다른 연구와도 일치한다. 카펜터는『위기를 기회로 만드는 투자』에서 1900년부터 2000년에 이르는 108년 동안 다우존스 산업지수 기준으로 26번의 약세장이 발생했다고 말했는데 이 기준에 의하면 약세장이 49.8개월, 즉 거의 4년마다 한 번씩 발생한 셈이다.

부시는 무죄

호황의 시작은 아버지 부시의 재임 말기에 있었고, 또 불황의 시작은
아들 부시의 취임 직후에 있었다. 부시 부자는 무죄, 클린턴은 유죄다.

대를 이은 경제와의 악연

아들 부시가 아메리카 합중국 43대 대통령으로 취임 선서를
했던 2001년 1월 20일, 역사적으로 가장 길게 지속되었던 호황이 마침
내 활력을 잃고 있었지만, 미국 경제가 불황으로 접어들었다는 공식적
인 증거는 어디에서도 찾아볼 수 없었다. 당시까지의 미 상무부의 발표
에 의하면 오히려 취임 직전 년도인 2000년 3/4분기와 4/4분기 동안 비
록 둔화되긴 했지만 경제성장의 척도인 국내총생산이 전년도 같은 기간
에 비해 각기 0.6%와 1.1% 증가했다.

그러나 불행하게도 아들 부시가 백악관으로 입주했던 날이 포함된 2001년 첫 3개월 동안 국내총생산이 처음으로 감소하기 시작해 이후 2분기 연속 후퇴하는 바람에 불황을 일으킨 대통령이란 오명을 뒤집어쓰게 된다. 아들 부시는 나중에 이를 두고 "경제가 이미 불황으로 들어서고 난 뒤 열흘이 지나 내가 취임했다"라고 말하면서 불황이 자신의 탓이 아니라고 강변했다.

그러나 미국정부를 대신해 호황과 불황의 시작 시점을 판정하는 전미경제협회의 입장은 이와 달랐다. 전체적인 그림을 볼 때 1991년 3월부터 시작된 호황국면이 부시 대통령 취임 후 2개월이 지난 2001년 3월 정점에 도달했다가 곧바로 하향 국면으로 접어들어 불황이 시작되었다는 것이 그들의 공식적인 입장이었다.

살아있는 권력에 정면으로 도전하는 듯한 전미경제협회의 결정도 대단하지만 애초에 경기순환이라는 거대한 수레바퀴의 궤적에서 본의 아니게 잘못된 시간을 선정했던 부시가 불운했다고 말하지 않을 수 없다. 그러나 재임 말기에 이미 경제가 호황기에 들어섰는데도 불구하고 뒤늦은 판정으로 재선에 실패하면서 결국 자신의 일자리마저 잃게 되었던 아버지 부시에 비하면 운이 좋은 편이었다.

반면 재임기간 동안 호황이 시작되지도 않았음에도 불구하고 부시 부자와는 달리 경제호황으로 승승장구했던 클린턴은 억세게도 운이 좋은 사람이었다. 나중에 알려진 사실이지만 호황의 시작은 아버지 부시의 재임 말기에 있었고, 또 불황의 시작은 아들 부시의 취임 직후에 있었다.

결국 성공한 경제대통령으로 오랫동안 인기를 누렸던 클린턴은 정작 아버지 부시가 차려준 밥상을 다 먹어 치운 후 빈 밥상을 아들 부시에게 물려준 셈이다. 특히 클린턴이 대선에서 "문제는 경제야, 바보들아!"라는 일갈로 아버지 부시를 물리치고 백악관을 차지한 것을 생각하면 부시 부자로서는 더욱 분해하지 않을 수 없는 일이다.

누가 불황을 판정하는가?

부시 부자를 정치적 궁지로 몰아넣었던 경기순환일의 기준일은 누가 정하는가? 앞서 잠깐씩 언급했던 것처럼 우리나라는 통계청에서, 미국은 전미경제협회의 경기순환일 판정위원회에서 하고 있다. 그러나 이들 기관들은 지나치게 신중한 나머지 경기순환일이 지나가고 나서 한참, 때로는 아주 오래 지나서야 비로소 날짜를 발표한다.

실제로 1991년 2월 28일에 공식적으로 종료된 이라크와의 걸프전을 승리로 이끌면서 재임중 지지도를 89%까지 끌어 올리며 연임이 확실시되던 아버지 부시를 실패한 경제대통령으로 몰리게 해 결국 백악관을 떠나게 만들었던 경제 불황이 사실은 재임 말년인 1991년 3월에 종료되었다는 사실을 전미경제협회가 공식적으로 발표한 것은 그로부터 무려 21개월이 지난 1992년 12월이었다. 그러나 그때는 이미 클린턴의 대통령 당선이 확정된 뒤였다.

우리나라의 통계청이나 미국의 전미경제협회와 같은 국가에서 공인한 기구가 발표하는 경기순환일은 경제활동을 포괄적으로 살핀 후에 내리는 결정인 만큼 경제사적인 기록이나 학술적 측면에서 매우 중요한 의미를 갖는다. 그러나 자산 가격의 실시간적 변동에 목을 매는 투자자들에게는 배차 간격이 일정하지도 않은 버스가 언제 지나갔는지를 따지는 일만큼이나 소모적인 논쟁거리밖에 되지 않는다. 그래서 나름대로 경기순환을 실시간으로 따라잡는 조견표를 찾아냈다.

미국의 경제통계학자인 쉬스킨이 1975년 〈뉴욕 타임즈〉에 기고한 칼럼에서 불황을 판정하는 간소한 기준의 하나로 '국내총생산 2분기 연속 후퇴', 즉 '2분기 연속 마이너스 성장률'을 제의했는데, 지금은 우리나라를 포함한 전 세계 모든 언론들이 이 기준에 따라 불황의 시작을 알리고 있다. 또 같은 이유로 성장이 플러스 영역으로 들어서기만 하면 자세한 내용은 살피지도 않고 주저 없이 불황이 끝났음을 선언한다.

이 기준은 국내총생산으로 나타나는 거대한 생산 활동의 이면에 깔려 있는 고용사정이나 소비자심리 등과 같은 중요한 변수들을 간과하는 것은 물론, 경기순환의 시작과 끝을 분기(3개월) 단위로 거칠게 판정한다는 이유로 경제학자들은 못마땅해한다. 그러나 조금이라도 빠른 신호를 기다리는 자산시장 투자자들은 그런 비판 따위는 아랑곳하지 않고 매스컴에서 날아오는 재빠른 판정에 일제히 환호한다. 쉽고 빠른 정보를 선호할 수밖에 없는 투자자들을 비난할 수는 없다. 투자행위는 학술활동이 아니기 때문이다.

고속도로나 철로처럼 나라에서 일부러 뚫은 길도 있지만 예로부터 사람이 다니는 길은 그 길을 오가는 사람들에 의해 저절로 열렸던 것처럼 시장에서 돈이 흘러 다니는 길은 투자자들이 실제로 돈을 쏟아붓는 길이다. 그래서 투자자들이 어떤 신호에 반응하는지를 살피는 것이 무엇보다 중요하다. 경제학자들이, 혹은 정부 관리들이 옳다 그르다 하는 것은 뜬금없는 일에 지나지 않는다. 집중호우로 불어난 강물은 때때로 수로를 벗어나 제방을 넘쳐흐른다. 그렇다고 강물을 꾸짖을 수 있는가? 투자자들도 시장에서 살아남기 위해서는 언제나 미스터 마켓이 보내는 신호에 귀를 기울여야 한다.

경기를 판정하는 방법은 사실상 상당히 주관적인데 일례로 생산보다는 일자리에 더 신경을 쓰는 노동자들은 일자리가 충분치 않는 한, 즉 실업난이 해소되지 않는 한 여전히 불황이다. 이런 사정은 기업에게도 마찬가지다. 기업이 살피는 것은 언제나 유휴설비다. 그래서 공장설비가 정상가동률을 밑도는 한 불황이 끝났다는 데 절대로 동의하지 않는다.

경기판정과 관련된 주관적 기준의 차이는 '이웃집 남자가 실직하면 불황, 내가 실직하면 공황'이라는 보통 사람들의 인식에서 절정을 이룬다. 그러나 설익은 공급주의 경제학으로 레이거노믹스를 만들어 미국 경제를 말아먹을 뻔 했던 레이건 전 대통령이 지미 카터와 대선에서 격돌했던 당시 내린 경기순환에 대한 정의는 나름 유머가 넘친다. 그린스펀 전 연준의장이 들었다는 대로 옮겨본다. "경기후퇴란 당신들의 이웃이 실직했을 때입니다. 불황은 당신들이 실직했을 때입니다. 그리고 경기회복은 지미 카터가 그의 직장을 잃을 때입니다."

경제는 경제활동에 참여하는 사람들이 생각하는 대로 흘러간다. 긍정적인 생각이 지배적이면, 그래서 소비자들이 평소처럼 주저 없이 소비지출에 나서고, 또 기업도 서슴없이 투자에 나서주면 경제는 반드시 생각한 대로 긍정적인 방향으로 전개된다. 반대로 소비자와 기업이 부정적인 생각에 사로잡혀 소비지출을 억제하고, 또 신규투자를 미루면 경제는 나빠질 수밖에 없게 된다. 경제대공황 직후 미국의 루즈벨트 당시 대통령이 "우리가 가장 두려워해야 할 것은 두려움 그 자체다"라고 말한 것은 바로 이 때문이다. 그래서 불황이나 호황이 얼마나 가까이에 와있는지를 알아보기 위해서는 여론을 무시해서는 안 된다.

그런 노력의 일환으로 영국의 경제 격주간지 〈이코노미스트〉가 미국의 주요 일간지인 〈뉴욕타임즈〉와 〈워싱턴포스트〉의 기사에 영어로 불황을 가리키는 리세션Recession 관련 기사가 얼마나 자주 등장하는지를 분기별로 일일이 세어서 'R지수'라 이름 붙여 발표했다. 주요 언론매체에 불황 관련 기사가 자주 눈에 띄는 것은 불황에 대한 우려가 사람들의 생각을 그만큼 크게 지배하고 있다고 생각했던 것이다.

〈이코노미스트〉지의 이런 추론은 적중해서 'R지수'는 1981년, 1990년, 그리고 2001년에 있었던 불황의 시작을 족집게처럼 예고해주었다. 그러나 1990년대 초반에 있었던 불황에서는 1991년 3월에 불황이 공식적으로 종료되었는데도 이후 일 년 내내 계속 불황 사인을 보냈다.

불황이나 호황이

얼마나 가까이에 와있는지를 알아보기 위해서는

여론을 무시해서는 안 된다.

Economy knows the flow of Money

2부

경제와 금융자산의
따뜻한 동행

경제를 떠난 금융자산은 물 밖으로 나온 물고기와 같다. 세상에 물은 늘 있다. 그러나 물고기가 건강하려면 자신에게 맞는 물을 찾아가야 한다. 금융자산도 마찬가지다. 금융자산이 한결같은 모양으로 불어나는 일은 없다. 때로는 재빨리 오르지만, 때로는 걷잡을 수 없이 떨어지기도 한다. 금융자산 투자 성과는 경제의 골격인 비즈니스 사이클에 달려 있다. 자신에게 허락되어 있는 구간에서 비즈니스 사이클에 올라타야 생기를 얻는다. 경제와 금융자산에 엇박자가 나지 않게 하려면 경제가 움직이는 궤도 그 자체인 비즈니스 사이클의 향방에 항상 주목해야 한다.

외환, 원자재, 채권, 증권과 같은 금융자산들은 절대로 함께 달리지 않는다. 비즈니스 사이클이 각기 다르게 정해준 순서에 따라 오르고 내린다. 먼저 외환시장에서 달러 가치가 하락하면 원자재의 달러화 표시 가격이 상승하면서 인플레이션 우려를 키운다. 이로 인해 금리가 올라가면 채권 가격과 주가는 하락한다. 그러나 금리 상승으로 달러화 가치가 다시 올라가면 경제는 왔던 길을 되돌아가기 시작한다. 원자재 가격 하락으로 인플레이션 우려가 사라지면 금리는 하락하고 채권 가격과 주가는 상승하게 된다. 이게 바로 비즈니스 사이클과 맞물려 있는 '자산시장의 길'이다.

3장

자산시장의
길

자산시장 순환열차는 오늘도 떠나간다

자산시장을 달리는 열차는 서울 지하철 2호선처럼 외환시장, 원자재시장, 채권시장,
증권시장의 순서로 끊임없이 순환한다. 그래서 어디서든 승차할 수 있다.

자산시장은 비즈니스 사이클의 열렬한 추종자

경제의 실효적 지배자는 언제나 비즈니스 사이클이다. 그렇
다면 일련의 개별 경제지표들이 그려내는 펀더멘털의 변화를 통해 비즈
니스 사이클의 진행 방향을 간파하는 일은 자산시장 참여자들에게 무엇
보다 중요하다. 세계의 기후가 남반구와 북반구를 가로지르는 거대한 해
류의 흐름을 벗어날 수 없듯이 자산 가격은 그 자산이 주식이든, 채권이
든, 금이든, 부동산이든, 또 외환이든 가릴 것 없이 세계 경제를 가로질
러 흐르는 거대한 비즈니스 사이클을 피해갈 수 없기 때문이다.

일찍부터 증권시장에서, 채권시장에서, 원자재시장에서, 또 외환시장에서 자산 가격의 변화를 자세히 관찰해온 많은 투자전문가들은 하나같이 모든 투자 자산들은 자신들이 각기 좋아하는 자리에서 비즈니스 사이클에 올라타며 움직인다고 말했다.

과연 그들이 말하는 대로 주요 투자 자산들이 각기 순서를 정해 각기 다른 입구를 통해 들어왔다가 또 순차적으로 각기 다른 출구를 통해 빠져나가는 패턴을 이해하고 따라가면 자산투자가 한결 편안해질 것은 자명하다. 헤지펀드나 연기금펀드와 같은 외국의 기관투자자들은 실제로 그렇게 움직인다.

경기순환에 따라 우선 자산시장에서는 채권시장 ⇨ 증권시장 ⇨ 원자재시장 순으로 손바뀜이 일어나고, 또 증권시장 안에서도 운송 관련업종 ⇨ 기술업종 ⇨ 자본재 관련업종 ⇨ 원자재 및 기초금속업종 ⇨ 에너지 관련업종 ⇨ 식료품 및 의료제약업종 ⇨ 전기가스업종 ⇨ 금융 관련업종 ⇨ 자동차, 주택, 기타 생필품 관련업종 등으로 정해진 순서에 따라 순환매가 일어나게 하는 투자 매뉴얼을 가지고 있다.

북한의 핵실험과 같은 우발적인 지정학적 변수가 갑자기 월가의 화두로 떠오르면 그들의 자산운용 매뉴얼은 자산투자의 기수를 일단은 무조건 안전자산 쪽으로 돌리라고 지령한다. 따라서 한국 주식뿐만 아니라 한국과 같은 신흥시장, 이른바 '이머징 마켓'에 소속되어 있는 브라질, 인도, 동구에서 자금을 인출해 금이나 일본 엔화, 스위스 프랑화, 그리고 미국의 우량 주식으로 이동시킨다. 그러다 시간이 지나면서 북한의 안보 위협이 찻잔 속의 태풍으로 귀착이 되면 자금은 다시 예전의 자리로 되돌아간다.

물론 이런 방식의 투자가 늘 성공하는 것은 아니다. 돈은 간혹 그런 경제원리에 앞서 매 순간 시장을 지배하는 집단투자 심리가 변덕스럽게 파헤쳐 놓는 길을 따라 마구 흘러 다니는 일이 드물지 않기 때문이다. 그러나 어떤 경우에도 각종 거시경제지표들로 압축되어 펼쳐지는 비즈니스 사이클의 흐름에 순응하면서 시의에 맞는 크고 작은 경제원리들을 쫓아가는 투자자가 결국은 더 자주 웃게 될 것은 자명하다.

주식, 채권, 외환, 금 등은 물론 다른 어떤 투자활동에 참여하고 있는 사람들은 꼭 이 말에 귀를 기울여야 한다. 모든 자산시장들은 각기 저마다의 특성에 따라 전체 경제의 한 모퉁이씩을 차지하고 있다. 이들의 진정한 지배자는 비즈니스 사이클이다. 독자 여러분은 곧 몇 가지 그런 증거들을 구체적으로 보게 될 것이다.

서울, 대전, 대구, 부산 찍고

서울, 대전, 대구, 부산 찍고

내 님은 어디에 있나

서울에 있나 (서울에 있나) 대전에 있나 (대전에 있나)

대구에 있나 (대구에 있나) 부산에 있나 찍고

〈중략〉

그 님을 만나러 서울, 대전, 대구, 부산 찾아봤지만

아무데도 간 곳이 없더라, 곳이 없더라

나는 그만 주저앉아 울고 말았네 (찍고, 찍고, 찍고)

〈계속〉

시내버스를 타면 가끔씩 듣게 되는, 노랫말 그대로의 트로트 곡 '서울, 대전, 대구, 부산 찍고'다. 봄이 오면 놀아온다던 그 사람을 경부선을 따라 내려가며 찾는 여자의 노래다. 끝내 못 찾았는지 노래 뒷부분에서 그녀는 결국 호남선으로 갈아탄다. 서울, 대전, 광주, 목포 찍고. 서울, 대전, 광주, 목포 찍고.

이 남자는 도대체 어디에 숨어버렸나? 연애박사는 아니지만 필자는 이 남자가 어디에 있는지 안다. 서울에도 있었고, 대전에도 있었고, 대구에도 있었고, 또 부산에도 있었다. 늘 떠돌아다닌다. 그런데 이 남자는 여자보다 늘 한 발짝 앞서 이동하거나 100미터쯤 뒤에 처진 채 움직이고 있다. 그래서 이 남자를 찾기가 그렇게 어려운 것이다. 사정이 이렇다면 어디에서든 한 자리에 가만히 서서 기약 없이 기다리는 편이 차라리 낫다. 남자의 교우관계나 거래처 분포를 추정해 기다릴 장소와 시간을 정하면 더욱 좋다.

가만히 보니 이 남자는 마치 돈과 같다. 도대체 한군데서 진득하게 머물러 있지를 못하니 말이다. 주식이 돈이 좀 되는가 해서 들어갔더니 어느새 파장이다. 그래서 채권을 샀는데 그것도 시원찮다. 문득 신문을 보니 금이 해답이라 해서 달려가서 사두었더니 딱 일주일 괜찮다가 다시 고개를 숙인다. 주식, 채권, 금을 이렇게 차례로 찍고 다녀도 돈이 보이지 않는 사람에게는 버스에 혼자 앉아 듣는 '서울, 대전, 대구, 부산 찍고'가 결코 남의 이야기 같을 수 없다.

필자는 경제학 박사라 그 남자가 어디에 있는 지에는 별로 관심이 없지만, 돈이 어디로 몰래 숨어 다니는지에 대해서는 당연히 많은 관심을 기울여왔다. 그러다가 몇 해 전에 우연히 머피가 쓴 『시장간 기술적 분석』이란 책에서 중요한 단서를 얻게 되었다. 머피는 이 책에서 돈이 달러, 원자재, 채권, 주식 순으로 순환한다고 했다. 외환시장, 원자재시장, 채권시장, 증권시장의 순서로 투자자금이 돌고 돈다는 것이다. 그래서 달러화의 가치가 내려가는 것을 보고 미리 빠져나와 금을 샀다가 팔고, 채권을 사고, 또 그다음은 주식을 사면 된다는 것이다.

이렇게 하면 중식당에서 풀코스로 중화요리를 하나씩 모두 맛보듯 모든 자산시장에서 빠짐없이 골고루 수익을 올릴 수 있다는 이야기인데 마치 그 남자를 서울역이나 강남 터미널에서 붙들어 코를 꿰어 대전, 대구, 부산을 찍고 다시 목포, 광주, 대전 찍고 서울로 돌아와 그제서야 그를 용서하고 놓아주면 되는 것과 같다.

자산시장을 달리는 순환열차

자산시장을 달리는 열차는 경부선이나 호남선과 같이 종착역이 있는 철로로는 다니지 않는다. 언제나 서울 지하철 2호선과 같은 순환노선을 달린다. 그래서 특별히 출발역이 따로 있는 것이 아니다. 어디에서 타든 가만히 앉아 있으면 정해진 순서에 따라 결국은 서울의 남쪽과 북쪽은 물론, 동쪽과 서쪽을 다 돌고난 후에 처음 출발했던 그 지점으로 다시 돌아온다. 강남역에서 시계반대방향으로 순환하는 2호선 외선을 타고 출발하면 잠실역, 시청역, 신도림역, 사당역을 거쳐 다시 강남역으로 돌아온다.

자산시장 순환열차도 마찬가지다. 외환시장, 원자재시장, 채권시장, 증권시장의 순서로 자산 가격의 등락을 이어가는데, 어느 시장에서 시작하든 돈이 되는 시장을 따라다니다 보면 문득 처음 들어갔던 그 시장에 다시 와있는 자신을 발견할 수 있게 된다.

그러나 2호선에서도 사람들이 출발점으로 주로 많이 이용하는 역이 있다. 환승역이거나 주변에 사무실이 많아 유동인구가 많은 역이 바로 그런 역이다. 자산시장을 달리는 순환열차도 마찬가지다. 외환, 원자재, 채권, 주식이 각기 거래되는 4대 자산시장 가운데 머피는 외환시장을 출발점으로 삼았다. 자산시장 간 꼬리에 꼬리를 물고 이어지는 순환을 일으키는 강력한 운동에너지가 외환시장에서 발생하기 쉽기 때문이라 했다.

달러 떨어지고, 원자재 오르고

　　　　자산 가격의 순환운동에서 달러화에 제일 먼저 주목해야 하는 이유는 달러화 가치의 등락이 무엇보다 인플레이션을 일으키기 쉽기 때문이다. 해마다 잊지 않고 한반도 주변을 방문하는 크고 작은 태풍이 적도의 뜨거운 태양열에 끓어오른 수증기가 공중부양하며 발생하는 에너지에서 비롯되듯이 자산시장 간의 순환운동은 인플레이션 우려와 이에 화답하는 금리의 상승운동에서 에너지를 얻는다.

　달러화 가치를 인플레이션과 연결시키는 것은 주요 원자재들이 죄다 달러화로 표시되어 거래되는 현실에서 출발한다. 금, 은, 백금과 같은 귀금속은 물론 구리나 철강과 같은 산업용 금속, 또 석유나 유연탄과 같은 에너지자원, 심지어 밀이나 옥수수와 같은 곡물도 모두 달러화로 표시되어 국제시장에서 거래되고 있다. 그래서 달러화 가치가 변하면 달러화로 표시되는 원자재 가격이 가만히 있을 수 없다.

　먼저 달러화 가치가 떨어지면 원자재 가격은 대체로 달러화의 낙폭만큼 올라간다. 그래야 원자재의 실질가치가 보전될 수 있기 때문이다. 그 반대의 경우도 마찬가지다. 달러화 가치가 상승하면 원자재 가격은 같은 폭으로 떨어진다.

원자재 오르면 금리도 뛴다

　　　　외환시장에서의 달러 가치 변화에서 출발해서 원자재시장에서의 원자재 가격의 변화, 그리고 또 이에 따른 인플레이션 기대심리의 변화를 실은 채 이어지는 자산시장 열차의 여정에 주목하는 이유는 바로 그 다음 정차역이 채권시장이기 때문이다.

채권시장은 이름 그대로 단순히 채권이 거래되는 시장만의 의미를 가지고 있는 것은 아니다. 그 이상이다. 과거와 현재뿐만 아니라 그보다 더 중요한 미래의 세상을 움직일 것으로 보이는 모든 정보가 녹아들어 채권수익률이란 이름으로 돈의 가격인 금리가 결정되는 곳이 바로 채권시장이다.

채권에 돈을 묻어 두려는 투자자들은 채권발행자의 신용이나 만기일까지의 시간 등 많은 것들을 세심하게 고려하겠지만 모든 채권을 공통적으로 지배하는 전체 경제여건, 또 그 중에서도 인플레이션 기대심리에 가장 무거운 비중을 둔다. 인플레이션은 채권투자자에게 가장 무서운 적이다. 인플레이션은 미래에 발생할 수익을 베어 먹기 때문이다. 그래서 인플레이션이 일어날 것이 확실하면 그에 합당한 프리미엄을 요구하지 않을 수 없게 되는 것이다.

회사채 발행을 계획하던 기업으로서는 전보다 높은 금리를 약속하게 되면서 자금조달에 빨간 불이 켜진다. 자금조달비용이 상승하는 만큼 계획하고 있던 많은 신규 사업의 사업성이 악화되면 일부 수익성 낮은 사업들부터 차례로 취소된다. 국민 경제를 끌고 가는 기업투자가 이런 식으로 위축되기 시작하면, 그 경제는 결국 불황을 향해 달려가게 된다. 실물 경제가 일단 방향을 전환하면 자산시장도 이에 따라 어쩔 수 없이 새로운 길을 찾아 나서지 않을 수 없게 된다.

원자재 가격의 등락은 생산비용에 직접적인 영향을 주기 때문에 생산자물가지수를 먼저 건드린 후에 결국은 인플레이션 지표인 소비자물가지수를 흔들게 된다. 이처럼 원자재 가격의 상승은 시간이 지나면서 인플레이션으로 연결될 수밖에 없고, 또 반대로 원자재 가격의 하락은 인플레이션을 억제하거나 디플레이션을 일으키게 된다. 물론 이런 일이 순식간에 꼬리에 꼬리를 물고 일어나지는 않는다. 언제나 시간이 걸린다.

달러 가격의 변화가 원자재 가격에 영향을 줄 만큼, 또 그에 따른 원자재 가격의 변화가 인플레이션 기대심리를 뒤흔들 만큼 심각하게 발전한 후에야 비로소 나타난다. 그러나 발 빠른 투자자들은 인플레이션이나 디플레이션이 실제로 눈앞에 일어날 때까지 절대로 가만히 앉아서 기다리고 있지만은 않는다. 그전에 움직인다. 그래서 전체 자산시장에 일파만파의 파장을 일으키게 된다.

금리가 뛰면 채권도 주식도 모두 파국

인플레이션 우려가 커지면서 채권투자자들이 장차 발생하게 될지 모를 인플레이션에 대한 보상으로 더 높은 수익률을 요구하게 되면 이는 곧 시장금리의 상승을 의미한다. 금리 상승은 넓게는 전체 경제에, 또 좁게는 자산시장에 어떤 영향을 미치게 되는가? 앞서 금리 상승이 기업투자를 위축시키면서 전체 경제의 침체를 불러오는 과정이 설명되었다. 또 금리 상승은 먼저 주요 자산시장인 채권시장에서 똑같은 비율의 채권 가격의 하락을 불러온다. 채권 가격은 금리와는 정확하게 같은 비율로, 그러나 다른 방향으로 움직인다.

채권에 대한 수익은 채권발행자에 따라 여러 가지 다른 방법으로 제공되지만, 채권 가격과 채권수익률 간의 역관계를 가장 쉽게 설명하는 채권발행 방식은 액면에 보장된 수익률만큼 미리 할인해서 판매하는 방식이다.

예를 들어 만기가 일 년인 액면가 100만 원의 회사채를 생각해보자. 이 회사채를 수익률 5%로 발행하는 경우 최초 판매가는 일 년 후에 발생할 5%의 수익, 즉 5만 원을 미리 공제한 95만 원이 된다. 95만 원에 이 회사채를 매입한 투자자가 채권만기일까지 일 년을 기다렸다가 발행자가 미리 지정한 금융기관에 가면 100만 원을 받게 되는 것이다. 95만 원을 투자해서 일 년 후에 5만 원의 투자수익을 올리는 만큼 실제 수익률은 사실 5%가 넘는다. 그러나 여기서는 채권 가격과 채권수익률 간의 역관계에 대한 설명에 집중하는 만큼 이 문제는 무시하기로 한다.

그런데 이 채권이 발행되고 바로 이튿날 시장금리가 6%로 인상되면, 이날 새로 발행되는 일 년 만기의 액면가 100만 원의 신규 회사채는 이를 반영해 6만 원의 이자를 공제해야 하므로 94만 원에 판매된다. 금리가 5%에서 6%로 1% 포인트 상승하자 회사채 가격은 95만 원에서 94만 원으로 하락한 것이다. 물론 채권 만기일까지 기다리면 액면가인 100만 원을 돌려받을 수 있다.

그러나 이튿날 당장 현금이 필요해 이 회사채를 유통시장에서 매각해야 하는 경우에는 1만 원의 손실을 피할 수 없게 된다. 만약 금리가 5%에서 4%로 인하되었다면 회사채 가격은 95만 원에서 96만 원으로 상승했을 것이다. 그래서 즉시 현금화하면 1만 원의 매도차익이 발생한다. 채권에 투자하는 투자자들은 대개 이런 식의 매도차익을 노린다. 만기일까지 보장된 이자만 꼬박꼬박 챙기는 투자자는 매우 드물다.

금리 변화는 채권 가격뿐만 아니라 증권시장에도 거센 후폭풍을 일으킨다. 앞서 금리가 인상되면 자금조달비용의 상승으로 기업의 투자활동이 위축되고 경제도 따라서 불황 국면으로 접어들기 쉽다고 했다. 이는 한 마디로 곧 기업이윤의 감소를 의미하기 때문에 이를 그대로 반영하는 주가도 하락을 피해가기 어렵게 된다. 반대로 금리 인하는 자금조달비용을 낮추면서 기업투자 증가를 촉진하고, 또 이에 따라 경기도 활성화된다. 그 결과 기업이윤이 증가하면서 주가도 상승하지 않을 수 없게 된다.

달러 가치 하락을 바라보며 외환시장역을 출발한 자산시장 열차는 원자재시장역에 도착하기도 전에 원자재 가격 상승이란 비보를 접하게 한다. 이로 인해 열차가 다시 채권시장역을 향해 달려가는 내내 투자자들은 인플레이션 공포에 떨다가 결국은 이어지는 금리 상승의 된서리를 맞게 된다. 채권시장역에서 금리 상승과 채권 가격의 하락을 확인한 투자자들이 그 다음 역인 증권시장역에 도착했을 때는 주가도 이미 하락세를 굳히고 있을 때다. 자산시장 열차는 이런 상태로 다시 외환시장역으로 복귀하고, 같은 모양새로 몇 차례 더 순환한다. 그러나 자산시장은 이렇게 늘 같은 모양으로 움직이지는 않는다.

투자자들이 가장 많이 모여서 노는 채권시장과 증권시장을 궁지로 몰아넣던 바로 그 고금리가 때가 무르익으면 시장 분위기를 완전히 바꾸어 놓는다. 금리가 충분히 올랐다고 생각하게 될 즈음엔 달러 가치가 다시 상승세로 전환된다. 상대적으로 높아진 미국금리에 매료된 해외자금이 미국으로 유입되기 시작하면 달러화에 대한 수요가 증가하면서 달러 가치가 상승세로 반전되는 것이다.

그 이후에 전개될 이야기는 앞서 나누었던 것들과는 완전히 반대다. 원자재시장역은 완전히 파장 분위기로 들어선다. 그러나 다른 시장에서는 투자자들의 얼굴에 희색이 가득해진다. 머지않은 곳에 있는 채권시장역에 도착하기도 전에 인플레이션 우려를 녹이는 훈풍을 맞으며 자산시장 열차 분위기는 조금씩 달아오른다. 채권시장역에 도착할 때쯤 투자자들은 금리 인하와 함께 채권 가격 상승 소식을 접하게 된다. 이후 증권시장역을 향해 계속 달려가는 동안에는 채권 가격과 함께 주가도 동반 상승하고 있다는 소식까지 듣게 된다.

모든 자산은
비즈니스 사이클을 타고 달린다

비즈니스 사이클의 작동에 필요한 에너지는 언제나 인플레이션 우려에서 발생한다.
이에 따라 금리가 먼저 변하고, 환율과 주가가 그 뒤를 잇는다.

경제, 금리, 그리고 주가의 순차적 질주

머피가 발견한 자산시장 순환열차의 에너지는 달러 가치의
변화에서 비롯되는 원자재 가격의 변화가 유발하는 인플레이션 우려였
다. 달러 가치가 하락하면 달러화로 표시된 원자재 가격이 일제히 상승
할 수밖에 없는데, 이로 인한 물가 상승, 즉 인플레이션 우려의 확대가
금리를 끌어올리는 한편 채권 가격을 낮추게 한다. 또 금리 상승에 따라
주가도 결국 하락세를 피해갈 수 없다는 시나리오였다.

반대로 달러 가치가 상승하는 경우에는 원자재의 달러 가격이 하락하

면서 인플레이션 부담을 크게 덜어준다. 이에 따라 금리는 제자리걸음을 하거나 하락하면서 채권 가격을 끌어올리게 된다. 또 금리 하락에 따라 주가도 상승하게 된다는 이야기다.

기축통화로서의 달러화의 역할이 흔들릴 때 글로벌 자본시장은 새로운 질서를 찾아 재편되는 수밖에 없다. 달러화 가치의 변화는 원자재시장에 먼저 돌직구를 날리며 세계 경제에 일대 파란을 예고한다. 머피는 이를 놓치지 않고 뒤이어 순차적으로 전개될 자산 가격의 재편 과정을 잘 보여주었다. 그러나 자산시장 간 순환이 반드시 외환시장에서 시작될 필요는 없다. 달러 가치의 변화가 없어도 정상적인 경기순환과 함께 자산시장 간 순환이 일상적으로 일어나기 때문이다.

사실 우리는 이런 측면에 더욱 주목해야 한다. 조수의 간만처럼 규칙적이진 않지만 경제는 어쨌든 끊임없이 들고 나기를 반복하기 때문에 이런 비즈니스 사이클의 흐름에서 나타나는 자산 가격의 순환에 더욱 빈번하게 노출되기 때문이다. 물론 순환에 필요한 에너지는 머피의 경우에서와 마찬가지로 언제나 인플레이션 우려에서 발생한다.

일반적으로 경기가 침체 국면을 벗어나 회복 국면을 통과한 후 본격적인 확장 국면에 들어서게 되면 빠른 속도로 생산이 증가하면서 자금, 인력, 원자재와 같은 모든 생산요소에 대한 수요도 따라서 증가한다. 이에 따라 금리, 임금, 원자재 가격과 같은 요소 가격들도 일제히 상승하지 않을 수 없게 되는데, 결국 이것이 인플레이션 우려를 키우면서 자산시장에 엄청난 회오리를 일으키게 된다.

그러나 경기순환의 열쇠를 쥐고 있는 이 인플레이션은 갑자기 나타나는 것이 아니라 사실 오래전부터 준비되고 있었던 것이란 사실에 독자 여러분은 반드시 수복해야 한다. 수요와 공급의 법칙을 시배하는 '보이지 않는 손'뿐만 아니라 중앙은행의 '보이는 손'까지 개입하면서 금리의 운동방향과 속도를 바꾸어 놓기 때문이다.

경제가 불황에 빠지게 되면 중앙은행이 제일 먼저 하는 일은 기준금리를 낮추는 일이다. 이 시기에는 경기침체와 함께 자금수요가 감소하면서 시장금리도 당연히 하락한다. 그러나 중앙은행은 지리한 경기침체와 또 이에 따른 실업난을 피해가기 위해 기준금리를 낮추며 시장금리의 하락을 재촉한다. 위축된 기업투자를 자극해서 경제에 활력을 불어 넣으려는 것이다. 소비자 금융이 다양하게 잘 발달되어 있는 선진 경제권에서는 소비지출이 늘어나는 효과도 기대할 수 있다.

중앙은행이 기준금리를 내리면 이를 신호로 해서 시장금리는 본격적인 하락세로 접어들게 되는데, 이는 곧 채권 가격의 상승을 의미한다. 경제가 불황의 어둠 속에서 모든 경제주체들이 저마다 살길을 찾아 암중모색을 거듭하는 와중에서도 중앙은행의 지원에 힘입어 채권은 주요 투자 자산들 가운데 제일 먼저 상승 국면으로 접어든다.

채권에 힘을 실어준 중앙은행발 저금리 기조는 주식에도 보약이 되어 채권에 이어 주식도 결국에는 상승가도에 접어들게 한다. 저금리가 기업의 금융비용을 낮추면서 기업이익 제고에 플러스 효과를 낼 것으로 시장이 기대하기 때문이다. 이 모든 것이 다 경제가 본격적인 회복 국면에 들어서기도 전에 일어난다.

주가는 이처럼 GDP의 크기로 표시될 수 있는 경기순환에 약간 선행하는 특성을 지니고 있다. 즉 경기가 저점에 도달하기에 조금 앞서 최저치를 기록한 후 상승세로 반전하는데, 정작 경기가 저점을 통과할 무렵에는 이미 상당한 수준으로 올라가 있다. 주가는 또 경기가 정점에 도달하기 전에 벌써 최고치를 기록한 후 하락하기 시작하는데, 경기가 정점을 통과할 무렵에는 이마 상당한 수준까지 하락해있게 된다.

주가와 마찬가지로 금리도 역시 경기순환과 연동하며 움직인다. 그러나 주가와는 반대로 금리는 경기에 약간 후행하는 특성을 지니고 있다. 경기가 저점에 도달하고 나서도 경기회복을 확신하기 어려운 이상 중앙은행이 금리를 쉽게 올리지 못한다. 그래서 금리는 경기가 확실한 상승세로 들어설 무렵, 즉 경기가 저점을 통과하고도 시간이 좀 더 지나서야 비로소 오르기 시작하는데, 이에 따라 금리와 반대방향으로 움직이는 채권 가격 역시 이때부터 내려가기 시작한다.

또 본격적인 경기회복과 함께 상승하기 시작한 금리는 경기가 정점을 통과하고 수축기로 들어서도 금방 내려가지 않는다. 경기가 꺾였다는 증거를 찾기가 쉽지 않기 때문이다. 그래서 경기하강이 어느 정도 진행된 후에야 비로소 금리는 내려가고, 또 이에 따라 채권 가격도 올라가기 시작한다.

투자자산 3중주

주가가 경기에 선행한다고 흔히들 말한다. 확실히 근거가 있는 말이기도 하다. 그러나 채권이 주가에 선행하는 사실은 그리 잘 알려져 있던 이야기는 아니다. 그렇다면 원자재는 어떤가? 결론부터 말하면 원자재는 가장 늦게 뜬다. 또 늦게 뜨는 만큼 늦게까지 활동한다. 전형적인 '저녁형 자산'이다. 채권 가격에 이어 주가가 상승하면서 경제가 불황을 마감하고 회복 국면으로 확실하게 진입해도 원자재 가격은 좀체 움식이려 늘지 않는다.

원자재 가격이 마침내 상승하기 시작하는 것은 경제가 본격적으로 상승 가도를 달릴 때다. 이 무렵 주가는 여전히 강한 상승탄력을 받고 있다. 그러나 경기침체를 완화하기 위해 새벽 일찍 별을 보며 일터로 나섰던 채권은 제 할 일을 다 하고 다시 잠자리를 찾아간다.

하지만 이렇게 늦게 불이 붙은 원자재시장의 열기는 쉽게 식지 않는다. 늦게 배운 도둑질에 밤새는 줄 모른다고 하는 것처럼 말이다. 경기가 정점을 지나 사실상 침체 국면에 들어서고 난 이후에야 비로소 가격 상승이 한풀 꺾이기 시작한다. 이때쯤이면 벌써 증시는 약세장에 들어서 있기 쉽고, 채권시장은 다시 자신의 일을 찾아 일터로 나서고 있을 것이다.

이처럼 모든 자산 가격의 상승을 채권이 선도하는 것처럼 자산 가격의 하락도 채권이 선도한다. 그 이유는 바로 인플레이션 우려 때문이다. 확장 국면의 경제가 일으키는 인플레이션 우려로 상승하는 시장금리에 덧붙여 중앙은행이 전속력으로 질주하는 과열 경제의 고삐를 더욱 단단하게 죄기위해 기준금리를 인상하기 때문이다.

기준금리의 연이은 인상으로 가뜩이나 어려운 자금시장이 더욱 경색되면 기업이윤은 감소하고, 또 이에 따라 주가도 상승행진을 멈추고 내려갈 길을 살피지 않을 수 없게 된다. 이쯤 되면 전체 경제도 하강 국면으로 접어들게 되고, 동시에 원자재 수요가 눈에 띄게 줄어든다. 원자재 가격의 하락이 불가피해지는 국면이다. 이 모든 과정을 압축하면 결국 채권시장 ⇨ 증권시장 ⇨ 원자재시장 순으로 가격이 상승했다가 다시 같은 순서로 가격이 하락하는 것으로 정리된다.

다음 쪽의 그림은 앞에서 설명했던 모든 흐름을 압축해서 보여주기 위한 것이다. 이 그림 속에 숨겨져 있는 또 하나의 중요한 사실은 자산시

자산시장의 순환 과정

경기위축

↓

시중금리/임금 하락

↓

원자재 가격 하락

↓

채권 가격 상승

↓

물가 하락

↓

디플레이션 우려 확산

↓

중앙은행의 기준금리 인하

↓

채권 가격 추가 상승

↓

시중금리 추가 하락

↓

주가 상승

↓

경기회복

↓

시중금리/임금 상승

↓

원자재 가격 상승

↓

채권 가격 하락

↓

물가상승

↓

인플레이션 우려 확산

↓

중앙은행의 기준금리 인상

↓

채권 가격 추가 하락

↓

주가 하락

↓

경기위축

장간 순환이 경기순환, 즉 비즈니스 사이클을 따라서 일어나고 있다는 것이다.

비즈니스 사이클의 각 국면에서 일어나는 여러 가지 경제여건의 변화, 가장 중요한 이슈로서는 인플레이션 우려와 이에 따른 금리 변화가 자산시장 간 순환에 필요한 에너지를 공급한다는 사실을 독자 여러분은 반드시 기억하기 바란다.

경기하강이 어느 정도 진행된 후에야

비로소 금리는 내려가고, 또 이에 따라

채권 가격도 올라가기 시작한다.

금융자산들은 투자자산으로서의 성격이 각기 다른 만큼 잘 어울
리는 비즈니스 사이클 구간이 따로 정해져 있다. 따라서 성공하
는 투자의 핵심은 무엇보다 예약된 그 구간을 골라 정확하게 뛰
어 들어가는 일이다. 남의 자리에 앉아서는 절대로 수익을 낼 수
없다. 정확한 포지셔닝과 타이밍이 생명이다. 이를 위해서는 손
에 들고 있는 금융자산의 성격을 먼저 잘 파악하고, 또 비즈니스
사이클의 향배에 늘 주목하고 있어야 한다. 그래야 엇박자가 나
지 않는다.

4장

투자는
타이밍의 예술

투자하기 좋은 날

주식도 모든 업종이 비즈니스 사이클을 따라 일제히 같이 떴다가 같이 가라앉는 것이
아니라 업종에 따라 먼저 뜨는 것이 있고, 또 나중에 뜨는 것이 있다.

자산시장 진입과 이탈 타이밍

오늘도 증권시장 주변에서는 수많은 투자격언들이 떠돌아다
닌다. 인터넷으로도 쉽게 확인할 수 있는 이들 격언들을 죽 읽어보면 결
국은 투자종목의 선택과 매수·매도 타이밍에 대한 이야기들이다. 투자
자들이 바로 이 문제에 관심을 기울이는 이유는 무엇을 언제 사서 언제
파느냐가 투자에서 가장 단순하면서도 가장 중요한 문제이기 때문이다.
사실상 투자의 모든 것 아닌가. 그래서 이 문제에 대한 해답을 얻기 위해
투자자들은 나름대로의 방식에 매달린다.

그 가운데 하나로 차트 분석이 있다. 주가변동의 배경이나 원인에 대해서는 전혀 설명해주지 못하지만, 때로는 시장에서 일어나고 있는 일련의 추세 변화를 선명하게 보여준다는 점에서 상당한 의미가 있다. 그러나 차트에 나타나고 있는 현재의 추세가 앞으로도 계속 이어질 것이라고 맹신해서는 곤란하다. 실제 투자에 나서기에 앞서 차트로 나타나는 투자 방향이 과연 어떤 의미가 있는 것인지를 반드시 확인해야 한다.

경제원리에 대한 이해가 필요한 것은 바로 이 때문이다. 그러나 많은 투자자들은 이런 사실을 애써 외면한다. 경제원리가 어렵다고 생각하기 때문이다. 투자 결정에 도움을 주는 정도의 경제원리는 그러나 알고 보면 그다지 난해하지 않다. 몇 가지 중요한 경제지표에만 주목하면 되기 때문이다.

모든 종류의 자산시장이 비즈니스 사이클의 움직임에 매여 있는 만큼 비즈니스 사이클의 흐름을 보여주는 몇 가지 경제지표에 주목하면서 먼저 종목과 매수 타이밍을 선택하고 들어간 후 다시 비즈니스 사이클의 진행과정을 살피며 매도 타이밍을 재기만 하면 된다.

지나치게 많은 지식으로 무장할 필요도 없다. 자산시장에서 실제로 돈을 버는 사람은 통계학자도 경제학자도 아닌 늘 건너편에 앉아 있는 입사동기 박 대리, 또 얼마 전 새로 이사와 402호에 사는 옆집 아줌마와 같이 지극히 평범한 우리들의 이웃들이 아닌가.

그래도 보다 나은 안정성을 확보하기 위해 경제적으로 근거 있는 투자를 하고 싶으면, 앞서 언급된 자산시장의 운동법칙을 생각하며 비즈니스 사이클을 둘러싼 채권, 주식, 원자재와 같은 주요 투자 자산들의 부산한 움직임에 대한 그림을 머릿속에 한 번 그려보자. 이 그림이 제대로 그려지면 이들 자산들에 대한 공략법을 쉽게 마련할 수 있다.

자산시장 진입과 이탈 타이밍

경기	호황기	불황기			호황기			불황기
	3	1	2	3	1	2	3	1
자산 투자	↓ 주식	↑ 채권	↓ 원자재	↑ 주식	↓ 채권	↑ 원자재	↓ 주식	↑ 채권

자료: 통계청

헤드라인으로 떠오르는 경제지표를 통해 비즈니스 사이클의 진행과 정을 지켜보며 언제 채권을 사고, 언제 주식으로 바꿔 타고, 언제 주식을 금으로 바꿀 것인가에 대한 투자 일정을 짜볼 수 있다는 것이다. 상대 투수의 투구패턴을 미리 읽고 타석에 선 타자와 그런 사실을 모른 채 평소처럼 공을 뿌리는 투수의 싸움에서 누가 승자가 되겠는가? 경우는 약간 다르지만 이에 대한 해답은 김현수가 미국 가서 고생한 이야기 속에 담겨 있다. 볼티모어 오리올스로 간 김현수가 2016년 6월 4일 뉴욕 양키즈와의 홈경기에서 첫 타석에 들어섰을 때 양키즈 수비수들은 우측으로 눈에 띄게 자리를 옮겨 잡았다. 메이저리그 무대에 처음 오르는 김현수였지만 양키즈들은 김현수가 우측 타구를 많이 날린다는 데이터를 이미 가지고 있었기 때문이었다.

필자뿐만 아니라 이미 많은 사람들이 오래 전부터 이런 문제에 관심을 가져왔던 모양이다. 나름대로 해법을 제시하는 책들이 여기저기 눈에 띄지만 필자의 생각에 가장 주목받을 만한 해답을 주는 것으로 보이는 사람은 자산 가격의 기술적 분석으로 유명한 프링이다. 그러나 워낙 범상치 않은 화두였던 탓인지 프링 역시 그의 유명한 『기술적 분석 해설』

에서 다소 막연한 언급으로 일관하고 있어 필자가 좀 더 자세한 분석을 시도했는데 결과는 앞 페이지의 그림과 같다.

채권매매 타이밍

프링은 비즈니스 사이클을 먼저 호황과 불황으로 양분한 후 이를 다시 각기 3개의 구간으로 세분하고 각 구간마다 어울리는 적절한 투자행위에 대한 조언을 했다. 프링은 먼저 경기가 정점에 도달한 후 불황이 시작되는 불황기 1구간 중간 무렵이 채권을 사들일 때라 이야기하고 있다. 경제성장 속도가 둔화되면서 기업의 투자의욕이 꺾이기 시작하면 자금수요도 감소하면서 시장금리의 하락이 예상되기 때문이다. 채권가격이 상승하는 시점이기도 하다.

불황기 1구간은 경기가 정점을 막 통과한 후이기 때문에 잔류되어 있는 온기로 인해 경기가 사실상 침체로 들어섰다는 사실을 체감하기 어렵게 한다. 그래서 중앙은행도 선뜻 금리 인상을 접고 인하 쪽으로 방향을 완전히 돌리지는 못한다. 일단은 금리 인상을 중단하고 그동안 진행해온 금리 인상의 효과가 어떻게 나타나는지를 관망한다.

그러다 경제가 확실하게 방향을 전환했다는 판단이 서면 시장 분위기를 추스르기 위해 기준금리를 인하하면서 한껏 올라가 있는 금리를 시장에 대한 충격을 최대한 완화시키면서 서서히 제자리로 되돌려 놓기 시작한다. 그러나 일단 침체 쪽으로 기수를 돌린 경제가 빠른 속도로 기운을 잃어 가면 중앙은행은 시장을 응원하기 위해 기준금리를 잇달아 인하한다. 그러면 이미 하강 기세를 타고 있는 시장금리는 더욱 빠르게 내려가고, 채권 가격 역시 상승속도를 한껏 올리게 된다.

중앙은행의 기준금리 인하행진은 경제가 확실하게 회복되었다는 증거가 나올 때까지 계속된다. 절대로 서둘지 않는다. 자칫 성급하게 기준금리를 인상하는 쪽으로 방향을 전환했다가 경기를 다시 침체시키는 낭패를 피하기 위해서다. 2013년 9월 당시 미 연준 의장이었던 버냉키가 양적확대를 중단하는 전제 조건으로 내세운 것은 바로 실업률 하락이었다. 목표로 하고 있는 실업률에 도달하면서 경기침체가 막을 내렸다는 확실한 증거가 나오기 전까지는 금리 인하를 통한 경기부양을 멈추지 않겠다는 선언이었다.

중앙은행의 금리정책을 둘러싸고 있는 이런 사정을 종합할 때 채권 매각의 타이밍은 회복기라 말할 수 있는 호황기 1구간 중간쯤이다. 중앙은행이 이때쯤 기준금리 인하를 중단하고 잠시 호흡을 조절하며 다시 기준금리의 연속적인 인상을 통해 기준금리를 예전에 있었던 제자리로 돌려놓으려 할 것이기 때문이다. 또한 경제가 정상적으로 작동할 때 기회를 보며 기준금리를 어느 수준 이상으로 반드시 올려놓아야 나중에 다시 금리를 내리면서 경제가 급속하게 침체되는 것을 막을 수 있기 때문이다. 저수지에 어느 정도의 물을 일단은 가두어야 필요할 때 풀어 쓸 수 있는 것과 마찬가지다.

중앙은행의 기준금리 인하행진이 끝나는 순간은 채권 가격의 상승이 종료되는 순간이기도 하다. 더 이상 채권을 들고 있을 필요가 없는 것이다.

주식매매 타이밍

그렇다면 주식을 사거나 팔기 좋은 날은 언제인가? 프링은 경기가 바닥을 치는 바로 그 순간이라 천진하게 말한다. 그러나 주가가 경기에 선행한다고 하니 사실 이보다 좀 빠른 시점이라야 맞겠다. 그래서 적어도 이론적으로는 경기가 바닥을 치기 직전 구간, 즉 불황기의 마지막 구간인 3구간, 또 그 가운데서도 초기가 좋다. 그러나 말이 쉽지 실제로 이 기회를 실시간으로 포착하는 일은 매우 어렵다. 경기의 진행과정을 실시간으로 쫓아가는 일은 사실상 불가능하기 때문이다.

경기를 쫓아가는 사실상의 유일한 수단인 지표는 과거지표, 즉 빠르게는 일주일 전, 길게는 한 분기 전에 일어난 사실을 요약한 지표이다. 또 이 무렵 사람들이 실제로 느끼는 경제, 이른바 '체감경기'는 실제보다 더욱 어둡다. 더이상 나빠질 수도 있을까 싶은 경제이기 쉽다.

그래서 주식은 바로 이 시기에 잡아야 한다. 주가가 더 이상 떨어지기 어려운 시기일 테니 주가가 앞으로 할 수 있는 일은 오로지 오르는 일밖에는 없기 때문이다. 그러나 실제로는 여간한 배짱과 인내심이 없이는 주식 매입에 나서기 어려운 타이밍이다.

저금리로 인한 채권 가격의 상승은 주가도 언젠가는 반드시 올라간다는 사실을 보증하는 신호인 만큼 시간은 확실히 투자자 편이다. 시중금리도 엄청 낮은 상태에 있을 것인 만큼 주식에 돈을 묻어 두어도 금리 손실도 크지 않은 편이다. 그러나 이것 역시 말처럼 간단한 일은 결코 아니다.

경제가 본격적인 회복 국면으로 들어서기 훨씬 전에 주식을 매입해야 하는 것처럼 주식에서 손을 털어야 할 타이밍도 경기가 최고점에 도달하기 전이다. 그림으로 보면 호황기 마지막 3구간, 그 안에서도 초기다. 더 쥐고 있을 수도 있겠지만 이른 편이 차라리 늦은 편보단 낫다.

경제는 호황기 1구간을 통과하면서 확실하게 다진 회복세로 호황기 2구간을 질풍노도의 속도로 달려간다. 그러나 이때 뿜어내는 인플레이션 열기에 바짝 긴장한 중앙은행이 그동안 조용하게 진행해오던 금리 회복의 노력을 뛰어넘어 아예 금리 조이기 모드로 들어가면서 자금시장의 분위기는 이미 고금리기조로 넘어선 지 오래다. 채권 가격도 이를 견디지 못하고 이미 상승세를 접은 지 오래다. 주식이라고 예외일 수는 없다. 주가를 움직이는 기업들이 고금리의 매서운 칼바람을 피해갈 수가 없기 때문이다.

'어닝 쇼크'가 경제면 머리기사로 장식되기 전에 빠져나와야 한다. 매에는 장사가 없다는 말처럼 금리에도 장사가 없다. '중앙은행에 맞서지 말라'는 증시의 오랜 격언에 귀를 기울여야 하는 시기이기도 하다. 그동안 적지 않은 돈을 벌게 해주었던 주식이지만 이제 헤어져야 할 때다.

원자재매매 타이밍

움직임이 굼떠 항상 뒤에 처진 채 움직이는 원자재는 경제가 회복 국면에 들어서고도 한참이 지난 호황기 2구간 초가 바로 매입 타이밍이다. 사실 이 시기에도 원자재 가격 상승의 움직임은 전혀 나타나지 않을 수도 있다. 그렇다고 절대로 움직이지 않는 것은 아니다.

경기가 본격적으로 회복되면서 원자재 수요가 늘어나지만 불황기에 쌓아둔 원자재 재고가 워낙 많아 가격 상승은 숨죽며 일어나시 않는다.

경기 진행속도에 비해 원자재 가격 상승속도는 너무 느리다.

그러나 원자재 재고가 다 소진되어 갈 무렵엔 완전히 달라진다. 원자재라는 것은 특성상 시장에서 원한다고 갑자기 많이 시장에 내놓을 수 있는 것이 아니다. 원유나 석탄과 같은 에너지 자원은 물론 밀이나 옥수수와 같은 곡물도 공급에 한계가 있다. 옥수수나 밀과 같은 곡물을 새로 시장에 내놓기 위해서는 최소한 일 년이 필요하다.

더욱이 새로운 유전이나 탄광을 개발하는 데는 수십 년, 혹은 그 이상이 걸린다. 그래서 수요가 공급을 앞지를 때는 난리가 난다. 원자재 가격이 갑자기 이렇게 오르기 시작하는 것은 경제가 본격적인 상승 국면에 들어선 호황기 2구간을 통과할 때다. 그래서 금과 같은 원자재를 매입하는 타이밍으로는 이보다 조금 앞선 2구간 초기가 좋다.

이렇듯 좀처럼 끓어오르지 않는 원자재는 그러나 일단 한 번 달아오르면 또 쉽게 식지 않는다. 마치 돌솥과 같은 성정을 가지고 있다. 경기가 최고점을 통과하고 하강하기 시작해도, 또 채권에 이어 주가도 확실하게 하락세로 접어들었는데도 불구하고 절대 물러설 조짐을 보이지 않는다. 그러나 경기침체가 확연하게 나타나는 불황기 2구간을 지나는 동안에는 원자재도 어쩔 수 없이 퇴각하기 시작한다. 그래서 원자재 매각 타이밍으로는 불황기 2구간 초가 좋다.

비즈니스 사이클을 따라가는 주식 여행

비즈니스 사이클이란 거대한 경제기류가 이동하는 형편에 따라 '아우 먼저, 형님 먼저'와 같이 나름대로의 순서를 정해두고 움직이는 외환시장, 원자재시장, 채권시장을 말하는데, 증권시장과 같은 자산시장 가운데 외형적 규모가 가장 큰 것은 외환시장이다. 외환 차익만을 쫓는 외환투자뿐만 아니라 원자재를 포함한 국가 간 모든 수출입은 물론 국경을 넘나드는 채권투자와 증권투자 모두 반드시 외환거래를 동반하게 되니 자연 거래규모가 커질 수밖에 없다.

자산시장의 실제적 지배자로 우뚝 서 있는 비즈니스 사이클이 다른 어떤 자산시장보다도 증권시장을 통치하는 방법에 우리는 당연히 주목하지 않을 수 없다.

비즈니스 사이클과 연계되어 움직이는 주가 사이클의 원리를 이해하는 것은 확실히 증권시장의 전체 기류를 이해하는 데 많은 도움이 된다. 그러나 비즈니스 사이클이 개별 산업이 아닌 국민 경제 전체의 움직임을 총체적으로 보여주는 것처럼 주가 사이클도 개별 종목이나 업종이 아닌 전체 업종, 즉 종합주가지수의 움직임만을 보여주는 것인 만큼 어떤 종목을 언제 사느냐에 대한 해답을 정확하게 제공해주지는 않는다.

모든 업종이 비즈니스 사이클을 따라 일제히 같이 떴다가 같이 가라앉는 것이 아니라 업종에 따라 먼저 뜨는 것이 있고, 또 나중에 뜨는 것이 있기 때문이다. 우리 증시의 대표적 블루칩인 삼성전자도 경기가 좋다고 해서 늘 오르는 것이 아니라 단지 자신에게 허용된 시간 동안만 올라갔다가 다시 내려온다.

따라서 주식투자에서 성공을 거두려면 비즈니스 사이클 뒤에 숨어있는 경제활동의 원리를 자세히 들여다보고, 어떤 업종이 비즈니스 사이클의 어느 국면에서 떠올랐다가 어느 국면에서 가라앉게 되는지를 알고 있어야 한다. 비즈니스 사이클을 따라 떠오르는 순서에 따라 업종별 투자에 나선다면 사는 것마다 어김없이 큰 차익을 얻는 멋신 투자 성과를 거둘 수 있게 된다. 이른바 '순환매매전략'이다.

업종별로 각기 다르게 그려지는 경기순환에서 가장 먼저 주목해야 할 것은 내구재와 필수재의 움직임이다. 비즈니스 사이클을 가장 가깝게 추적하며 움직이는 상품은 자동차나 가구, 고급 가전제품과 같은 내구재 소비다. 내구재는 일반적으로 사용기간이 길고 고가이기 때문에 구매시점을 소비자들이 신중하게 선택하는 상품이다. 그래서 소비자들이 경기가 호전되어 자신들의 소득이 증가하고, 실직 위험도 크지 않을 것이라는 판단이 설 때에만 선뜻 구매를 결정한다. 여행상품이나 기타 과시용 소비도 마찬가지다.

따라서 이런 성격을 가진 상품에 대한 소비는 경기가 좋을 때 몇 년 치 구매가 한꺼번에 이루어지기도 하면서 폭발적으로 증가한다. 그러나 경기가 하강할 때는 호황기 동안에 있었던 과잉구매로 인해 소비가 급속도로 감소한다. 그래서 이런 상품을 생산하는 업종을 증권시장에서는 '경기추종주'라 한다.

그러나 비즈니스 사이클과는 관계없이 꾸준하게 매출이 이어지는 상품도 있다. 식품이나 전기, 그리고 신문과 같은 생필품들이 바로 그런 것들이다. 교통이나 의료 서비스는 물론 미용과 같은 서비스 상품도 여기에 포함된다. 이런 것들에 대한 소비는 경기의 부침과는 상관없이 일정 수준에서 고르게 유지된다. 경기가 아무리 좋을 때라도 절대로 과잉구매가 일어나지 않기 때문이다.

따라서 이런 상품이나 서비스를 생산하는 업종을 증권시장에서는 '경기방어주'라 한다. 경기가 수축 국면에 들어서면 경기방어주의 가격은 크게 하락하지 않는 반면 경기추종주의 가격은 급락한다. 또 반대로 경기가 확장 국면에 들어설 때는 경기방어주의 가격은 크게 상승하지 않지만 경기추종주의 가격은 단기간에도 빠르게 상승하는 특징을 지닌다.

시장에서 거래되고 있는 그 많은 주식을 이처럼 경기추종주와 경기방어주로 양분할 수 있으면 주식투자도 그리 어렵지만은 않을 것이다. 그러나 시장은 짐작하는 것처럼 이보단 훨씬 복잡한 모양으로 움직인다. 시장은 저마다 특성이 다른 수많은 업종으로 구성되어 있고, 각 업종마다 목을 매고 있는 주요 경제지표들이 제각기 따로 있어 이 경제지표들의 변화에 따라 오르고 내리는 모습을 달리하기 때문이다.

따라서 경기순환의 양대 국면인 확장기와 수축기를 더욱 세분화한 후에 각 국면마다 다른 모습으로 전개되는 경제지표들을 자세히 살피면서 이와 연관되어 있는 업종의 주가 흐름을 예단하는 지혜가 필요하다.

이처럼 비즈니스 사이클의 진행 방향에 따라 업종간 유불리가 첨예하게 엇갈리는 투자현장에 들어갔다가 다시 빠져나가는 타이밍을 절묘하게 포착하게 위해서는 경기 진행에 맞물려 전개되는 산업 간 희비에 주목해야 한다. 경제지표를 이용한 이른바 '매크로 투자'로 유명한 캘리포니아 대학의 나바로 교수는 『When the Market Moves, Will You Be Ready?』에서 경기순환에 따른 업종별 투자전략에 대해 다음과 같은 지침을 주고 있다.

그런데 이 사람은 2018년 3월 트럼프 대통령을 부추겨 무역전쟁을 시작하게 한 바로 그 국가무역위원장 나바로다. 그는 지금 경제학자 99.99%가 반대하는 일을 하려 들고 있다. 자유무역은 분업의 원리와 함께 시장경제체제의 기본 원리다. 물론 미국의 교역 대상국들 모두가 미국만큼 실제적으로 시장을 개방하고 있는 것은 아니다.

그러나 이런 식으로 밀어붙이는 것은 바람직하지 않다. 미국은 압박을 통해 당장은 얼마간 얻어낼 수 있겠지만 화난 우방들을 달래기 위해

주식 순환매의 원리

주식 사이클			주도 업종
상승장	초기	1구간	운송관련 업종
		2구간	기술 업종
		3구간	
	중기	1구간	
		2구간	자본재관련 업종
		3구간	원자재 및 기초금속 업종
	말기	1구간	
		2구간	
		3구간	에너지관련 업종
하락장	초기	1구간	
		2구간	식료품 및 의료제약 업종
		3구간	
	중기	1구간	
		2구간	전기가스 업종
		3구간	금융관련 업종
	말기	1구간	
		2구간	자동차, 주택, 기타 생필품관련 업종
		3구간	

나중에 상당한 비용을 지불해야 할 것이기 때문이다. 무역적자를 손보려 일본 자동차 하나만 꼭 집어 패다 지친 레이건이 엔화 강세로 일본 경제의 숨통을 조이는 플라자 협정을 성공적으로 이끌어낼 수 있었던 것은 유럽 우방들의 전폭적인 협조가 있었기 때문이다.

미국의 원로 경제학자들이 참다못해 일제히 들고 있어났다. 트럼프가 경제에 맞서고 있는 셈이다. 어떤 일이 일어날지 함께 지켜보아야 하겠다. 원만하게 수습되지 않고 우려하고 있는 무역전쟁의 소용돌이 속으로 휘말려 들어가는 경우 어느 나라나 교역량 감소로 인한 경기후퇴와 보호무역의 부산물인 수입물가 상승으로 인한 인플레이션이 동시에 발생하는 스태그플레이션을 피해가기 어렵게 된다.

또 설상가상으로 그 뒤를 이어 인플레이션 단속을 위한 중앙은행발 금리 인상까지 직면하지 않을 수 없게 될 것이다. 게다가 일각에서 거론되고 있는 것처럼 2018년 1월 기준으로 1조 달러 이상의 미국 국채를 보유하고 있다는 중국이 보복조치로 국채를 내다 팔기라도 하면 경제는 더욱 사나워진다.

그러나 이런 일은 일어나지 않는다. 미 국채가격의 하락과 함께 사실상 국제 표준금리인 미 국채 금리의 급등이 불가피해지면서 미국은 물론 세계 경제가 동시에 망가지기 때문이다. 글로벌 불황이 오는 것이다. 세계시장에서 중국산 제품도 일제히 사라지게 되는 만큼 중국이 제 발등을 찍는 일은 절대 없다. 이 문제는 사실 전혀 새로운 이슈도 아니다. 지난 1980년대에 레이건 대통령의 시장개방 압력에 시달리던 일본이 거론한 적이 있었다. 그러나 허튼소리에 불과하다는 돈부시 교수의 일갈에 즉시 사라졌다.

자산 인플레이션을 기다리며

불황 탈출을 위해 중앙은행이 시장에 풀어놓은 그 많은 돈이 어디로 가겠는가?
주식이나 부동산과 같은 자산시장으로 제일 먼저 흘러 들어가기 쉽다.

고도를 기다릴 것인가, 동남풍을 기다릴 것인가?

사무엘 베케트의 희곡 『고도를 기다리며』에서 두 남자 블라디미르와 에스트라공은 한 국도의 작은 나무 옆에서 고도라는 이름의 어떤 사람을 기다린다. 그들은 자신들이 고도라는 인물에게 무엇을 원하는지도 모르고, 그가 누구인지도 알지 못하며, 그가 어떤 외모를 가지고 있는지도 모르고, 그가 언제 올지도 모른다. 심지어 그들은 그가 실제로 존재하는지조차도 확신하지 못한다. 그러나 그들은 마냥 고도를 기다린다.

『삼국지』의 '적벽대전'은 제목 그대로 천하의 패권을 두고 대결하는 유비, 조조, 손권이 드물게도 함께 등장하는 대목이라 삼국지의 수많은 전투 가운데서도 가히 압권으로 꼽힌다.

이 전투에서 유비와 손권의 10만 동맹군은 조조의 백만대군과 양자강에서 운명의 일전을 벌인다. 조조의 대군을 깨트릴 수 있는 유일한 방법은 화공이었지만 바람은 동맹군 편이 아니었다. 동맹군의 수장인 손권은 이를 지나치게 근심한 나머지 몸져 누워버리는데 그런 그를 일으켜 세운 사람이 바로 제갈공명이었다. 공명은 하늘에 빌어 동남풍이 불어오게 하겠다고 약속한다. 공명이 예고했던 바로 그날, 하늘은 기도에 응답하는 양 갑자기 바람의 방향을 바꾸어 화공에 필요한 동남풍을, 그것도 아주 거세게 날려 보내준다. 유비와 손권의 동맹군은 이때를 놓치지 않고 화공에 나서 조조의 기세등등한 백만대군을 단숨에 불살라 버리며 대승을 거둔다.

전투의 승패를 가른 동남풍은 과연 공명의 기문둔갑술이 불러온 것일까? 절대 아니다. 한겨울에도 가끔씩 동남풍이 불어온다는 사실을 이 지역의 천문지리를 꿰뚫어 보고 있는 공명은 이미 알고 있었던 것이다. 주유와의 약속을 통해 동남풍이 불어올 날짜까지 꼭 집어 정확하게 예고한 것은 물론 반전효과를 극대화시키기 위한 소설적 구성이겠지만, 어쨌든 동남풍은 절기상 기다리면 반드시 불어오게 되어 있었던 것이다.

고도를 기다릴 것인가, 동남풍을 기다릴 것인가? 확률적으로 당연히 동남풍 아니겠는가? 자산시장에도 한겨울 양자강에 불어오는 동남풍과 같은 훈풍이 때때로 불어온다.

유동성 함정에서 자산 인플레이션을 기다려라

　　　　　은행을 포함한 금융시스템은 기본적으로 2개의 기본적인 기능을 한다. 하나는 예금주들의 여유자금을 가계의 소비지출이나 기업의 투자지출로 연결시켜주는 중개기능이다. 나머지 하나는 자금을 중개하는 과정에서 자금이 가장 생산적인 용도로 흘러갈 수 있도록 관리하면서 좁게는 자신의 수익, 또 넓게는 국가의 생산성을 올리는 것이다.

　그러나 이런 이야기는 대학에서 가르치는 화폐금융론 교과서에나 나오는 한가한 이야기일 뿐 실제로는 상당히 다른 모습으로 전개되는 일이 많다. 특히 해외로부터 외화자금이 주체 없이 유입되거나 혹은 국내 중앙은행의 신용팽창 속도가 그 어느 때보다 빠를 때는 생산적인 용도로 수익을 올리기보다는 투기적 용도로 수익을 올리기가 더 쉬워지기 때문에 돈이 주식, 부동산, 귀금속, 예술품 등과 같은 재테크 쪽으로 쏠리기 쉽다.

　돈이 어느 한 쪽으로 지속적으로 흘러들어오는 동안은 이들 자산들의 가격은 계속 오른다. 특히 자산 가격이 오르기 시작하면 모닥불이 모기나 나방과 같은 날벌레들을 불러들이듯이 더 많은 자금을 불러 모은다. 이게 새로운 모멘텀이 되어 자산 가격은 한차례 더 거세게 상승하기 쉽다. 이처럼 자금이 재테크용 자산시장으로 넘쳐 흘러들어가면서 자산 가격의 상승을 촉발하면 이미 그때부터 사실상 버블이 형성되기 시작한다.

　버블은 자산시장에서 흔히 볼 수 있는 일이다. 약간의 버블로 그냥 끝나는 경우가 대부분이다. 그러나 때로는 다른 일들과 맞물리면서 버블이 걷잡을 수 없을 정도로 커지는 일도 간혹 일어난다. 결국 열쇠는 자산시장으로 돈이 얼마나 쉽게 흘러들어오고 있는가에 달려 있다. 금융지표를

150

보지 않고서도 이를 손쉽게 확인해볼 수 있는 방법이 있다.

당신이 평범한 시민이라면 가까이 있는 아무 은행에 가서 주택담보대출에 대해 상담해보면 된다. 평소와는 달리 얼마나 쉽게 돈을 빌릴 수 있게 되는가를 알아보기만 하면 되는 것이다. 지극히 평범한 시민들 가운데 하나인 당신이 은행에서 돈을 어렵지 않게 빌릴 수 있다면 당신과 같은 수많은 다른 시민들도 똑같이 쉽게 돈을 빌릴 수 있다는 것을 말해주는 사실인 동시에 엄청나게 많은 자금이 이미 부동산시장으로 흘러 들어가고 있거나 흘러 들어갈 준비가 되어 있음을 시사하는 것이다.

2000년 3월 미국에서 1990년대 말 정보통신기술 혁신에 힘입어 수년 동안 한껏 부풀어 오른 이른바 '닷컴' 버블이 터지면서 기술주 가격이 그 후 불과 2년 반 동안 78%나 하락하는 일이 발생했을 때 그린스펜은 금리를 세 차례 연이어 인하하는 용단을 내린 끝에 결국 미국 경제, 더 나아가 세계 경제를 구원하는 데 성공을 거둔다.

그러나 뒤늦게 나선 구호작업이었던 만큼 부작용도 없지 않았다. 2001년 3월 미국 경제가 결국 공식적인 불황기로 접어들게 되는 것까지 막을 수는 없었기 때문이다.

그 후 가까스로 불황을 탈출하는 데는 성공했으나 고용 증가가 뒤따라주지 않아 명실상부한 경기회복에 성공하지 못하자 초조해진 그린스펜은 다시 대반격 작전을 시도한다. 압도적인 전력을 한 곳으로 집중해서 쏟아 부으면서 1990년 걸프전을 승리로 이끌었던 파월 장군의 '사막의 폭풍' 작전을 모방해 엄청난 자금을 시중에 푼다.

그 많은 돈은 당연히 제조업 부문으로만 흘러들어가지는 않았다. 부동산시장으로 흘러들어가면서 일으킨 거품으로 생겨난 부의 효과로 인해 마침내 기대했던 호황을 맛보게 해주었다. 하지만 결국 나중에 그 대가를 크게 치르게 한다. 닷컴 버블의 파열로 식어가던 미국 경제를 부동산 버블로 바꾸어 다시 살려내는데 성공을 거두긴 했으나 결국 서브프라임 모기지 위기를 불러오며 미국 경제뿐만 아니라 세계 경제 전체를 뒤집 어놓는 결과를 초래했기 때문이다.

케인즈는 통화금융정책이 불황기에 그다지 유효하지 못하다고 거듭 주장했다. 통화량 증가를 통해 금리를 인하함으로써 경기를 부양할 수 있다고 주장하는 중앙은행의 논리는 저금리로 기업투자를 증가시킬 수 있다고 믿는 데서부터 출발한다.

그러나 불황기에 나타나는 가장 뚜렷한 특징 가운데 하나가 바로 공장가동률이 떨어지는 현상이다. 유휴설비가 많은데도 금리가 내려가서 투자 비용이 낮아진다는 이유 하나만으로 기업이 신규투자에 나설 것으로 기대하는 것은 단순하기 짝이 없는 추론이다. 특히 불황이 아주 심각할 때는 금리가 0% 수준으로까지 내려가도 투자가 늘어나지 않는다.

이런 경우를 두고 거시경제학 교과서에서는 경제가 '유동성 함정'에 빠져 있다고 말한다. 사실 이런 경우가 그리 흔하게 일어나지는 않는다. 통상적인 경기순환으로 나타나는 불황에서는 대부분의 경우 저금리가 누적된 피로로 몸져 누워 있는 기업의 체력 보강에 도움을 준다.

그러나 1990년대에 일본에서, 그리고 서브프라임 금융위기 후 미국에서 교과서적 유동성 함정 현상이 일어났다. 경기부양을 위해 금리를 내리고 또 내려 이른바 '제로 금리'까지 갔는데도 한 번 주저앉은 경제는 쉽게 일어설 조짐을 보이지 않았던 것이다. 제로 금리는 중앙은행이 가지고 있던 실탄이 바닥나고 있음을 말한다. 이제 어떻게 할 것인가?

지혜로운 투자자들은 여기서 좌절하고 시장을 외면하고 돌아앉지 않는다. 어쨌든 경제는 다시 회생할 것이기 때문이다. 금리가 제로 퍼센트로까지 내려가도록 만들기 위해 중앙은행이 시장에 퍼부어놓은 그 많은 돈이 어디로 가겠는가? 설마 공중에서 증발해 사라져버리지는 않을 것이다. 주식이나 부동산과 같은 자산시장으로 제일 먼저 흘러들어가게 된다. 중앙은행도 사실상 은근히 이를 기대한다.

자산 가격의 상승, 즉 자산 인플레이션이 일어나면 소비자들의 주머니 사정이 좋아지면서 결국 소비지출을 늘리게 되기 때문이다. 증시가 활황을 보이면 여의도의 밥집들부터 부산해지는 것과 같다. 소비지출이 늘어나면 기업생산이 늘어나고, 고용시장도 기지개를 펴게 된다. 저금리로 인해 일자리까지 늘어나기에 이르렀으니 신규투자가 늘어나는 것도 시간문제다. 이 정도까지 진도가 나가게 되면 실물 경제도 달라진 모습을 보이게 된다. 이에 힘입어 자산 가격은 다시 한 번, 이번엔 펀더멘털이 뒤를 받쳐주는 만큼 거침없이 달리기 시작한다.

결국 문제는 타이밍이다. 너무 빠르지도, 또 그렇다고 너무 늦지도 말아야 하는 어려운 결정을 내려야 하지만 이게 바로 불황이 시작되는 시점에서부터 열리기 시작하는 것이다. 유동성 함정이란 말이 자주 오르내릴 정도로 심각한 불황이면 자산 인플레이션 가능성은 더욱 커진다. 시중에 풀려나오는 유동성의 규모가 그만큼 더 커지게 될 것이기 때문이다. 고도를 기다릴 것인가, 동남풍을 기다릴 것인가? 경제는 말없이, 그러나 끊임없이 신호를 보내며 당신의 결정을 기다린다.

경제를 내 편으로

절대로 피해갈 수 없는 불황이라면 차라리 이 불황을 잘 달래어 지나친 난동을
부리지 않도록 하는 것이 상책이다. 중앙은행의 역할도 여기까지다.

결코 길들여지지 않는 경제

합리적 기대가설로 노벨경제학상을 받은 루카스는 2003년
전미경제인연합회 연례 총회에서 회장 자격으로 "불황 예방을 가로막
고 있던 주요 난제들이 이제 다 해결되었다"라고 선언한다. 그리고 이듬
해 2월, 이번엔 당시 미국 연방준비제도 이사회 이사였던, 그리고 2년 후
에 의장이 되는 버냉키가 "지난 20여년 동안 나타난 경제상황의 가장 두
드러진 특징이 있다면 바로 거시경제의 불안정성이 상당히 사라졌다는
것"이라 이야기하며, 당시 일부 경제학자들 간에 활발하게 논의되고 있

던 '대 안정기' 현상을 사실상 인증해준다.

그래서 많은 사람들은 드디어 우리 인류가 불황의 공포에서 해방되는가보다 했다. 그러나 역시 아니었다. 불행하게도 그로부터 4년이 조금 지나 금융위기와 함께 불황, 그것도 경제대공황 이후 가장 높은 등급의 불황이 미국을 다시 찾아온다.

금융위기가 오기 전 몇 해 동안은 비슷한 일이 일어났던 과거에도 늘 그랬듯이 경제가 아주 좋았다. 인터넷이 불러온 정보통신 기술혁신으로 달구어지기 시작했던 증권시장의 과열을 더욱 예리하게 다듬어진 파생상품과 증권화로 만개된 금융혁신을 통해 주택시장 쪽으로 슬쩍 돌려놓으면서 세계 경제를 고속주행하게 했던 경제의 달인, 그린스펀이 미국의 연방준비제도 이사회 의장 자리를 지키고 있었기 때문이다. 그러나 그가 떠나자 글로벌 경제는 끝내 속에서 끓어오르는 열기를 이겨내지 못하고 금융위기를 불러오며 자폭한다.

그렇다고 그를 비난해서는 안된다. 미 연준의 수장으로 있었던 19년 동안 연준의 특이한 구성으로 인해 자신의 수하에 있었던 당시 가이트너 뉴욕 연방준비은행장보다 더 낮은 연봉을 받으면서도 그는 최선을 다했기 때문이다.

자신의 보스보다 더 많은 연봉을 받았던 가이트너 역시 나중에 오바마 행정부의 러브콜을 받아 재무장관으로 영전하면서 낮아진 연봉을 기꺼이 감수한다. 그린스펀과 가이트너, 두 사람 다 공직을 명예롭게 생각했던 사람들이다. 그러나 두 사람 다 경제를 이기지는 못했다. 성난 경제를 잘 달래어 제자리로 돌려보내는 것으로만 만족했을 뿐이었다. 실제로 거기까지였다.

차라리 그와 친해지는 법을 찾아야

사람들의 마음속에 숨어 있는 탐욕과 공포를 오가는 '야성적 충동'이 사라지지 않는 한 우리는 호황과 불황을 넘나드는 일상적 경기순환은 물론 과열에서 버블, 그리고 버블의 붕괴가 불러오는 경제위기로 달려가는 사나운 경기순환에서 영원히 벗어나기 어려울 것으로 보인다. 물론 루카스와 버냉키의 말처럼 경제학자들과 정부의 노력으로 그동안 불황으로부터 경제를 방어하는 방패가 놀라울 정도로 두터워진 것은 사실이다. 그러나 이를 뚫으려는 월가 투자은행들의 탐욕의 창 역시 날로 예리해져왔다. 아이비리그 대학들의 비즈니스스쿨과 로스쿨이 배출한 영재들이 워싱턴의 관가와 뉴욕의 금융가로 편을 갈라 진출하면서 생겨난 일이다.

창과 방패의 격렬한 싸움에서 이기는 쪽은 늘 창이다. 그러나 문제는 언제나 창과 방패가 다 크게 망가진다는 사실이다. 후폭풍으로 경제는 어김없이 불황으로 빠져 들어간다. '위대한 개츠비'들의 탐욕이 불러온 1929년의 경제대공황과 신자유주의 물결로 다시 날개를 단 투자은행들의 과욕이 불러온 2008년의 대불황이 가장 대표적인 사례다.

이처럼 절대로 피해갈 수 없는 불황이라면 차라리 이 불황을 잘 달래어 지나친 난동을 부리지 않도록 하는 것이 상책이다. 경제학자들과 정부가 이를 모를 리가 없다. 지금까지 노력해온 것이 바로 이것이었다. 그러나 번번이 좌절했다. 그때마다 사람들은 돈을 날리고, 일자리를 잃으며 피를 흘렸다.

정부가 잘 통제하고, 또 투자자들도 이에 잘 순응하면 경제는 반드시 순항한다. 경제대공황 이후 미국 정부는 금융기관들의 위험한 일탈을 원초적으로 차단하기 위해 1933년 '글래스-스티걸 법'을 만들어 금융기관을 저축은행과 투자은행으로 갈라놓고, 저축은행은 정부의 관리와 보호의 우산 아래 두는 대신 이를 싫어하는 투자은행은 홀로 서게 내버려 둔다.

모든 산에 등산로를 잘 닦아 두고 이 길을 따라 산에 오르는 사람은 어떤 경우의 조난에도 구조의 손길을 보내지만 샛길 등산로로 들어선 사람은 예외로 하는 것이다. 그렇다고 사람을 풀어 샛길 등산로를 막으며 단속하지도 않는다. 안전 대신 모험을 즐기려는 등산객들의 취향 역시 존중해주어야 한다고 생각하기 때문이다. 어느 길로 들어설 건지는 등산객들이 스스로 판단해야 한다.

마찬가지로 다소 낮은 이자지만 은행이 망해도 정부의 지원으로 원금은 꼭 보호받고 싶은지, 아니면 은행이 망해 원금을 통째로 날리는 일이 있더라도 지금 당장 높은 이자를 받고 싶은지를 투자자들이 스스로 결정하도록 한 것이다.

그러나 그런 심심한 항해에 투자자들은 곧 싫증을 느끼게 된다. 정부도 마찬가지다. 월가의 부유한 후원자들을 절대로 외면할 수 없는 보수 정권일수록 더욱 그렇다. 그래서 정부와 투자자들이 각기 따로, 때로는 함께 모여서 파티를 벌인다. 파티가 무르익기 전에 술독을 치워야 한다는 중앙은행장의 책무는 번번이 무시된다.

늘 그랬다. 1999년 미국 의회는 '그램-리치-브릴리 법'을 만들어 이전 66년 동안 11차례의 작은 불황을 불러오긴 했지만 경제의 근간을 뒤흔드는 경제위기는 한 차례도 허용하지 않았던 '글래스-스티걸 법'을 무장 해제시킨다. 그리고는 그로부터 불과 10년이 채 안 된 2008년 미국은 리먼 브라더스라는 대형 투자은행을 파산시키는 대형 사고를 치면서 경제대공황 이후 가장 무서운 불황으로 기록되는 대불황을 불러온다.

이렇게 보면 불황도 경제위기도 모두 천재天災가 아니라 인재人災임에 분명하다. 그래서 늘 반복된다.

금융위기 후 오바마는 2010년 '도드-프랭크 법'을 만들어 월가 투자은행들의 일탈을 막는 울타리를 친다. 그러나 이 울타리는 8년도 채 가지 못한다. 미국 경제의 강한 회복세에 고무된 트럼프가 이 울타리를 걷어내려 하고 있기 때문이다. 금리가 한동안은 상승할 것으로 보이기 때문에 당장은 무슨 일이 일어나지는 않겠지만, 훗날 불황 끝에 저금리 기조가 다시 이어질 때는 새로운 불장난을 불러올 화근이 될 수 있다.

그렇다면 언제까지 이렇게 일탈을 일삼는 경제에 끌려만 다녀야 할까? 멀리서 바라만 보다 이리 치이고 저리 치이는 것보단 차라리 경제의 등에 올라타 운명을 함께 하는 편이 낫지 않을까? 경제지표로 나타나는 경제의 습성을 먼저 익힌 후 형편에 따라 매일, 매주, 혹은 매월 한 번쯤은 주요 지표들을 주의 깊게 관찰하며 경제의 행로를 미리 읽어내는 것이다. 특별한 기술도 아니다. 지속적인 관심만 필요할 뿐이다.

불황도 경제위기도 모두 천재天災가 아니라

인재人災임에 분명하다.

그래서 늘 반복된다.

Economy knows the flow of Money

3부

경제, 그와 함께
살아가는 법

자생적 운동원리를 가지고 달려가는 경제에 맞서는 것은 금물이다. 절대로 이길 수 없기 때문이다. 언제나 경제와 함께 살아가는 법을 찾아야 한다. 그러기 위해서는 먼저 친해져야 한다. 그다지 어렵지 않다. 경제가 그동안 달려온 길만 들여다보아도 웬만큼 가까워질 수 있기 때문이다. 경제지표가 있기 때문에 가능한 일이다. 제대로 읽는 법만 익히면 된다. 많은 지표들 가운데서 어떤 지표에 주목해야 할지, 또 어떤 특정한 시점에서는 어느 지표에 더 주의를 기울여야 하는지를 배우면 된다. 그러나 절대로 눈을 떼지 말아야 하는 것은 금리를 움직이게 하는 인플레이션 지표다.

경제는 끊임없이 변하지만 스스로 자신의 여정에 대해 말해주는 법이 없다. 그래서 옆에서 지켜보고 가는 길을 짐작하는 수밖에 없다. 경제지표는 바로 그러한 용도로 개발되었고, 또 조사되고 있다. 그런 만큼 기록된 지표를 거슬러 올라가는 것은 역사를 읽는 것과 같다. 그 역사를 통해 우리는 경제가 앞으로 어떤 길을 걸을지를 짐작할 수 있게 된다. 그런데 지표가 때로는 과거에 보였던 행보와는 전혀 다른 모습을 보일 때가 있다. 긴장의 끈을 팽팽하게 당겨두어야 할 때다.

5장

경제는
지표로 말한다

지표는 경제의 바이탈 사인

경제는 금리, 경제성장률, 실업률, 환율 등과 같은 주요 거시경제지표들로
구체화되어 때로는 건강한 모습으로, 또 때로는 허약한 모습으로 나타난다.

다시 보는 겨울연가

우리가 경제기사에서 흔히 만나는 펀더멘털이라는 말은 한
국가의 경제가 얼마나 건강하고 튼튼한지를 보여주는 기초경제 여건을
가리키는 경제용어다. 경제상태를 표현하는 데 있어 가장 기초적인 자료
가 되는 금리, 경제성장률, 실업률, 환율 등과 같은 일련의 주요 거시경
제지표들로 때로는 건강한 모습으로, 또 때로는 허약한 모습으로 구체화
된다. 따라서 경제에게는 우리 몸의 생물학적 활력도를 보여주는 호흡,
체온, 심장박동수 등과 같은 바이탈 사인과 같다.

물론 심장박동이 멈추면서 운명을 달리하는 인간과는 달리 경제가 사망하는 일은 결코 없다. 그러나 경제도 살아있는 생명체처럼 건강하다 쇠약해지고, 또 그러다 다시 회복하는 과정을 끊임없이 반복하기 때문에 그에 상응하는 활력지수를 알 수 있으면 경제의 흐름, 즉 경기를 예측하는데 분명 도움이 될 것이다.

〈그녀를 만나는 곳 100m 전〉에 선 이상우의 심장 박동수는 과연 어땠을까? 잠시 멈춰선 채 심호흡을 해야 할 정도는 아니었을까? 신체활동에 과부하가 걸려 휴식이 필요하다는 사실을 체온이나 심장박동수로 알아낼 수 있듯이 경제도 지나치게 빠른 속도로 과열로 치달아 진정이 필요하다는 진단을 시의적절하게 내리는 데 결정적인 역할을 하는 다양한 형태의 인플레이션 지표와 같은 경제지표가 있다.

거의 매일 경제면 헤드라인을 장식하는 경제지표들은 우리가 지금 서 있는 경제의 펀더멘털을 읽어내게 하고, 이를 통해 우리 경제가 회복기에서 확장기로 이어지는 호황 국면과 침체기를 거쳐 수축기로 달려가는 불황 국면을 끊임없이 반복하는 거대한 비즈니스 사이클의 여정에서 지금 어디에 서 있는지에 대한 정확한 좌표를 찾아내 적절하게 대응할 수 있게 한다. 우리에게 경제지표가 필요한 것은 바로 이 때문이다.

그런데 우리가 일상적으로 만나는 경제지표가 너무 많다. 주식이나 채권, 외환, 석유, 금과 같은 자산들의 가격까지 포함시키면 하늘의 별만큼이나 많아진다. 그러나 걱정할 것 없다. 국내에서뿐만 아니라 일본에서도 폭발적인 인기를 끌며 일본의 한류 열풍을 처음 불어오게 했던 드라마 〈겨울연가〉에서는 산에서 길을 잃었던 유진에게 준상이 폴라리스 목걸이를 선물하면서 길을 찾을 땐 북극성, 즉 폴라리스를 보면 된다고 말했듯이 말이다.

구소련의 음모

　　　자산시장에 떠돌아다니는 경제지표는 하늘에 떠있는 별자리와 같다. 준상이 유진에게 알려준 폴라리스는 바로 별자리의 중심에 있는 별이다. 그런데 별자리를 제대로 읽는 일은 절대로 간단하지 않다. 폴라리스에 이어지는 북두칠성을 찾는 일은 그래도 비교적 쉬운 편이다. 그러나 카시오페이아좌, 오리온좌, 페가수스좌, 황소자리, 물고기자리니 하는 별자리들은 근사한 이름들과는 달리 자신들의 위치를 그리 쉽게 노출하려 들지 않는다. 그나마 도시에 사는 사람들은 대기오염 때문에 별을 구경하기조차 힘들다.

　다행히 경제지표들의 별자리는 정보통신기술의 발전으로 다양한 매체를 통해 과거 어느 때보다 더욱 다양하고 선명하게 다가서고 있다. 그런데 오히려 그게 문제다. 별자리가 너무 복잡해진 거다. 또 전에 없었던 경제지표가 개발되어 새로운 별이 되어 나타나면서 별자리를 읽는 일이 더 어려워졌다.

　경제학자들은 이를 어떻게 감당할까? 그 많은 경제지표들의 각개 약진에 의미를 부여하는 일은 그들에게도 확실히 쉽지 않았던 모양이다. 저마다 다른 소리를 내기 일쑤고 그나마 고집들이 세서 지켜보는 사람들을 고단하게 하는 일이 많았다. 그래서 인터넷에서는 편을 갈라 논쟁하기를 좋아하는 경제학자들을 비꼬는 유머들이 많이 떠돌아다니는데 그 가운데 2개를 골라 소개하면 다음과 같다.

　첫 번째 유머는 다음과 같다. 구소련 고르바초프가 집권하던 시절, 노동절을 맞이해 모스크바의 붉은 광장에서는 대규모 군사 퍼레이드가 있었다. 군대가 행진을 하고 탱크와 미사일, 각종 첨단 무기들이 줄을 이어서 지나갔다. 마지막으로 아래 위 모두 검은 색 옷을 입은 10명의 사람들이 본부석 앞을 행진하며 지나갔다. "저들은 특수 훈련을 받은 대단한 스파이들인 모양이지?"라고 고르바초프가 물었다. 그러자 옆에 배석하고 있던 KGB의장이 대답했다. "저 친구들은 경제학자들입니다. 우리가 저들을 미국에 풀어놓았을 때, 저들이 일으킬 가공할 혼란을 한 번 상상해 보십시오." 경제학자들을 바라보는 일반적 인식의 정곡을 찌르는 유머다.

두 번째 유머는 태초에 있었던 일인데 역시 경제학자들의 끝없는 논쟁과 관련된 것이다. '신이 첫째 날에 태양을 만드셨다. 그러자 악마는 태양을 쬐면 뭐든지 그을리도록 해 놓았다. 둘째 날, 신이 남자와 여자를 만드셨다. 그러자 악마는 결혼이라는 것을 만들었다. 셋째 날, 신은 경제학자를 만드셨다. 이것은 악마에게 매우 큰 고민을 안겨 주었다. 오랜 고심 끝에 악마는 경제학자를 한 명 더 만들었다.'

케인즈의 천하통일

경제학자들이 벌이는 논쟁이 항상 일을 더욱 꼬이게 만드는 것은 아니다. 때로는 논쟁을 통해 새로운 길을 열어 나라를 구하는 일도 있다. 경제대공황이 진행되고 있던 동안 재정적자를 용인하지 않는 고전학파의 보수적 경제학자들과 부족한 민간지출을 대신해 정부가 빚을 내어서라도, 즉 재정적자를 감수하고서라도 경제에 활력을 불어 넣어야 한다고 주장하는 케인즈 간에 충돌이 있었다.

루즈벨트 당시 미국 대통령이 뉴딜정책을 통해 케인즈의 주장을 수용하면서 재정정책의 유효성을 둘러싼 이 논쟁은 케인즈의 승리로 끝나며 미국 경제를 경제대공황에서 건져낸다. 그러나 이 논쟁은 그 후 케인즈 정책의 실제적 효과에 대한 설전으로 또 이어졌다.

고전학파 경제학자들은 케인즈 처방이 기대했던 효과를 거두지 못했다고 말하면서 그런 주장의 근거로 미국 경제가 경제대공황 이전 수준으로 완전히 회복된 것은 제2차 세계대전이 끝난 후였다는 사실을 제시한다.

그러나 케인즈 경제학자들은 이에 대한 반론으로 미국 경제가 경제대공황에서 더 신속하게 탈출하지 못한 것은 루즈벨트 행정부와 의회가 케인즈 정책을 적극적으로 채택하지 않았기 때문이라 반격한다. 재정지출 확대 규모가 충분치 못했던 데다가, 그것도 주정부의 재정지출 삭감으로 효과가 반감되었다는 것이다. 그리고 제2차 세계대전 중에서야 비로소 불가피하게 발생했던 정부지출의 대폭확대가 미국 경제를 신속하게 회생시키는데 기여했다는 사실을 움직일 수 없는 증거로 제시한다.

지금의 대세는 케인즈다. 물론 아직도 미국에서는 고전학파 경제학자들과 케인즈학파 경제학자들이 '민물 경제학파'와 '짠물 경제학파'로 편을 갈라 자신들의 아성을 유지보수하기 위해 안간힘을 쓰고 있다. 여기서 민물 경제학파는 오대호 주변에 포진되어 있는 시카고, 카네기멜론, 로체스터, 미네소타 대학 등지에 둥지를 튼 고전학파 경제학자들이다. 또 짠물 경제학파는 대서양과 태평양 가까이에 널려 있는 하버드, 버클리, 펜실베이니아, 프린스턴, 콜롬비아, 예일 대학 등에 뿌리를 내리고 있는 케인즈학파 경제학자들을 일컫는다.

그러나 어느 나라를 막론하고 경제가 어려울 때는 언제나 예외 없이 케인즈 카드를 꺼내든다. 그래서 '우리는 모두 케인즈파다'라는 말이 모든 정치인이나 경제학자들의 입에서 주저 없이 나온다. 대세가 이러니 뭔가를 빨리 보여주고 싶은 트럼프가 취임 후 곧장 케인즈 카드를 꺼내든 것은 하나도 이상하지 않다. 감세, 특히 부자 감세는 공화당의 단골 정책인데 트럼프는 여기에 법인세 인하까지 끼어넣었다. 이에 따라 가뜩이나 낮은 금리로 통화금융정책을 통한 경기조절 기능이 고갈되어 가는 마당에 세율까지 덜컥 낮추어 버리면 나중에 정작 어려울 때 무엇을 할 수 있을까 하는 시장의 우려도 커지고 있다.

물리학보다 더 어려운 경제학

1720년, 그 유명한 남해 버블에 물려 크게 손실을 본 뉴턴이 남긴 말을 기억하자.
"천체의 움직임은 알아낼 수 있었지만 인간들의 광기를 읽어내기에는 역부족이었다."

아인슈타인의 교만

복잡다단하게 전개되는 경제 사안들에 대해 명쾌한 해석과 해답을 주는 대신 편을 갈라 논쟁을 일삼는 일도 많긴 했지만 경제학자들은 시장이 스스로 해결하지 못하는 갖가지 문제들을 해결하기 위해 그동안 알게 모르게 많은 공을 들여왔다. 그리고 그들은 몇 가지 분야에서 눈부신 성공을 거둔다. 그러나 그럼에도 세간의 평가는 그다지 너그럽지 않은 것 같다. 앞서 '구소련의 음모'에서 늘어놓은 것처럼 경제학자들을 조롱거리로 삼는 일이 여전히 많기 때문이다.

인터넷을 떠도는 경제학과 관련된 오랜 유머 가운데 하나로 아인슈타인이 경제학자를 어떻게 생각했는지를 보여주는 재미있는 일화가 있다. 아인슈타인이 죽어 염라대왕 접견 대기실에서 3명의 남자를 만났다. 아인슈타인이 그 중 한 사람에게 물었다. "IQ가 얼마나 되지요?" "190입니다만……." 첫 번째 사람이 대답했다. "대단하군요. 그럼 러더포드의 원자물리학과 나의 상대성이론에 대해 같이 이야기해 봅시다." "당신은 어떻소?" "저는 150인데요." "좋습니다. 그럼 당신하고는 세계 평화를 위한 핵확산방지 정책을 같이 의논할 수 있을 것 같군요." "저는 50인데요." 세 번째 사람이 미리 고백을 했다. 아인슈타인은 멈칫하더니, 잠시 후에 입을 열었다. "내년도 세계 경제성장률이 어느 정도일 거라 예상합니까?"

아인슈타인의 생각대로 경제학을 공부하는데 반드시 IQ가 높을 필요가 없을지도 모른다. 그러나 경제예측이 늘 빗나가기 일쑤였던 것은 반드시 경제학자들이 못나서 그런 것만이 아니라 애초부터 경제학이 물리학보다 훨씬 어렵기 때문일지도 모른다. 이런 말을 하는 데는 당연히 그만한 증거가 있다.

경제학자들에 대한 아인슈타인의 조롱은 그냥 우스개에 불과하지만 다음에 소개하는 이야기는 실화다. 아인슈타인을 뛰어넘는 물리학자로는 얼마 전에 세상을 떠난 스티븐 호킹과 같은 역대급 후배도 있겠지만 감히 눈을 맞추기도 힘든 대선배 뉴턴도 있다. 이름 앞에 항상 붙어 다니는 '경Sir'자만 봐도 엄청만 포스가 느껴지지 않는가? 특히 뉴턴은 물리학의 아버지쯤 되는 인물인 만큼 아인슈타인도 요즘 말로 하면 '뉴턴 키즈' 무리의 하나라 불려도 무리가 아닐 것이다. 그런 뉴턴이 인문사회계로 넘어왔다가 두 차례나 크게 굴욕을 당한다.

뉴턴의 굴욕

뉴턴은 1642년 12월 25일에 태어났는데, 그 이후 앞서 같은 날 태어난 예수 그리스도처럼 많은 고초를 겪는다. 그의 아버지는 그의 출생을 보지 못하고 일찍 세상을 떠나고 없었다. 또 뉴턴의 어머니는 4년 후에 재혼을 하면서 뉴턴을 친정 부모에게 맡긴다. 평생 그를 따라다닌 그의 외톨이적 성격은 이렇게 운명적으로 결정되었는지도 모른다.

부모의 사랑을 충분히 받지 못했던 뉴턴은 남다른 재능은 타고났던 탓에 일찍부터 두각을 나타낸다. 교장선생님은 뉴턴이 졸업하자마자 곧바로 캠브리지로 보낼 것을 그의 어머니에게 권고했으나, 집안일에 매어 지내다 2년 늦게 캠브리지에 입학하면서 자신보다 어린 급우들과 잘 어울리지 못해 외로운 생활을 한다. 또 부유한 급우들의 방 청소를 하며 학비를 벌어야 했던 경제적 결핍으로 뉴턴은 일찌감치 캠브리지 시절부터 이재에 관심을 보이며 좋은 머리를 이용해 납을 금으로 바꾸는 연금술에 빠져든다.

브라이슨은 『거의 모든 것의 역사』에서 뉴턴이 저지른 여러 가지 기행에 대해 소개했는데 그럼에도 불구하고 뉴턴은 타고난 천재성과 특유의 노력으로 1669년 27세 되던 해에 이미 수학분야에서 당대에서 가장 뛰어난 학자로서 명성을 얻으며 캠브리지 대학의 교수가 된다.

그러나 그때에도 학생시절에 이미 전혀 새로운 형태의 수학이었던 미적분학을 만들어놓고도 그 후 27년 동안 아무에게도 그런 사실을 밝히지 않는 중이었다. 또 캠브리지에서의 첫 강의가 지나치게 어려웠던지 그의 두 번째 강의에는 아무도 나타나지 않았다. 두 번째 강의뿐만이 아니었다. 그 후 캠브리지에 보낸 17년 동안 그의 강의실을 찾는 학생은 없었다. 그래도 그는 강의시간에 절대 늦는 법이 없었다고 한다.

그런 가운데서도 뉴턴은 정치에도 관심을 기울이는 등 한눈을 팔다 급기야 1696년 5월 난데없이 캠브리지를 떠나 주화를 주조하는 조폐청의 부청장 자리로 옮겨가는데 그의 첫 번째 굴욕은 바로 여기서 시작된다. 그 후 청장으로까지 승진한 뉴턴은 오랜 고심 끝에 금화 한 개의 가치를 은화 21실링에 맞추어야 한다고 주장한다.

그런데 당시 전혀 주목을 받지 못했던 이 주장을 영국 재무성이 그 후 십수 년이나 지난 1717년 12월 22일 느닷없이 수용하며 공식화해버린다. 그러자 난리가 났다. 은화 21실링은 지나치게 높은 가격이었던 것이었다. 국내에서 제대로 대접을 받지 못한다고 생각한 은이 국외로 빠져나가는 대신 과분한 대접을 받게 된 금이 영국으로 흘러들어오기 시작한 것이다. 이런 혼란은 영국이 은화를 없애버릴 때까지 계속되었는데, 이것이 뉴턴의 첫 번째 굴욕이다. 그러나 안타깝게도 더 뼈아픈 굴욕이 뉴턴을 기다리고 있었다.

1700년 11월 스페인의 합스부르크 왕가의 마지막 왕인 카를로스 2세가 후사를 남기지 않은 채 세상을 떠나자 프랑스 혈통의 펠리페 5세가 왕위를 계승한다. 그러나 스페인과 스페인의 광활한 해외 식민지들이 사실상 프랑스의 손에 들어가게 될 것을 우려한 영국은 오스트리아와 연합하고 프랑스·스페인 연합에 맞서 '스페인 왕위계승전쟁'을 일으킨다. 영국 왕실은 이 전쟁으로 인해 막대한 부채를 짊어지게 되는데, 이를 처리하기 위해 영국은 1711년 남해주식회사South Sea Company를 설립하고 이 회사에 남미지역 무역 독점권을 주는 대신 정부부채를 인수하도록 한다.

영국은 이를 위해 이익금의 25%를 그 당시 사실상 남미를 지배하고 있던 스페인 왕가에 바친다는 조건으로 무역 허가를 받았다. 그러나 스페인과 영국이 전쟁을 하고 있었기 때문에 남미와의 무역이 실제로 일어난 일도 없었고, 또 그래서 당연히 실현되는 수익도 없었다. 그럼에도 불구하고 논란 끝에 남해주식회사가 1720년 주식을 일반인들에게 매각하기로 결정하고 4번에 걸쳐 공모하기 시작하면서 어처구니없는 일이 일어나게 된다.

주식 가격을 끌어올리기 위해 고의로 퍼뜨린 루머들, 특히 스페인으로부터 남미 지역의 전 항구에 기항할 수 있는 권리를 취득했다는 루머에서부터 당시 전 세계 은 생산량의 절반 가까이를 생산하던 스페인령 포토시의 은광 채굴권을 취득했다는 루머들에 힘입어 남해주식회사의 주가는 하늘을 뚫을 듯 치솟는다. 주당 100파운드로 시작했던 주가가 1720년 1월에는 128파운드, 2월에는 175파운드, 3월에는 330파운드, 그리고 5월 말에는 550파운드를 찍고 8월 초에는 1천 파운드를 돌파하는 기염을 토한다.

그러나 그게 끝이었다. 그 후로는 기운을 잃고 하락하다 연말이 채 되기 전에 최초 공모가였던 100파운드 선으로 물러서면서 이 주식을 다투어 사기 위해 다른 재산을 처분하거나 빚을 얻었던 많은 투자자들을 망연자실하게 했는데, 뉴턴도 바로 그런 투자자들 가운데 하나가 되었다.

뉴턴도 처음에는 좋았다. 이재에 남달리 관심이 많았던 만큼 일찌감치 들어가 100%의 수익률을 기록하며 당시로서는 거금인 7천 파운드의 수익을 얻는다. 그리고는 못내 아쉬워 또 들어간다. 그런데 그게 시쳇말로 상투를 잡은 것이었을 줄이야. 2만 파운드의 손실을 입은 후 "천체의 움직임은 알아낼 수 있었지만 인간들의 광기를 읽어내기엔 역부족이었다"라는 뼈아픈 말을 남기며 물러선다.

그리고는 이후 연구실에 칩거하며 본래의 전공분야로 되돌아가 놀리학적 연금술에 다시 매달렸다고 하는데, 그 증거는 1936년에 있었던 한 경매에서 팔린 뉴턴의 서류가방 속에 있었다.

이 가방을 산 사람은 공교롭게도 그 유명한 케인즈였는데 그는 가방 속에서 기대했던 광학이나 행성운동에 대한 서류 대신 연금술에 대한 연구서류가 가득 차 있는 것을 보고 몹시 놀랐다고 브라이슨은 그의『거의 모든 것의 역사』에서 증언한다. 브라이슨은 또 이와 함께 1970년대에 뉴턴의 머리카락을 분석한 결과에서도 수은 함유량이 일반인의 40배를 넘었다는 사실로 미루어 봐서 뉴턴이 끝까지 연금술에 매달렸을 것이라 단언한다.

그런데 아이러니하게도 1710년 당시 21세의 나이에 런던으로 건너와 나중에 바로크 음악의 대가가 되는 독일인 음악가 헨델도 1716년부터 뉴턴의 바로 그 남해주식회사 주식을 사 모았는데 뛰어난 안목으로 1720년 버블이 꺼지기 전에 시장을 빠져나갔다고 한다.

경제는 과학이 아니라 예술이라는 말은 과연 빈말이 아니었던가? 헨델의 이 이야기는 어떤 이유에선지 가진 주식을 미리 몽땅 처분한 덕분에 경제대공황으로 이어졌던 1929년 블랙먼데이 참사를 용케 피해갈 수 있었다는 미국의 케네디 전 대통령의 아버지였던 조셉 케네디 이야기와 함께 아직까지 전설처럼 월가를 떠돌아다니고 있다.

이처럼 확인이 불가한 야사로 전해 내려오는 헨델이나 조셉 케네디 이야기와는 달리 기록이 확실히 남아있는 큰 이야기들도 없지 않아 있다. 그것도 다름 아닌 경제학자들에 의해 남겨진 이야기들이다. 뉴턴보다 130년 늦게 같은 영국에서 태어난 경제학자 리카도는 주식으로 많은 돈을 벌었을 뿐만 아니라 적절한 투자 조언으로 '인구론'으로 유명한 친구 말서스에게도 적지 않은 돈을 벌게 해주었다.

실제로 리카도는 케인즈와 함께 학계에서뿐만 아니라 자산시장에서도 가장 크게 성공한 경제학자로 지금까지도 회자되고 있다. 이런 사실을 사람들이 진작부터 알고 있었더라면 굳이 아인슈타인의 입을 빌어 경제학자들을 조롱거리로 만들지는 않았을 것이다.

리카도의 전설

아담 스미스의 절대우위론을 대신하는 비교우위론으로 자유무역이론을 반석 위에 올려놓았던 리카도는 런던에서 주식 중개인으로 활동할 수 있는 허가를 받은 12명의 '유대인 브로커' 가운데 한 명이었던 유대인 이민자의 아들로 태어나 21세 되던 해에 일찌감치 아버지를 따라 자산운용업에 뛰어들었는데, 그의 투자자산은 당시 가치로 800파운드에 불과했다.

그러나 그로부터 30년이 지난 1823년 세상을 떠날 즈음엔 72만 5천 파운드로 증식되어 있었고, 그로부터 발생하는 연소득이 2만 8천 파운드 가량이나 되었다고 한다. 이재에 성공한 경제학자로서 이에 필적할 만한 성과를 거둔 사람은 경제대공황 시기에도 재산이 65만 파운드에 달했던 케인즈가 유일하다.

리카도는 자신의 계정을 가지고 혼자 투자했는데 그가 활동했던 19세기 초의 주요 투자자산은 국채와 영국은행이나 동인도회사와 같은 국영기업의 주식이 고작이었다. 그러나 리카도는 투자 종목 간 상대적 가격의 간극이 비정상적인 수준으로 벌어지는 기회를 재빠르게 포착하고 집중적으로 투자했다고 한다. 하루에 200파운드 내지 300파운드와 같은 차익을 노리며 거액을 단기적으로 집중 투자하는 식이었다.

리카도는 나중에 회사를 설립해서 본격적으로 자산운용업에 뛰어드는데, 이게 곧 그의 인생을 크게 바꾸는 계기가 된다. 당시 영국은 나폴레옹과의 일전을 앞두고 전비 마련을 위해 엄청난 국채발행이 불가피했는데 리카도의 회사는 골드민즈, 베어링즈, 로스차일즈 등과 같은 쟁쟁한 경쟁자를 누르고 국채 경쟁입찰에서 번번이 성공을 거둔다.

워털루 전투를 나흘 앞둔 1815년 6월 14일 전비조달로는 마지막으로 3천 6백만 파운드에 달하는 거대한 국채입찰이 있었는데 조달규모도 워낙 컸지만 전투 결과 역시 예측불허였기 때문에 국채 가격이 진작부터 급락하고 있던 터라 투자자들이 참여를 망설이고 있었다.

그러나 리카도는 모험에 나서기로 하고 입찰에 참여해 경쟁자들을 꺾는 데 성공한다. 전쟁을 둘러싼 불확실성으로 국채를 꾸준히 내던지는 다른 투자자들과는 달리 리카도는 워털루 전투가 끝나는 순간까지 그동안 투자했던 국채를 계속 지키는 쪽으로 이미 마음을 굳혔기 때문이다. 워털루 전투에서 영국의 웰링턴이 프랑스의 나폴레옹을 꺾자 국채 가격이 급등하면서 고집 센 리카도는 마침내 엄청난 돈벼락을 받는다.

동시대의 또 다른 위대한 경제학자로 맬서스가 있다. 식량은 산술급수적으로 증가하는데 반해 인구는 기하급수적으로 증가해 인류의 장래는 암울하다는 내용의 인구론으로 유명해진, 그리고 산아제한을 위해 동시대의 이웃들에게 권고했던 도덕적 자제력을 끝내 지키지 못하고 38세의 늦은 나이에 결혼하고 3년도 채 되지 않아 자식을 3명이나 두면서 인구가 기하급수적으로 증가할 수 있음을 몸소 증명하기도 했다.

맬서스는 자신보다 여섯 살이나 어린 리카도와 곡물법과 같은 많은 시대적 이슈를 두고 공개적인 논쟁을 즐겼던 절친이기도 했는데, 리카도를 통해 1815년 당시 시세로 5천 파운드 가량의 국채를 매입한다. 그러나 맬서스는 정작 워털루 전투가 다가오자 리카도의 만류에도 불구하고 지정학적 불확실성의 중압감을 이겨내지 못하고 일찍 매각하는 바람에 리카도와는 달리 승전의 기쁨을 돈과 함께 누리지는 못했다.

그러나 그 후 8년이 지나 리카도가 먼저 세상을 떠난 후 맬서스는 리카도의 유산 상속인 3인의 명단 속에 들어 있는 자신의 이름을 발견하고 리카도와의 뜨거웠던 우정을 다시 한 번 확인하게 된다.

팔방미인, 케인즈

케인즈는 저명한 논리학자이자 경제학자였던 아버지와 케임브리지 시장에 당선될 정도의 지성과 덕망을 갖춘 어머니 사이에서 태어났다. 케인즈는 거시경제학의 문을 처음으로 활짝 열어 제치며 아담 스미스의 '보이지 않는 손'이 경제대공황으로 미국 국민 4명 가운데 1명이 일자리 없이 고통 받는 세상을 마침내 구해낼 것이라는 미망으로부터 사람들을 화들짝 깨어나게 만든 위대한 경제학자이다.

그는 경제학뿐만 아니라 토론, 미술, 음악 등과 같은 다양한 분야에도 관심을 기울였는데 42세의 늦은 나이에 러시아 태생의 유명 발레리나였던 여자와 결혼하기도 한다. 또 학자로서뿐만 아니라 제1차 세계대전 직후에는 영국 대표로 베르사유에서 개최된 파리강화회의에 참석했고, 제2차 세계대전 종전 직전 전후의 새로운 국제경제 협력 체제를 구축하는 브레튼 우즈협정 체결에서도 주도적인 역할을 한다. 그러나 그를 그렇게 유명하게 만든 이 많은 기여 외에도 그는 이재에서도 남다른 재수를 선보였는데, 그의 투자실적은 영원히 사라지지 않을 얘깃거리로 월가에서 회자되고 있다.

기록에 의하면 케인즈는 1924년부터 킹즈 컬리지, 내셔널 뮤추얼, 그리고 지역보험회사를 위한 몇 개의 펀드 운용에 참여했는데, 이 가운데서도 특히 킹즈 컬리지의 펀드 운용에 애착을 가졌다고 한다. 케인즈는 처음에는 경제학자로서의 자신의 경기순환 지식을 이용해 펀드를 관리하려 했으나 개별 기업에 초점을 맞추는 쪽으로 생각을 바꾼다. 이에 따라 케인즈는 매일 아침 30분 동안 조간신문의 금융면을 통해 기업정보를 살피고, 주식중개인들과 대화하며 주식시장을 세심하게 관찰했다.

이렇게 해서 케인즈는 꽤 큰 성공을 거두는데 1924년 3만 파운드로 시작한 투자기금이 케인즈가 세상을 떠난 1946년에는 38만 파운드로 증식되어 있었다. 연평균 12%의 경이로운 성적인데 더욱 놀라운 것은 이 기간 동안 경제대공황으로 이어졌던 1929년의 증시대폭락이 있었고, 또 무엇보다 영국을 거의 폐허로 만든 제2차 세계대전도 있었다는 사실이다. 또 배당수익은 매해 인출되어 대학 예산으로 편입되었기 때문에 포함되지도 않았다.

케인즈의 투자 방식은 사람들의 생각과는 달리 재무구조가 탄탄하고 미래의 수익성이 좋은 기업에 장기투자하는 것이었다. 이는 '가치투자'의 대가인 워렌 버핏의 투자 방식과 일치하는 것인데, 버핏 자신이 자신은 케인즈에게서 배웠다고 인정하고 있다. 1991년 자신이 운영하는 헷지펀드의 투자자들에게 보낸 편지에서 버핏은 "케인즈는 학자로서 위대했을 뿐만 아니라 투자자로서도 그에 못지않았던 사람이다"라고 격찬했다고 한다.

그러나 나중에 알려진 사실로 미루어보면 케인즈를 자산시장에서도 크게 성공할 수 있게 만든 것은 시대적 통념과 반대되는 투자를 하는 일종의 '역逆투자전략'이었다. 결국 그는 자산시장에서 탐욕과 공포를 오가는 '야성적 충동'의 정체를 간파하고 이를 적극 이용한 것이었다.

1929년 경제대공황의 예고편으로 일어난 증시대폭락으로 전 재산의 4분의 3을 잃고서도 흔들리지 않고 오히려 그런 침체장을 틈타 유망주식을 계속 사 모은 결과 1946년 세상을 떠나며 가족들에게 2009년 시가로 1천 7백만 달러 가량에 이르는 유산을 남긴다.

경제 길들이기?

파생상품과 증권화라는 멀티 터보엔진을 장착하고 거침없이 질주하던 금융혁신이
특급 경제학 교수들까지 월가로 끌어들이지만 경제를 이기지는 못했다.

파생금융상품의 출현

　　경제대공황을 즈음해서 때맞춰 혜성처럼 나타난 케인즈가
'거시경제학'이라는 새로운 차원의 경제학을 처음 이야기하기 시작한
후 85년 가까이의 시간이 지나는 동안 경제학자들은 아담 스미스 문하
의 고전학파 경제학자들이 미처 언급하지 못했던 실업과 인플레이션, 경
제성장과 같은 실제적 경제문제를 고민하며 각고의 시간을 보낸다.

　또한 동시에 양 학파의 어느 한 쪽에 기울어져 겉돌기만 하던 경제학
자들도 화해에 나서면서 많은 사람이 수긍할 만한 새로운 경제 해석법

을 속속 찾아내는 등 괄목할 만한 성장을 이룬다.

월가의 투자회사들도 이에 뒤질세라 금융혁신을 일으키며 뒤를 바짝 쫓는다. 이에 따라 대학의 연구실을 박차고 월가로 달려가 자신의 이론에 직접 담금질을 하려는 경제학자들도 속속 등장하기 시작한다. 그 중에서도 로버트 머튼과 마이런 숄즈가 파생금융상품에 대한 연구로 노벨경제학상을 공동수상하기 3년 앞선 1994년에 함께 롱텀 캐피털 매니지먼트LTCM라 불리는 헤지펀드에 참여한 것은 당대의 일대사건이었다.

먼저 월가에서는 금융혁신의 한 쪽 날개인 파생상품시장이 만개하고, 또 이와 함께 증권화라는 새로운 금융기법이 등장하면서 일찍이 뉴턴이 꿈꾸던 연금술이 그의 캠브리지 대학 실험실이 아닌 월가의 투자은행 딜링 룸에서 완성되는 일이 일어난다. 파생상품시장이란 채권·통화·주식·원자재·곡물 등과 같은 투자자산을 직접 거래하는 것이 아니라 이들 자산을 현재가 아닌 미래의 특정 시점에서 사거나 팔 수 있는 권리를 거래하는 시장이다.

예전 한때 우리나라 주부들은 파생상품이란 말도 모르는 채 아파트 분양권 딱지를 사고팔았다. 아파트 분양 추첨에 당첨된 사람들로부터 이 분양권을 사서 중도금을 일정에 맞춰낸 뒤 완공 후 입주하기 위해서다. 당장 들어가서 살 수 있는 아파트를 산 것이 아니라 나중에 들어가서 살 수 있는 권리를 산 것이다. 또 박경리의 『토지』에서 간호사로 일하는 숙희가 주인공 최서희와 플라토닉 로맨스를 벌이는 의사 박효영의 병원에서 조수로 일하는 의전생 정윤의 학비를 대며 장차 의사부인이 되는 장밋빛 미래를 꿈꾸는 것 역시 파생상품에 투자하는 것과 다름 아니다.

당연히 반대 방향의 거래도 있다. 사업이 어려운 아들이 부모님에게 똑 같은 집을 사다드릴 것을 약속하면서 집문서를 얻어와 팔아 사업자금을 마련하는 것이 그런 예다. 그러나 『토지』의 숙희는 정작 정윤이 의전을 졸업하고 의사가 되고 나서는 부잣집 딸과 결혼을 하며 배신을 하자 권리행사를 제대로 하지 못하게 된다. 또 부모에게서 집문서를 빌려온 아들도 사업에 실패하는 경우에는 약속을 이행하지 못하게 될 게 불을 보듯 뻔하다. 알게 모르게 이렇게 주변에 널려있던 사실상의 파생상품 거래에 멍석을 깔아준 것이 바로 파생상품시장이다. 선물·옵션이 주변에서 쉽게 구경할 수 있는 대표적인 파생상품이다.

이처럼 채권·통화·주식·원자재·곡물 등과 같은 실체가 거래되는 것이 아닌 만큼 기상천외한 것들이 다 거래된다. 예를 들면 회사채 부도의 위험만 따로 떼어내어 사고파는 신용파생상품인 신용부도스와프CDS라는 것이 있는데, 이 상품은 A기업의 회사채를 인수한 B은행이 A기업의 파산을 우려해 C은행에 수수료를 지급하는 대신 A기업이 파산하는 경우 C은행으로부터 투자원금을 회수할 수 있는 보험에 가입하는 것이다. CDS는 1990년대 중반 신흥경제권 투자에 대거 나선 투자은행들의 신용위험을 경감시키는 대안으로 각광을 받으면서 급격한 속도로 외연을 확대해나간다.

그러나 나중에 자산보호를 위해 참여하는 B은행뿐만 아니라 A기업과 아무런 관련이 없는 일반 투자자들도 참여할 수 있게 되자 당초에 기대했던 위험분산을 통한 자금순환 확대라는 순기능은 후퇴하고 거대한 투기판으로 변질된다. A기업의 부도 위험이 높아지면 보험료도 따라서 올라가게 되는데, 이때 발생하는 차익을 기대하는 것이다.

이를테면 축구선수 메시가 자신의 다리에 보험을 드는 것이 아니라 일반인들에게 메시의 다리에 대해 보험을 걸게 하고 이를 시장에서 사고팔 수 있도록 한 것과 같다. 결국 서브프라임 채권에 대한 CDS의 과도

한 판매로 세계 최대 보험사였던 AIG가 급격하게 부실화되면서 미국 금융위기를 증폭시키는 원인이 되었다.

증권화 기법이 불러온 주택시장 거품

파생상품과 함께 당시 뉴욕 월가에서 일어난 금융혁신의 다른 하나인 증권화는 대량으로만 거래되던 탓에 금융도매상들 사이에서만 거래되던 금이나 국채와 같은 투자 자산들을 소량으로 쪼개어 팔 수 있게 하면서 일반투자자들도 쉽게 참여할 수 있는 길을 열어준다. 이로 인해 무엇보다 증권화에 참여한 투자자산의 거래 규모가 크게 확대된다.

예를 들면 금ETF Exchange-Traded Fund라는 것이 있는데 값비싼 금괴나 금화의 형태로 금을 사는 대신 콩나물을 100원이나 1천 원어치씩 원하는 만큼 담아서 사는 것처럼 그날 시세로 금을 10만 원어치, 또 여유가 있는 날은 100만 원어치를 사고 금 대신 금 통장을 받아오는 것이다. 통장에는 물론 그날 매입한 금의 양은 물론, 그때까지 사다 모은 금이 잔액으로 다 기록된다. 실제 금은 금ETF를 발행한 은행의 금고 속에 보관되어 있다.

이에 따라 금 거래량이 폭발적으로 증가하게 되었다. 늘어난 것은 거래량뿐만이 아니었다. 가격 역시 폭등했다. 2년 전 필자가 스크랩해둔 한 해외기사는 금ETF가 처음 거래된 2004년 11월 18일 전후 8년 동안 금시장에 일어난 변화에 대해 언급하고 있다. 금ETF가 도입되기 전 8년 동안 금 가격은 고작 16.84% 상승한 데 반해 금ETF가 도입된 이후 8년 동안 무려 286.9%나 상승했다.

그러나 이렇게 좋은 기능을 가진 증권화가 탐욕이란 나쁜 친구를 만나면 프랑켄슈타인과 같은 괴물로 변질되기도 한다. 세계 경제를 일제히 불황으로 몰고 간 미국의 서브프라임 모기지 부실을 불러온 주범 가운데 하나가 바로 이 증권화였던 것이다.

　미국 은행들은 모기지란 이름으로 주택구입자들에게 주택을 담보로 장기로 돈을 빌려주는데, 이때 상환 능력을 기준으로 주택구입자들을 3가지 등급으로 분류한다. 이 가운데 가장 높은 등급은 '프라임prime', 그 다음은 '알트-에이Alt-A', 그리고 가장 낮은 등급은 바로 문제가 되었던 '서브 프라임sub-prime'이다.

　일반 저축은행들은 프라임 등급의 고객들을 상대로 모기지를 공급한 후 이를 패니매와 프레디맥과 같은 미국의 공영주택자금 공급회사는 물론 투자은행에 되팔아서 모기지에 사용된 자금을 즉시 회수한 후 다시 다른 고객들에게 주택구입자금을 지원할 수 있었다.

　이와 같은 주택자금 공급방식은 사실상 미국에만 있는 매우 혁명적인 것이었는데 오랫동안 미국의 주택시장을 지지하는 중요한 역할을 해왔다. 한 은행이 특정인에게 일정 기간 동안 주택담보대출을 제공하고, 이 자금이 다 회수될 때까지는 자금이 그곳에 묶여버리는 자금운용의 한계를 단숨에 뛰어넘을 수 있었기 때문이다.

　그렇다면 미국의 공영주택자금 공급회사나 투자은행들은 어떤 방식으로 일반 저축은행들이 모집해온 모기지를 계속 사들이며 자금을 공급할 수 있었을까? 증권화라는 신기술을 이용해서 주택저당 담보부증권MBS을 만들어 낼 수 있었기 때문이다. 주택저당 담보부증권은 누군가가 나서서 직접, 혹은 패니매와 프레디맥과 같은 공영주택 금융회사로부터 신용이 좋은 프라임 고객 대상의 주택저당채권을 사들여서 이를 일단 뒤섞는다. 그리고 이를 다시 소액으로 잘게 쪼개어 주택저당증권이란 이름으로 팔려고 시장에 내놓는다.

이렇게 하면 사실상 증권의 안전성은 한층 좋아진다. 한 특정 주택구입자에 대해 개별적으로 설정되어 디폴트의 위험이 그 한 사람에게 집중되었던 주택저당채권과는 달리 주택저당증권 안에는 다수의 주택구입자에 대한 채권이 조금씩 나뉘어져 담기게 된 것이다. 그래서 그 중에 누구 한 사람이 원리금과 이자를 제때에 상환하지 못해 디폴트가 되더라도 전체가 다 망가지는 불상사는 절대 일어나지 않게 된 것이다.

그러나 이런 안전장치를 장착한 주택저당채권도 결정적인 결함을 가지고 있었다. 다른 일반채권과는 달리, 만기가 일정하지 않다는 것이다. 고객들이 조기상환을 하기 때문이다. 만기가 일정하지 않은 채권은 연기금과 같은 기관투자가에겐 골칫거리가 된다. 안정적인 자금운용이 어려워지기 때문이다.

그래서 이를 해결하기 위해 월가가 또 꾀를 내어 '트랑쉐 tranche'라는 것을 만들어 낸다. 채권에 변제순위를 차별화시켜 등급을 매긴 것이다. 고객들이 조기상환을 해 들어오기 시작하면 상급 트랑쉐의 MBS 소유자부터 차례로 먼저 변제하기로 한 것이다. 그래서 등급이 빠를수록 증권의 만기가 정해진 것은 아니지만 짧아지면서 그만큼 더 안전해진다.

시장이 커지면서 3개 등급으로 분류된 MBS의 경우 등급별로 1등급은 5년 정도, 2등급은 7~15년 정도, 마지막 3등급은 15~30년 정도로 만기가 차별화되었다. 반면 수익률은 시장원리에 따라 당연히 등급이 빠를수록 낮아지면서 월가의 상식에 따라 고수익 고위험의 원칙이 그대로 지켜졌다.

일반 주택저당채권이 이런 월가의 마법을 통해 만기가 안정되는 동시에 안전성도 크게 개선된 MBS로 전환되자 부동산금융시장은 그야말로 새로운 전기를 맞이하게 된다. 돈이 무진장 흘러 들어올 수 있게 되었기 때문이다. 이때까지만 해도 MBS는 그야말로 월가의 금융혁신이 낳은 옥동자 그 자체였다.

그러나 시간이 지나면서 MBS도 변질되기 시작한다. 프라임 주택저당채권 대신 서브프라임 주택저당채권을 가지고 만든 MBS가 시장에 흘러나오기 시작한 것이다. 프라임 고객이 바닥이 나기 시작하니 월가로서는 어쩔 수 없는 선택이었는지 모른다. 그러나 디폴트의 위험을 같은 수준으로 유지할 수는 없었다.

그런데도 연기금이 사갈 수 있도록 멋지게 포장한다. 월가의 못된 천재들이 고난도의 마법을 부렸다. 무디스와 같은 세계 최고의 신용평가회사를 끌어들여 품질을 보증한다는 인증도장을 받기로 한 것이다.

월가의 천재들은 신용평가사들의 인증 방식을 꿰뚫어보고 있었다. 신용평가사들이 평가 대상 증권의 구조적 내용보다는 과거 디폴트 기록만 뒤진다는 사실을 그들은 이미 간파하고 있었던 것이다. 그동안 부동산 불패의 신화를 창조하면서 오르기만 해왔던 부동산시장에서 주택저당채권이 디폴트될 가능성은 매우 낮았다. 돈을 빌려간 사람이 경제사정이 나빠져 원금이나 이자 상환이 어려워지면, 그새 가격이 올라간 집을 담보로 추가대출을 받아 헤쳐 나갈 수 있었기 때문이다.

그러나 많은 사람들은 나중에 서브프라임 주택저당채권을 기초자산으로 한 주택저당담보부증권의 구조적 부실을 신용평가사들이 몰랐을 리 없었을 것으로 단언한다. 다만 한편으로는 대고객인 투자은행을 절대 실망시킬 수 없고, 다른 한편으로는 막대한 수준의 신용평가 수수료를 포기할 수 없었기 때문이었을 것이라 추측만 할 뿐이었다. 어쨌든 이렇게 해서 호박은 마침내 수박, 그것도 일등급 수박이 되었다.

188

그동안 주택금융시장의 사각지대에 머물면서 모기지 혜택을 전혀 받지 못했던 서브프라임 등급의 고객들이 증권화 작업으로 새로 주택구입자 대열로 들어설 수 있게 되자 주택시장은 그때부터 전혀 다른 모습을 보이게 된다. 주택시장에 마치 새로운 엄청난 광맥이 발견된 것과 같은 역할을 하게 된다. 주택시장에 더 많은 돈이 흘러 들어오게 되면서 미국의 주택가격은 더 빠른 속도로 상승한다.

그러나 과유불급은 미국이라고 해도 결코 예외가 될 수 없었다. 주택시장이 과열되면서 모기지 모집회사들 간의 경쟁도 따라서 치열해지고, 이에 따라 서브프라임 채권의 내용도 더욱 황폐해진다. 자산은 물론 소득도, 직장도 없는 사람들에게 주택구입자금을 빌려주는 이른바 닌자_{NINJA: No-Income-No-Job-or-Assets} 모기지라 비아냥거림을 받게 되는 '묻지마' 모기지까지 등장했기 때문이다.

어떻게 이런 일이, 그것도 미국에서 일어났을까? 이에 대한 해답은 '계산이 빠른 미국이니까, 그런 일이 충분히 일어날 수 있었다'이다. 은행들은 주택 가격이 지금껏 계속 상승해왔고, 앞으로도 계속 그럴 것으로 굳게 믿고 있었기 때문에 고객들이 모기지 상환에 응하지 않으면 곧바로 담보로 잡은 집을 그새 또 오른 가격으로 처분하면 되기 때문이다. 계산대로라면 은행으로서는 잃을 것이 하나도 없을 것 같은 정말 어처구니없는 생각이었지만 당시엔 모두가 그렇게 생각하고 있었다.

그러나 모기지를 신청하는 서브프라임 등급의 고객도 마침내 바닥이 나고, 또 서브프라임 모기지의 실체가 조금씩 알려지기 시작하면서 상황은 급변한다. 주택금융시장에 일대 회오리가 일어나고, 또 동시에 새로운 자금의 유입이 막힌 주택시장은 즉시 얼어붙는다. 탐욕 대신 공포가 시장을 지배하기 시작한다. 미국의 금융위기는 그렇게 시작되었다.

경제를 수학의 그릇에 담으려다가

파생상품과 증권화라는 멀티 터보엔진을 장착하고 거침없이 질주하는 금융혁신은 강단에 서있던 경제학 교수들까지 월가로 끌어들인다. 스탠포드 대학의 숄즈 교수는 골드만 삭스의 피셔 블랙과 함께 이른바 '블랙-숄즈 모형'이라 불리는 획기적인 옵션가격결정모형을 개발하는데, 후에 하버드 비즈니스 스쿨의 머튼 교수가 합류하면서 이 모형은 '현금제조기'로 진화된다.

암으로 세상을 떠난 블랙을 대신해 솔로몬 브라더즈의 채권투자 전문가 메리웨더가 승선하면서 이들은 1994년 '롱텀 캐피널 매니지먼트LTCM'라는 이름의 헷지펀드회사를 설립한다. 이들은 또 연방준비제도 부의장이었던 뮬린과 하버드대의 로젠펠드 교수를 잇달아 LTCM호에 승선시키면서 뉴욕의 메릴린치와 스위스의 UBS와 같은 주요 투자은행들로부터 거액의 투자를 전례가 없는 유리한 조건으로 손쉽게 유치한다.

최소 투자금액이 1천만 달러였을 뿐만 아니라 운용수수료가 투자자산의 2%, 또 투자수익에 대한 성과수수료도 당시 일반적인 수준이었던 20% 선을 웃도는 25%로서 매우 유리한 조건이었다. 그러나 LTCM은 투자자들을 절대 실망시키지 않았다. 설립 후 첫 2년 동안 고율의 수수료를 차감하고도 연이어 43%와 41%의 수익을 남겨주었다. 이는 만일 당신이 1994년 3월에 LTCM에 1천만 달러를 투자했다면 4년 후에 4천만 달러 이상의 돈을 손에 쥐게 해주는, 실로 어마어마한 실적이다. 1997년 9월에는 펀드의 순자산이 67억 달러로 늘어나면서 설립에 참여했던 파트너들의 자산은 10배 이상으로 늘어난다.

고수익의 비결은 다른 헷지펀드들과 마찬가지로 차입을 잘 이용했기 때문이다. 1997년 8월 말 펀드의 자기자본은 67억 달러였는데 반해 차입금은 1,264억 달러에 달해 자기자본 대비 차입금비율인 이른바 레버리지 비율이 19:1이나 되었다. 그래도 LTCM은 자신들의 투자가 절대로 안전하다고 믿고 있었다. 7,600여개의 투자 포지션을 동시에 유지하고 있을 뿐만 아니라 각 투자 포지션 간 상관관계가 없기 때문에 이들 포지션 가운데 한 개, 혹은 2개가 잘못될 수는 있겠지만 전체 포지션이 동시에 망가지는 일은 결코 없다고 생각했기 때문이다.

그러나 LTCM에 그토록 높은 명성을 안겨준 것은 레버리지를 이용하는 고수익모델이 아니라 위기를 아랑곳하지 않는 전천후형 수익모델이었다.

1987년 10월 19일 월요일 홍콩에서 시작된 증시 대폭락은 유럽을 돌아 매서운 기세로 미국에 상륙해서는 월가를 초토화한다. 블랙 먼데이로 금융사에 영구 기록되는 이날 뉴욕의 다우존스 산업지수는 경제대공황에 앞서 일어났던 1929년 증시 대폭락보다 더 큰 22.61%나 하락하면서 사람들에게 일제히 새로운 경제대공황의 출현을 걱정하게 한다.

경기침체는 금리 하락을 의미하는 만큼 영리한 투자자들은 이럴 때 머릿속에 제일 먼저 채권투자를 떠올린다. 따라서 1980년대 채권시장 붐에서 큰 성공을 거두면서 1987년 〈비즈니스위크〉지가 '월가의 제왕'이란 이름을 주었던 굿프랜드, 또 당시 채권 트레이더의 전형으로 자타가 공인했던 코츠, 이 두 사람이 함께 채권투자에 나서기로 의기투합하고 새로 발행된 30년 만기 미 국채에 20억 달러 규모의 자금을 투입한 것은 전혀 우연이 아니었다.

당대 최고의 채권전문가들이었던 그들은 자신들의 직관을 믿기로 한 것이었다. 그러나 그들의 예상과는 달리 이날의 투자는 참담한 실패도 끝난다. 주가는 곧바로 반등하고 예기되었던 불황도 없었다. 따라서 기대했던 채권 가격의 상승도 길게 이어지지 않았다. 상승은커녕 오히려 계속 하락하면서 그들이 투자했던 30년 만기 미 국채는 월가에서 한동안 '고래'라는 이름으로 불리게 된다. 이렇게 해서 그들의 투자는 결국 7,500만 달러의 손실을 남기고 막을 내린다.

같은 시간 앞서 10개월 동안 2억 달러를 벌어들였던 LTCM도 이날의 주가대폭락으로 단 하루 동안 1억 2천만 달러를 잃는다. 그러나 손실을 만회하기 위해 그들은 곧 반격에 나선다. 굿프랜드와 코츠가 사들였던 바로 그 30년 만기 신규 미 국채 가격의 하락을 예상하며 20억 달러 규모의 숏 포지션으로 공매도하는 동시에 같은 규모의 자금으로 한 달 일찍 발행된 30년 만기 신규 미 국채를 롱 포지션으로 매입한다.

롱 포지션으로 일관한 굿프랜드와 코츠의 전략과는 달리 이들의 양방향 투자전략은 가장 최근에 발행된 채권일수록 거래가 활발해지기 때문에 채권시장에서 프리미엄이 높아지는, 이른바 '유동성 프리미엄'을 노린 차익거래였다. 즉 증시패닉으로 채권 가격이 일시적으로 상승하는 가운데 신규 발행된 채권이 그전에 발행된 채권보다 가격이 더 크게 상승하지만 시장이 다시 안정을 되찾으면서 정상궤도로 복귀할 경우 유동성 프리미엄이 사라질 것이라는 계산에서 비롯된 것이다.

이들의 예측을 다시 풀어서 설명하면 증시패닉에 따라 ① 일시적으로 급등한 국채 가격은 곧 어느 정도 선으로 물러설 것, 그리고 동시에 그런 채권 가격 조정과정에서 ② 최신참 채권에 비해 상승폭이 작았던 고참 채권의 가격은 상승할 것으로 정리할 수 있다. 그들의 계산된 예상은 주가 폭락 후 짧은 기간 동안 과연 정확하게 적중한다. 3주 후 그들은 5천만 달러의 수익을 거두고 채권거래를 청산한다. 그러나 이게 다가 아니었다. 주가대폭락과 연계해서 가동한 다른 투자에서도 수익이 발생했는데 이를 다 합치면 1억 5천만 달러나 되었다. 이만하면 모든 이들이 두려워하는 공포가 이들에게는 '적'이 아니라 오히려 '친구'인 게 틀림없어 보였다.

LTCM이 이처럼 자산시장을 쥐락펴락하며 황금을 수확한 비결은 무엇이었을까? 이에 대한 대답은 이른바 '블랙-숄즈 모형'이라 불리며 나중에 노벨경제학상을 수상케 한 수학방정식 한 개였다. 뉴턴이 평생을 두고 갈구했으나 실패한 연금술의 비법 다름 아니었다. 눈에 보이지 않는 중력의 법칙까지 찾아내었던 수학 천재 뉴턴에게는 애석하기 짝이 없는 일이다. 그러나 당시 시대적 상황으로 볼 때 뉴턴 같은 자연과학도의 생각이 여기까지 미칠 수 있었을 것으로 기대하기는 어렵다.

블랙과 숄즈는 자신의 모형에서 옵션가격은 다음과 같은 5가지 변수에 의해 결정된다고 단정지었다. 현재의 주가$_s$, 옵션 행사가격$_x$, 옵션만기 잔여기간$_T$, 무위험 자산의 시장수익률$_r$, 그리고 마지막으로 가장 중요한, 해당 주식의 매입일로부터 옵션만기일까지의 변동성$_\sigma$이 그것이다. 현재의 적정 옵션가격$_c$을 결정하는 블랙과 숄즈의 이른바 '블랙박스'를 몇 해 전 〈돈의 힘〉이란 타이틀로 KBS 2 TV를 통해 방영되기도 했던 영국 BBS의 6부작 다큐멘터리의 원저자인 퍼거슨은 『금융의 지배』에서 다음과 같이 압축해서 독자들에게 보여주었다.

독자 여러분은 다음의 방정식을 보고 어떤 기분이 드는가? 퍼거슨도 '솔직히 당황스럽다'고 말했다. 그건 필자도 마찬가지다. 그러니 주요 투자은행들의 나이 든 CEO들을 포함해서 당시 월가의 투자자들 가운데 이 복잡한 수학식을 이해할 수 있었던 사람은 과연 몇 명이나 되었을까?

그러나 LTCM은 곧 그동안 벌었던 돈을 결국 다 토해내고 만다. 블

$$C = SN(d_1) - Xe^{-\tau T} N(d_2)$$

where

$$d_1 = \frac{\log(\frac{S}{X}) + (r + \frac{c^2}{2})T}{c\sqrt{T}} \quad \text{and} \quad d_2 = d_1 - c\sqrt{T}$$

랙 먼데이를 자신만의 날로 화려하게 장식한 LTCM은 10여 년 후, 특히 노벨경제학상 수상일을 기준으로 한 시점으로는 불과 일 년 남짓 후인 1998년 8월에 다시 찾아온 경제위기에 백기를 들고 무조건 투항한다.

승승장구를 거듭하던 LTCM은 동아시아 경제위기가 절정기로 치닫고 있던 1998년 9월 러시아 국채에 대한 투자 실패로 직전 한 달 동안 자본금의 절반에 해당하는 20억 달러의 손실을 보았다는 발표를 하면서 위기를 맞는다. LTCM이 그대로 도산하는 경우 LTCM에 투자자금을 빌려주었던 미국의 주요 투자은행들의 도산도 피할 수 없게 되었는데, 이때 예상되는 손실은 무려 14조 달러에 달했다. 이는 전 세계 금융시장을 뒤흔들어 놓을 만큼 큰돈이었다.

그래서 미국 연방준비제도의 개입이 불가피했다. 그로부터 불과 3주 후, 대혼란을 방지하려는 뉴욕 연방준비은행의 중재로 LTCM은 회사 지분의 90%를 양도하는 대신 주요 투자은행들이 참여하는 컨소시엄으로부터 36억 달러의 구제금융을 받는 수습안이 발표되는 것을 속수무책으로 바라보고만 있을 수밖에 없게 된다.

경제, 치과의사에게 물어볼까?

경제는 지금 몇 부능선을 오르고 있는가? 이런 질문에 대해 의미 있는 메시지를
던져주는 신호들은 알고 보면 주변에 있다.

개미들의 투자공식

LTCM을 추락시킨 직접적인 원인은 동아시아 외환위기의
소용돌이에 말려든 러시아의 외환위기였다. 그러나 그들은 자신들이 그
런 위기로 도산할 위험은 우리가 살고 있는 우주가 탄생된 후 지금까
지 한 번도 일어나지 말아야 할 정도의 희박한 확률의 사건이라 생각하
고 있었다. 그런 계산이 나오게 된 연유는 그들이 가지고 있었던 위험관
리VaR 모형이 과거 5년치의 금융자료만 가지고 설계되었기 때문이었다.
과거 11년치 자료를 투입해 1987년에 있었던 증권시장 붕괴를, 또 더

거슬러 올라가 80년 전이었던 1917년 러시아의 볼셰비키 혁명 직후에 있었던 러시아의 디폴트까지 고려했더라면 전혀 다른 크기의 확률이 나왔을 것이다. 그래서 LTCM의 실패는 수학 계산을 잘못한 데서 온 것이 아니라 역사를 간과한 데서 온 것이란 쓴 소리를 듣는다.

경제위기에 대한 수학적 접근에 대한 비판은 이뿐만이 아니었다. LTCM의 승승장구에 그동안 숨을 죽이고 있던 일부 경제학자들이 당시 월가를 지배하던 위험관리 모형에 대해 일제히 비판을 쏟아내기 시작하면서 또 한 가지 심각한 한계가 노출된다. 세상에서 일어나는 모든 사건들이 대한민국 성인 남자의 신장 분포에 나타나는 것과 똑같은, 예쁜 종 모양의 정규분포를 따른다는 억지스러운 가정이 오류의 출발이었다는 것이다.

사실과는 상관없이 정규분포를 가정해야만 모든 이야기들에 대한 전개를 수학적으로 깔끔하게 설명할 수 있었기 때문이다. 아담 스미스의 고전학파 경제학자들이 시장에 대한 수학적 설명을 위해 모든 시장 참여자들, 즉 소비자와 기업, 심지어 정부까지도 늘 매우 합리적이고도 이성적인 존재로 못 박아 버렸던 것과 똑같은 오류를 범한 것이다.

시장 참여자들이 때로는 야성적 충동에 따라 미쳐 날뛰기도 한다는 이야기를 뒤늦게, 그러나 경제대공황에 맞춰 한 사람이 바로 케인즈다. 백조가 이름처럼 다 흰 것은 아니고 검은 것도 있는데다, 그것도 사람들이 생각하는 것보다 훨씬 더 많다는 탈레브의 『블랙 스완』이 국내외 서점가를 강타한 것도 바로 이때였다. 그러고 보면 지난 2014년 브라질 월드컵 준결승전에서 브라질이 독일에 1대 7로 패한 것도 전혀 엉뚱하지만은 않다는 생각이 들 수 있다.

LTCM의 허망한 침몰에도 불구하고 경제를 수학적 틀에 담아 길들여

보려는 노력은 당시에도, 또 지금에 와서도 높은 평가를 받는다. 먼저 가치투자의 대가인 워런 버핏이 파산 위기에 있는 LTCM의 인수를 희망했으나 때마침 마이크로 소프트의 빌 게이츠의 초대로 알래스카에서 함께 휴가를 보내느라 발이 묶이는 통에 적극적인 인수협상에 나설 수 없어 무산된다. 나중에 버핏은 당시를 회상하며 내 생애에서 가장 비싼 휴가를 보냈다며 못내 아쉬워했다고 한다.

또 스웨덴의 노벨상 위원회도 2013년 노벨 경제학상 수상자로 LTCM 투자이론의 기초를 제공했던 파마 시카고대 교수를 뒤늦게 공동수상자의 하나로 지명한다. 현대 의술이 아직은 암을 완전히 치료하지는 못하지만 암환자의 생존율을 크게 끌어올리는 데는 분명히 성공을 거둔 것처럼 경제학도 언젠가는 수학의 도움을 받아 경제위기를 제어할 수 있는 역할을 하게 될 가능성을 평가한 것이다.

'블랙-숄즈 모형'이 언젠가 다른 모습으로 다시 나타날 것이 분명하다고 필자는 생각한다. 그러나 그렇더라도 어차피 독자 여러분의 몫은 결코 아닐 것이다. 마치 다른 별에서 온 것 같은 사람들이 짐짓 진지한 표정으로 중얼대는 소리처럼 들릴 테니 말이다. 그래서 월가의 뒷골목 어느 스포츠 바에서, 또 여의도 먹자골목 어느 밥집에서 삼삼오오 둘러앉아 담소로 하루를 마감하는 우리의 투자자들은 자칫 유치해보일 수도 있는 자신들만의 투자공식을 꺼내어 들고 윤이 나게 닦는다. 그런 투자공식에 독자 여러분은 늘 주목해야 한다.

자산시장에서도 기관투자가들이나 시장전문가들의 냉철한 분석보단 수적으로 절대 우위에 있는 개미투자자들이 공유하는 집단투자 심리가 시장을 지배하는 일이 더 많다. 투자 분위기가 과열로 흐르며 버블이 생겨날 때는 더욱 그렇다. 독자 여러분은 절대로 이 사실을 잊어서는 안 된다. 그러면 이제부터 독자 여러분도 쉽게 따라할 수 있는 거리의 투자공식들을 들여다보기로 하자.

생각보다 가까이 있는 경제

재무제표와 같은 개별 기업들의 자료를 현미경으로 들여다보듯 세밀하게 분석하면서 저평가된 가치주 발굴에 일생을 거는 월가의 가치주 사냥꾼, 버핏과는 달리 거대한 비즈니스 사이클의 등에 올라타 건곤일척의 승부수를 던지기를 좋아하는 타고난 승부사, 소로스는 알고 보면 분석보다는 직관에 크게 의존했다. 중요한 투자 결정을 내려놓고 심한 요통이 시작되면 꼭 자신의 결정을 번복했다는 이야기는 너무 많이 알려져서 더 이상 비밀이 아니기 때문이다. 인기작가인 글래드웰은 『블링크』에서 이 이야기를 처음 한 사람은 바로 그의 아들이었다고 말하기까지 했다. 요통으로 중요한 결정을 내린다면 직관을 뛰어넘어 신기神氣를 내려 받은 경지에 이르렀던 사람이 아니었을까? 그런 만큼 독자 여러분은 절대 따라하지 말기 바란다.

가치투자의 창시자인 벤자민 그램은 일찍이 "증권시장은 단기적으로는 선거판과 같지만 장기적으로는 저울과 같다"라고 말했다. 비록 불규칙해보이지만, 경제, 그리고 그 한가운데에 있는 자산시장에는 나름의 질서가 분명히 있다는 말이다. 아무 눈에나 쉽게 보이지만 않을 뿐이다. 시장을 향한 끊임없는 관찰과 성찰로 소로스 정도의 신기까지는 아니더라도 시장을 꿰뚫어 볼 수 있는 직관력을 누구나 어느 정도 얻을 수 있을 것으로 필자는 믿는다.

사실 지혜로운 투자자들은 자신들이 아는 모든 경우의 수를 다 생각한다. 그래서 대학에서 경제학을 가르칠 때 필자는 학생들에게 늘 주위를 둘러보면서 무슨 일이 일어나고 있는지를 살피면서 경제에 대한 감각을 키우는 버릇부터 먼저 지닐 것을 주문했다. 경기가 지금 상승하고 있는가, 아니면 하강하고 있는가? 상승하고 있다면 우리는 지금 몇 부능선을 오르고 있는가? 이런 것들에 대해 의미있는 메시지를 던져주는 신호들이 많기 때문이다. 알고 보면 주변에 널려 있다. 그러니 처음부터 굳이 어려운 경기순환이론이나 경제지표에 매달릴 필요는 없다. 금방 익숙해질 수 있는 일이 절대 아니기 때문이다.

경기 변화에 몸을 실을 수 있는 쉽고 재미있는 길을 통해 경기 변화에 먼저 익숙해진 다음 한 차원 높은 길로 업그레이드하는 것을 선택하는 것이 좋다. 자유형, 평영, 배영, 접영과 같은 영법을 본격적으로 배우기 전에 먼저 일단 물과 친해져야 하는 것과 같다.

독자 여러분은 지금 이 시간 거리에서, 시장에서 무슨 일이 일어나고 있고, 또 내 이웃들이 무엇을 하고 있는지를 한 번이라도 진지하게 살펴본 적이 있는가? 같은 아파트 단지에 사는 이웃들이 다 집을 팔고 나갈 때까지 모를 정도로 넋 놓고 한가하게 살면서 부동산투자로 노후를 준비하겠다는 생각은 말아야 한다. 옆집이나 건넛집 한두 집이 이사를 가는 이유는 교육 문제일 수도 있고, 또 직장 문제일 수도 있다. 경기 변화와는 상관이 없는 개인적인 문제라는 것이다. 그러나 그보다 더 많은 집들이 연이어 활발하게 이사를 가고 있으면 경제의 흐름에 변화가 일어나고 있는 것을 의미한다.

살아가면서 이런 것을 놓치면 평생 후회하게 된다. 그래서 아파트 상가를 걸을 때마다 부동산중개사무소 창가에 따끈따끈하게 붙어 있는 아파트 매매가는 물론 전월세 시세를 살피고 다녀야 한다. 또 동창회에서 뜬금없이 돈 빌려 쓰라고 살갑게 다가오는 은행 다니는 친구의 말에 우정을 느끼기에 앞서 시중 자금사정을 꿰뚫어 보는 혜안을 가져야 한다. 경제논리로 얼마나 잘 무장되어 있는가로 나타나는 기량의 차이보다 실전에서는 경기감각이 더욱 중요하기 때문이다. 은행 다니는 남편들보다 정작 그들의 아내들이 아파트투자에 더욱 강한 이유는 옆집 아줌마들의 동향에 정통하기 때문이 아닐까?

"친구가 낙제하면 눈물이 난다. 그러나 친구가 일등하면 피눈물이 난다"라는 영화 〈세 얼간이〉 속의 대사는 결코 빈 말이 아니다. 친하게 지내는 옆집 아줌마네 아파트가 경매로 넘어가게 되면 눈물이 나겠지만, 바로 그 아줌마가 경매로 사둔 아파트가 '대박'이 나면 피눈물이 나지 않을까? 그렇지 않다면 당신은 예사로운 사람이 절대 아니다. 자산시장 근처를 처음부터 아예 기웃거리지 않는 것이 좋다. 또 이 책을 당장 덮고 혜민 스님이 쓴 『멈추면 비로소 보이는 것들』을 읽는 편이 낫겠다.

친구가 대출 세일을 하는 것은 그만큼 시중의 자금사정이 좋기 때문이다. 이제 곧 알게 되겠지만 은행의 자금 사정이 좋을 때는 시중 통화량이 풍부해졌을 때뿐이다. 누구나 쉽게 돈을 빌려 쓸 수 있을 만큼 통화량, 혹은 거의 같은 말로 유동성이 좋아졌다면 앞으로 남은 일은 인플레이션, 즉 물가가 상승하는 일밖에 없다.

그러나 그전에 주식이나 부동산과 같은 자산 가격이 상승하는 자산 인플레이션이 먼저 온다는 사실에 주목해야 한다. 그렇다면 내가 지금 막차를 타는 것만 확실히 아니면 다소 늦었더라도 못이기는 척 친구가 다니는 은행에서 돈을 빌려 우정友情과 이재理財의 두 마리 토끼를 한꺼번에 잡는 것도 유쾌한 일이 아니겠는가?

200

내가 지금 탑승하려는 차가 막차인지 아닌지를 경제지표를 통해 구별하는 방법도 독자 여러분들은 이제 곧 알게 될 것이다. 이처럼 경제란 멀리, 그리고 어려운 곳에 있는 것이 아니라 늘 가까이, 또 그것도 생각보다 더 가까이에 있다. 독자 여러분은 지금부터라도 자신의 주위에서 일어나고 있는 일들을 절대로 가볍게 흘려보내지 마시기 바란다.

동창회에서 만나는 경제

은행에 다니는 동창 이야기가 나왔지만 동창회에 나가보면 의외로 다양한 일을 하는 친구들을 쉽게 만나볼 수 있다. 이런 기회를 절대 놓치지 말아야 한다. 치과의사에 대한 이야기부터 먼저 해보자. 동창회에서 이따금씩 만나는 치과의사 친구가 있다면 만날 때마다 그 친구의 얼굴을 세심하게 살펴봐라. 돈이 많이 들 뿐만 아니라 보험도 잘 안 되는 치과 진료는 경기에 붙어 움직이기 때문에 치과의사의 얼굴 표정은 경기 움직임을 실시간으로 보여주는 전광판 다름 아니기 때문이다.

자동차 영업을 하는 친구에게는 또 1톤 트럭 판매량이 어떤지 물어봐라. 소매업체 물류를 담당하는 대표차종인 1톤 트럭 매출이 경기의 바로미터이기 때문이다. 소비자 경기가 냉각되면 유통업체들은 1톤 트럭 구매를 취소하거나 미루는 일이 많아진다. 또 보험회사에 다니는 친구에게는 생명보험 해약건수가 늘어나고 있는지 줄어들고 있는지 물어봐라. 불황이 극심해질 때는 보험계약을 깨서 현금을 마련하려는 추세가 강하게 나타나기 때문이다. 경기가 회복 조짐을 보이기 시작하면 당연히 해약사태가 줄고 신규계약이 늘어난다.

검정고시 출신이라 동창회도 아예 갈 일이 없으면 일주일에 한 차례씩 꼭 있는 분리수거일을 주목하기만 해도 된다. 재활용 쓰레기로 종이상자가 유난히 많이 쏟아져 나오면 경제활동 가운데 비중이 가장 큰 소비활동이 왕성해지고 있다는 증거가 된다.

어쩌면 굳이 동창회에까지 나갈 필요가 없을지도 모른다. 2013년 노벨경제학상을 공동으로 수상한 예일대의 쉴러 교수가 경제학에 심리학을 접목했던 아이디어를 처음 얻은 것은 심리학을 공부하던 부인의 동료들과 어울리던 자리에서였다고 그의 유명저서인 『비이성적 과열』의 서문에서 이야기했다.

그렇다면 월가의 개미투자자들은 어떤 이야기들을 나눌까? 주식투자가 우리보다 훨씬 빨랐던 만큼 화젯거리도 더 많을 것이다.

그 가운데서도 특이한 것 하나를 먼저 소개하면 '미스터 마켓은 짧은 치마를 좋아한다'는 설이다. 이른바 '치마 길이론'인데 여자들의 치마 길이가 짧아지면 상승장이 온다는 것이다. 일부 전문가들은 짧은 치마가 증시의 낙관적인 분위기를 반영하는 지표로 해석될 수도 있다는 긍정적인 의견을 내놓기도 한다. 상승장에서 수익을 올린 사람이 많아지면 그에 따른 '부의 효과'로 여자들의 옷차림이 화려해지는 동시에 치마 길이도 충분히 짧아질 수도 있다.

치마 길이론에 이어 화장품 메이커인 '에스티 로더'사의 회장인 레오나드 로더는 '립스틱'론을 들고 나왔다. 립스틱 매출이 증가하면 경제가 좋아진다는 주장이다. 립스틱 매출 역시 여성 소비행태의 한 단면을 반영하는 만큼 이 역시 나름 전혀 의미가 없어 보이지는 않는다.

월가를 떠도는 이야기가 다 이처럼 나름 근거가 없지 않은 이야기들인 것만은 아니다. '슈퍼볼 지수'와 같은 생뚱맞은 주장도 있다. 각기 독

자적인 리그로 운영되던 아메리칸 풋볼 리그AFL와 내셔널 풋볼 리그NFL
가 1970년에 통합되어 이후 각기 아메리칸 풋볼 콘퍼런스AFC와 내셔널
풋볼 콘퍼런스NFC 체제를 유지하면서 시즌 끝에 양측의 우승팀들이 슈
퍼볼을 두고 일전을 벌이는데, 이 경기에서 구 아메리칸 풋볼 리그 소속
팀이 슈퍼볼을 차지하는 해에는 주가가 상승한다는 주장이다. 1967년부
터 1997년 사이의 30년 동안 27번이나 사실로 이어져, 결과적으로 90%
의 확률을 가지고 있다고 한다.

경제는 정석으로 다가가야

　　　　그러나 이런 단편적인 사실로 경제활동 전체를 짐작하는 것
은 여간 위험한 일이 아니다. 내 텃밭에서 자라고 있는 배추만 보고 다가
올 김장철 배추 시세를 점치는 것과 같을 수 있기 때문이다. 특별한 인과
관계에서 관찰된 것이 아니라 연속적으로 나타나는 통계적 우연을 과잉
해석한 것일 수도 있기 때문에 특별한 의미를 두어서는 안 된다. 그러나
말하기 좋아하는 증권가 사람들은 재미삼아 이야기하기를 멈추지 않
는다.

그래도 쓸 만한 경제지표가 귀했던 아주 옛날에는 이런 지혜가 유용
했을 것이다. 미국에서 '철강왕'이라 불렸던 미국의 카네기는 이따금씩
높은 언덕에 올라 연기가 올라오는 굴뚝의 숫자를 세며 경기를 진단했
다는 일화가 있다. 우리나라에서도 가끔씩 운전기사까지 딸린 회사차를
마다하고 일부러 택시로 이동하면서 영업용 운전기사의 입을 통해 경기
를 관찰한다는 어느 유명 CEO의 말이 있었다.

그러나 이젠 그럴 필요가 없다. 쉽고, 또 믿을 만한 지표들이 눈앞에 널려 있기 때문이다. 그리고 이 책에서 독자 여러분들은 이런 지표들의 움직임으로 경기의 흐름을 단숨에 읽어내는 기술을 배우게 될 것이다.

하지만 아무리 신통한 지표라 해도 해석은 인간의 몫이다. 그래서 가끔 목소리 큰 사람의 엉뚱한 해석이 주변 사람들의 눈을 멀게 해서 일을 그르치게 하는 일도 없지 않다. 바로 그런 일은 2008년 9월 15일 미국발 서브프라임 금융위기의 뇌관에 불을 지르는 계기가 된 리먼 브라더스의 파산이다. 절체절명의 시기에 미국 경제, 그래서 어쩔 수 없이 더 나아가 세계 경제를 리드해가는 막중한 책무를 가지게 되는 미 연준의 최고 의사결정기구인 FOMC(연방공개시장위원회)에서 맡게 되었다.

뒤에서 다른 주제로 다시 언급되기도 하지만 리먼 브라더스 파산신청 전후 세 차례 있었던 정례 미 연방공개시장위원회의 회의록을 보면 경제대공황 이후 최대의 불황을 불러오는 금융 혼란 앞에서도 위원들은 어처구니없게도 금융위기보다는 인플레이션을 우려하고 있었다. 그렇게 된 것은 아무래도 무엇보다 인플레이션을 걱정하는 매파의 목소리가 고용안정을 중시하는 비둘기파의 목소리를 압도했기 때문이었을 것으로 생각된다.

대표적인 매파로 꼽히는 달라스 연방준비은행장 피셔는 이 회의에서 인플레이션 우려가 완화되고 있다는 공식적인 조사보고서를 무시하고 자신이 주변에서 직접 수집해온 작은 일화들을 들이대며 다가올 인플레이션에 대비할 것을 강하게 주문했다. 그가 들고 온 인플레이션의 증거는 과연 어떤 것들이었을까? 독자 여러분도 꼭 들어보아야 한다.

우선 리먼 브라더스의 파산을 두 달 반여 앞둔 2008년 6월 24일 회의에서 그는 미국의 대표적인 감자칩인 프리트-레이즈의 가격이 9%, 버드와이저 가격이 3.5%, 또 자신이 거래하는 달라스의 소형 세탁소도 가격을 올렸다는 일화를 소개하면서 인플레이션이 이미 진행되고 있다고 주장한다. 그리고 금리 인상을 주장한다. 또 그로부터 한 달 반이 지난 8월 5일 회의에서는 디즈니 월드의 입장료가 5% 인상되었다는 소식을 들고 와서 좌중을 압박한다. 그리고 마침내 리먼 브라더즈가 파산하고 하루가 지나 열린 9월 16일의 회의에서까지도 그는 자신의 단골 빵가게가 최근에 모든 빵의 가격을 일제히 올린 사실을 알려주며 매파의 소임을 다한다. 어디에서나 강경파가 온건파를 이기기 마련인데 연준도 별 수 없었던 모양이다.

이런 것을 보면 FOMC도 이제 위원들의 주관적 판단보다는 경제지표로 그려지는 객관적 판단에 의존하는 일종의 '비디오 판독'을 도입해야 할 시기가 되지 않았나 하는 생각마저 든다. 오심도 경기의 일부라고 고집을 부리던 미국의 프로 야구도 비디오 판독을 진작 도입해 성공한 풋볼을 따라 2014년부터 부분적으로 비디오 판독을 수용하기로 했다.

경제는 나타나는 현상들에 대한 계량화가 비교적 용이한 과학과는 분명히 다르다. 그러나 반복되는 비즈니스 사이클에 대한 분석을 통해 경제학자들은 비즈니스 사이클이 진행되는 패턴을 찾아낼 수 있었다. 또 더 나아가 합리적 기대가설로 1995년도 노벨 경제학상을 받은 루카스는 2003년 경제학에서 불황 예방을 가로막고 있는 주요 난제들이 이제 다 해결되었다고 어느 강연을 통해 선언하기까지 하며 자신감을 내보이기도 했다. 그러나 불행하게도 그렇지는 못했다. 경제학은 먼 길을 힘들여 걸어왔지만 아직도 가야 할 먼 길을 앞에 두고 있다.

예를 들면 과열된 경기 속에서 주식이나 부동산 가격에 거품이 생기기 시작하면서 언젠가는 꺼지게 된다는 사실을 확실히 알게 되었다. 그러나 거품이 터지는 그 순간이 언제 오는지는 쉽게 알아맞히지 못하고 있다. 과학자들 역시 오랜 관찰과 분석을 통해 눈사태가 일어날 수 있는 완벽한 조건을 찾아내는 데는 이미 오래전에 성공했다. 그러나 그런 조건들이 다 맞아떨어졌다고 해서 반드시 눈사태가 일어나는 것은 아니었다. 그러나 최소한 더 나아진 경고는 할 수 있게 되었다. 그렇게 해서 사람들에게 경계심을 가질 수 있게 한다면 피해를 크게 줄일 수 있다.

경제지표 역시 예외가 아니다. 2008년 9월 리먼 브라더스의 파산신청으로 본격화된 금융위기와 이의 원인을 제공했던 부동산 가격의 침체를 예고하는 경고음은 이미 여러 경제지표에서 나타나고 있었다. 또 그런 사실은 누구나 알고 있었다. 그러나 그런 잇따른 경고음에도 불구하고 부동산 가격은 조금도 지칠 기색을 보이지 않은 채 상승하며 거품을 계속 키웠다. 그러나 탐욕을 억제할 수 있었거나 투자 호흡이 길어 경고음에 귀를 기울일 수 있었던 일부 투자자들은 덕분에 피해를 줄이거나, 더 나아가 그 기회를 틈타 엄청난 투자 이익을 올릴 수도 있었다.

지표의 탑

과학의 발전이 아직까지는 태풍의 항로를 완벽하게 예측하지 못하지만 태풍의 생성에서 소멸까지의 각 국면에서 나타나는 여러 가지 전형적인 징후들을 알게 해주는 데는 크게 성공을 거두었다. 경제도 마찬가지다. 물론 아직까지는 경제예측이 일기예보보다 더 자주 틀려 '경제학자의 유일한 존재 이유는 기상전문가들의 낯을 세워 주는 것'이라는 조롱을 받기도 하지만, 경제학의 예측 기술이 많이 발전한 것은 부인할 수 없는 사실이다.

이 모든 것들은 모든 경제 문제는 보이지 않는 손에 의해 시장에서 저절로 해소된다는 아담 스미스 경제학이 1929년 경제 대공황이 불러온 전대미문의 대규모 실업으로 완전히 무너지고, 대안으로 새로 등장한 케인즈 경제학이 자리를 잡으면서 비로소 가능해진 일이었다. 고전학파의 세계에서 실업이란 처음부터 있을 수 없는 개념이었다. 수요와 공급의 원리에 따라 실업자가 발생하면 임금이 낮아지면서 일자리가 늘어나기 때문이다. 일시적으로 일자리를 얻지 못하는 일은 언제나 일어날 수 있지만 정부가 나서서 해결해야 할 만큼의 지속적인 현상은 결코 아니라는 것이다.

이처럼 케인즈의 등장과 함께 정부도 할 일이 많아졌다. 경제가 좋으면 좋은 대로, 또 나쁘면 나쁜 대로 정부의 역할이 있어야 하는 것으로 사람들이 생각하게 되었기 때문이다. 그러나 어떤 경우에서든 정부의 시장 개입은 우선 경제의 현재 위치를 정확하게 포착하는 것에서부터 출발해야 한다. 그래야 이른바 미세조정이 가능해진다. 미세조정이란 정부가 사전에 정밀하게 계산된 강도에 따라 가속 페달이나 브레이크 페달을 밟으면 변속기어가 이에 무리 없이 동조하면서 주행하는 자동차가 부드럽게 가속되거나 감속되어 경제에 충격을 주지 않는 것을 말한다.

이를 위해 정부와 경제학자들이 함께 나섰다. 먼저 정부가 예산을 들여 경제지표들을 조사해서 공표했다. 그러자 경제학자들이 달려들어 이들 지표들의 유효성에 대한 실증적 분석에 들어갔다. 이렇게 해서 구축된 데이터베이스와 이의 경제학적 의미에 대한 검증과 논쟁이 반세기 이상 진행되면서 지표 속에 녹아 있는 펀더멘털을 통한 경기예측에 대한 신뢰도 따라서 커져왔다.

그래서 때로는 작은 지표 하나의 변화가 국제자본시장을 들쑤셔 놓기도 하게 되었다. 특히 세계 금융의 중심지인 미국의 월가를 지켜보는 주요 경제통신이나 경제신문들은 마치 야구경기를 생중계하듯 그날 새로 타석에 들어선 경제지표의 타율과 장단타 내역은 물론 출루와 도루 등과 같은 시장 영향력에 대한 일체의 과거 기록을 쏟아낼 뿐만 아니라 초구에서부터 시작해서 타석을 떠날 때까지 일어나는 자산시장의 반응을 실시간으로 알려준다.

경제지표를 가장 적극적으로 이용하는 사람은 미국의 연방준비제도 이사회 의장이다. 미국의 워싱턴 DC에 본부를 둔 연준은 산하에 있는 12개 지역 연방준비은행을 통해 미국 전역에서 전개되고 있는 경기의 움직임을 권역별로 나누어 세심하게 살피고 있다. 이들이 역내 경제의 움직임을 각기 조사한 보고서는 하나로 묶여 기준금리를 결정하는 FOMC의 회의 테이블에 올라가는데 이 보고서가 바로 그 유명한 '베이지북'이다. 원래 이름은 '경제동향보고서'인데 이 보고서 표지의 색깔이 베이지색이라 누구나 다 그렇게 부른다.

아무튼 이런 엄청난 보고서를 손에 들고 있는 연준이기에 월가, 아니 더 나아가 세계의 투자자들이 연준 이사장은 물론 다른 이사 및 지역 연방은행장들이 연방공개시장위원회 회합 후의 공식적인 발표나 강연을 통해 쏟아내는 경기 진단에 귀를 기울이는 것이다.

『브라질에 비가 오면 스타벅스 주식을 사라』를 쓴 캘리포니아 대학의 나바로 교수는 경제지표의 변화를 통해 경기 변화를 미리 읽어 내고 투자에 응용하는 고효율 투자자들을 가리켜 '매크로 투자자'라 했다. 매크로 투자자는 브라질에 비가 내리는 것으로 커피작황을 예측하고 실적개선이 기대되는 스타벅스 주식을 미리 산다는 것이다. 그러나 매크로 투자방식에는 겉으로 보이는 화려함의 이면에 무서운 함정이 숨어 있다. 그런 능력을 머릿속에 장착하는 일부터 결코 쉽지 않아 처음부터 그런 세계에 발을 들여 놓으려는 초보자들의 의욕을 일거에 꺾어놓기 일쑤기 때문이다.

그 많은 경제지표들이 개별적으로 어떤 의미를 가지고 있는지를 기억하는 것부터 우선 간단한 일이 아닌데, 그런 지표들의 움직임을 통해 경기의 향배를 예측하는 것은 더욱 어려운 일이 아닐 수 없다. 더욱이 연이어 발표되는 지표들이 서로 엇갈리는 신호를 보내면서 도무지 대책이 서지 않게 하는 일도 드물지 않게 벌어진다. 그래서 적지 않은 사람들이 이를 외면하고 대신 차트로 나타나는 기술적 지표에 매달리는 길을 선택하게 된다.

그러나 불행하게도 '기술적 분석'은 대개가 과거에 일어났던 가격변화, 이를테면 증권시장의 경우 주가변화의 패턴이 반복해서 또 일어날 것을 전제하기 때문에 반드시 적중한다는 보장이 없다. 아니 어떤 자산시장에서든 똑같은 일이 반복해서 일어나는 일이 결코 흔치 않았던 지금까지의 역사적 사실로 미루어볼 때 기술적 분석에만 의존하는 일은 매우 위험한 일이다. 따라서 경제지표가 보내는 신호를 따라 안전하게 움직이는 방법과 친해져야 한다.

지표의 힘

경제지표의 의미를 모든 자산시장 참여자들이 공유하고 있는 만큼
이들은 이 지표가 가리키는 방향에 따라 일제히 같은 방향으로 움직이게 된다.

지표에 죽고, 지표에 살고

경제지표에 강하다는 것, 그 자체가 반드시 투자의 성공을
보장하는 것은 아니다. 경제지표를 가장 많이 가지고 있는 연준도 곧잘
실수를 한다. 가끔씩 경제지표가 이처럼 경기를 미리 읽는데 그다지 유
용하지 못한 것은 무엇보다 지표들이 생각만큼 따끈따끈하지 못하기 때
문이다. 그래서 경제지표는 마치 '어제는 맑았습니다'와 같은 식의 일기
예보라고 비꼬아 이야기하는 사람도 있다.

틀린 말은 아니다. 경기 변화를 가장 포괄적으로 보여주는 GDP 자료

는 3개월마다, 그것도 해당 분기가 끝난 뒤 한 달은 족히 지나 나와서는, 그 뒤에도 계속 수정치를 쏟아낸다.

이를 보완하기 위해 경제활동을 소비, 투자, 생산, 고용 등과 같이 영역별로 잘게 쪼개 더 자주, 그러니까 매월 살펴봐도 결과는 크게 달라지지 않는다. 앞 유리가 아닌 뒷거울을 보며 운전해야 하기는 마찬가지기 때문이다.

또 잘게 쪼갠 만큼 지표들이 엇갈린 신호를 보내기도 한다. 그래도 우리가 지표를 외면하지 말아야 하는 것은 세상의 모든 투자자들이 이 지표에 따라 움직이기 때문이다.

경제지표의 해석에 대한 표준적 견해를 모든 자산시장 참여자들이 공유하는 만큼 이들은 이 지표가 가리키는 방향에 따라 일제히 같은 방향으로 움직이게 된다. 일종의 투자 규칙이 되는 것이다. 자동차를 운전하는 사람들이 일제히 녹색등과 적색등이 주는 신호에 따라 '고'와 '스톱'을 결정하는 것과 같다. 절대 다수의 투자자들이 함께 움직이기 시작하면, 이 움직임이 결국 대세가 되어 자산 가격의 변화를 주도하게 된다. 이른바 자기입증적 현상이 발생하게 되는 것이다.

예를 들어 경기선행지수가 3개월 연속 하락하는 것은 불황이 오는 신호라는 주장이 있는데, 이런 사실을 사람들이 죄다 알고 있는 가운데 경기선행지수가 3개월 연속 하락하면 사람들은 불황에 대한 위기를 느끼며 이에 대비하게 된다. 소비자들은 소비를 억제하고, 기업은 신규투자를 유예하는 등으로 말이다. 그렇다면 경제는 어쩔 수 없이 불황으로 빠져 들어가지 않을 수 없게 된다. 무슨 다른 수가 있겠는가? 사람들의 지배적인 생각이 경제를 결국 그렇게 바꾸게 되는 것이다.

이처럼 절대 다수의 투자자들이 매일같이 쏟아져 나오는 지표들이 연주하는 음악에 따라 춤추는 시장에서 이를 외면하는 투자자는 투자의 흐름을 놓칠 수밖에 없게 된다. 큰물이 지나가면서 강을 만들고 물고기도 끌어 오듯이 큰돈이 움직이기 시작하면 노릴만한 차익의 기회는 저절로 열리게 되는데 이를 모르고 지나치게 되는 것이다.

케인즈도 '미인대회'의 비유를 통해 지표의 역할에 대해 같은 이야기를 했다. 미인대회에서의 당선자를 예측하기 위해서는 자신의 눈보다는 다른 사람의 눈에 미인으로 보일 여자를 선택해야 한다는 것이다. 마치 대선에서 누가 대통령이 될 것인가를 예측하기 위해서는 자신의 머릿속이 아니라 다른 사람들의 머릿속에 누가 들어있는지를 관찰해야 하는 것과 같은 것이다. 자산시장에서 다른 사람의 눈과 머리가 향하고 있는 것은 지표다. 그런 만큼 지표를 외면하고는 시장을 결코 앞질러 갈 수가 없다.

소로스는 또 여기서 한 걸음 더 나아가 자신이 창안한 이른바 '반사이론'으로 자산시장의 새로운 측면을 소개하기도 했다. 지표에 주목하는 일부 기관투자자들이 지표의 작지만 의미 있는 움직임을 먼저 포착하고 들어오면서 자산 가격을 살짝 띄워놓으면 가격 상승이란 지표 변화에 화들짝 놀란 다른 일반투자자들이 뒤이어 뛰어들면서 자산 가격은 상승세를 굳히게 되고, 이에 따라 처음 기관투자자들을 움직이게 했던 지표도 더욱 강한 신호를 보내게 되면서 결국 해당 지표의 처음 움직임에서 기대되었던 시장이 실제로 현실화된다고 했다.

시장을 선도하는 기관투자가들을 처음부터 앞질러가기는 어렵겠지만, 지표의 변화를 통해 최소한 그들의 뒤를 바짝 쫓아가는 일이 전혀 불가능한 일만은 아닐 것임을 시사해주는 이야기다.

케인즈는 또 시장에서 사람들은 매우 이성적이고, 합리적인 방식으로

의사결정을 한다는 아담 스미스의 생각과는 달리 사람들이 야성적인 충동으로 즉흥적인 결정을 내리는 일이 많다고도 했다. 그래서 매우 어리석어 보이기도 하지만 절대 다수의 뒤를 맹목적으로 쫓는 군집행동이 결국은 지혜로운 전략이었던 것으로 판정되는 일이 많다.

케인즈의 이런 지적은 시장이 보내는 신호가 설사 잘못된 신호라 할지라도 그 자체가 당장 중요한 것은 아니라는 말과 같다. 신호가 나왔다는 사실만으로 일은 이미 시작되기 때문이다. 등 뒤에서 말이 달려오는 소리가 요란하게 들리면 그게 얼룩말인지 경주마인지 뒤돌아 볼 필요가 없다. 일단은 피해야 한다.

경제지표는 구조적으로 많은 허실을 가지고 있다. 경제전문가들은 그런 사실을 다 알고 있다. 그래서 월가의 영리한 투자자들은 지표가 가진 일반적인 인식에만 주목할 뿐 시장에 잘 알려져 있지 않은 디테일은 무시해버린다.

또 월가의 펀드매니저들은 위험 관리를 위해 다른 투자자들과 동떨어진 투자를 절대로 하지 않는다. 불확실한 상황에서 혼자서 위험한 길을 가기보다는 다른 사람들과 합류해서 가는 쪽을 선택한다. 정해진 등산로를 두고 혼자서 샛길 등산로에 들어섰다 조난이라도 당하면 정해진 등산로와는 달리 휴대폰도 잘 터지지 않고, 또 운 좋게 119에 연결이 되어도 공식 등산로에서는 흔히 볼 수 있는 위치 표지목도 찾아 볼 수 없어 자신의 현재위치를 알리지 못해 매우 위험해질 수 있음을 그들은 알고 있기 때문이다.

이처럼 지표가 열어주는 길은 잘 알려진 등산로와 같아 최소한 무사귀환을 보장해주기 때문에 파산의 가능성을 크게 낮추어준다.

지표도 국제화 추세

2013년 7월 31일 미국 FOMC가 종료되면서 열린 기자회견에서 벤 버냉키 연방준비제도 의장은 "실업률 등 경기 상황에 따라 장기채권 매입을 통한 양적완화QE 규모를 확대 또는 축소할 수 있다"라고 밝히면서 양적완화 축소 일정에 대한 명확한 입장을 표명하지 않았다. 버냉키의 이와 같은 태도는 "최근 경제가 완만한 속도로 회복하고 있다"라고 언급하면서 양적확대의 축소 일정을 앞당길 것을 암시하며 자산시장에 일대 충격을 가했던 한 달 전 6월 정례회의 때와는 사뭇 다른 모습이었다.

당시 충격으로 미국은 주식, 채권, 금, 석유 등 모든 자산의 가격이 급락했다. 한국도 물론 예외가 아니었다. 버냉키가 불과 한 달 만에 이렇게 태도를 바꾸어 양적완화 축소일정을 앞당기지 않을 듯한 발언을 한 것은 FOMC 회의 종료 직전에 발표된 2분기 경제성장 지표들 때문이었다. 2분기 경제성장률이 1.7%로 월가의 예상치인 1%보다 높게 나타나면서 앞서 있었던 6월 회의에서의 버냉키의 경기 진단이 일부 옳았음을 입증해주었다. 그러나 당초의 1.8%에서 1.1%로 하향 수정된 1분기 성장률이 문제가 되었다.

기대에 미치지 못한 경제회복 추세는 일자리를 찾고 있는 실업자들에게는 좋은 소식이 결코 아니다. 그러나 양적확대의 축소로 인해 일어날 금리 인상이 초래할 가공할 만한 후폭풍을 걱정하는 자산시장 투자자들에게는 일단은 한숨을 돌릴 수 있는 희소식이다. 이만한 뉴스면 양적완화 축소에 떨고 있던 증권시장을 크게 들썩이게 할 만한 큰 재료임에 분명하다. 그러나 국내의 코스피는 오히려 약세를 보이며 시큰둥한 반응을 보인다. FOMC 회의 결과가 시장의 예상에서 크게 벗어나지 않았다고 판단했기 때문이다.

그러나 시장의 분위기는 곧 돌변하면서 상승세로 돌아서서는 전날보다 소폭 상승하며 1920.74로 장을 마감한다. 같은 해 6월 11일 이후 처음으로 1920 선을 회복하게 만들었는데, 증권시장이 그나마 이렇게 뒷심을 보인 데는 미국보다 중국의 영향이 컸다. 중국의 7월 제조업 구매관리자지수PMI가 50.3으로, 전달보다 0.2포인트 상승했을 뿐만 아니라 시장 예상치인 49.8도 웃돌았기 때문이었다.

이처럼 우리나라의 자산시장은 해외지표에도 이렇게 민감하게 반응한다. 지난 2013년 6월 20일 기준 외국인 주식보유 비율이 버냉키 미국 연방준비제도 의장의 양적완화 축소 발언으로 외국자금이 급속히 국내시장에서 이탈하면서 연중 최저치로 하락하고서도 31.37%를 지킬 정도로 외국인 주식보유 비율이 높은 우리 증시가 해외, 특히 세계 경제를 쥐락펴락하는 미국과 중국의 경제지표에 이처럼 민감하게 반응하는 것은 이상한 일이 아니다.

특히 한국 주식을 보유하고 있는 외국인 투자자들이 직관에 의존하는 개인투자자들이기보다는 지표의 변화에 따라 포트폴리오의 구성을 자동적으로 조정하는 연기금 투자자들이란 사실을 생각하면 더욱 그렇다. 이렇게 한국 주식을 보유한 외국인 투자자들은 지표가 가리키는 신호에 따라 일제히 때로는 안전자산을 향해, 또 때로는 위험자산을 향해 돌격한다.

2012년 9월, 미국 고용지표 발표의 재구성

토네이도와 같은 위력으로 자산시장을 일순간에 초토화시키기도 하는 경제지표는 어떤 경로로 시장에 알려지게 되는가? 보몰은 『세계 경제지표의 비밀』에서 주요 지표 가운데 하나인 고용지표가 공식적으로 발표되는 과정을 아주 상세하게 설명했는데, 이를 토대로 2012년 9월 7일 노동부에서 고용지표가 발표되고, 뒤이어 이 지표가 자산시장을 흔들어 놓는 과정을 재구성해보기로 한다.

2012년 9월 7일 금요일, 미국의 수도인 워싱턴 D.C. 중심가 한 모퉁이에 있는 한 관공서 건물 주변은 출근시간이기에는 다소 이른 아침 7시 무렵부터 부산해지기 시작했다. 말쑥한 차림의 사람들이 줄지어 건물 옆쪽에 높은 곳에 있는 출입구를 향해 긴 계단을 따라 걸어 올라가고 있었다. 출입문 입구에서 무장한 경비원들로부터 보안검사를 받은 이들은 지급받은 이름표를 달고 곧바로 넓은 로비를 가로지른 후 다시 좁은 복도를 따라 걷다 굳게 닫혀 있는 문 앞에서 멈춰 선다.

기다리고 있던 정부관리가 문을 열자 11평 남짓 넓이의 방이 모습을 드러내는데 창문은 물론 흔한 장식조차 하나 없다. 벽을 따라 24개의 작은 책상과 가벼운 의자들만 놓여있을 뿐이다. 보안검사를 일찍 끝낸 12명이 먼저 이 방에 들어섰을 때 벽 한쪽에 걸려 있는 디지털 시계에 나타난 시간은 7시 30분 15초였다. 나머지 12명도 15분 내에 다 입장하게 된다.

이윽고 7시 55분이 되자 정부관리 한 사람이 들어와서 표준시를 관리하는 미 해군성 천문대에 전화를 걸어 벽에 걸려 있는 시계의 시간과 일치

216

하는지 확인하고는 사람들에게 휴대전화나 다른 통신기기의 전원을 차단하라고 지시한 후 일일이 확인하기 시작한다. 그러는 동안 또 한 사람의 정부관리가 들어와 문서 한 개씩을 책상 위에 뒤집은 채로 올려놓는다. 그리고 정각 8시가 되자 출입문은 굳게 닫히면서 방문객들은 외부와 완전히 단절된다. 별다른 지시가 있을 때까지 아무도 방을 떠나지 못할 뿐만 아니라 전화나 문자전송도 금지된다.

철통같은 보안 속에서 무엇인가가 발표되려 하고 있다. 책상 위에 배포되어 있는 문서는 도대체 무슨 문건인가? CIA의 일급 정세보고서인가? 아니면 하원에서 입수한 테러 위협에 대한 새로운 브리핑 자료인가? 그러나 예상과는 달리 국가안보와는 거리가 아주 먼 경제지표들일 뿐이었다. 그리고 지금 방 안에 감금되어 있는 방문객들은 세계 주요 언론사에서 파견되어온 경제기자나 리포터들이다. 그리고 문제의 이 방은 미국 노동부의 프레스룸이다.

8시가 되면 이제 방문객들은 자기 책상에 배포되어 있는 문서를 열람할 수 있게 된다. 그러나 허용된 시간이 아주 많은 것은 아니다. 단 30분 동안 다 읽고 본사에 송고할 기사를 써두어야 한다. 8시 28분이 되자 노동부 직원으로부터 8시 30분 생방송을 준비할 수 있도록 퇴실을 허용한다는 이야기를 듣게 된다. 물론 이때도 보안 유지를 위해 에스코트가 붙는다. 나머지 사람들에게는 '남은 시간 2분'이라는 신호가 간다. 그러나 이때쯤이면 이들은 벌써 기사의 타이틀과 주요 통계치를 포함한 본문은 물론 경제에 미칠 영향에 대한 것까지 다 기술한 후이다.

8시 29분이 되면 다시 '남은 시간 1분, 이제 전화선을 연결하세요. 그러나 아직 송고는 안 됩니다'라는 멘트를 듣게 된다. 8시 29분 30초에 다시 '남은 시간 30초'라는 멘트가 나온다. 그리고 마지막으로 벽에 설린 니

지털 시계가 8시 29분 50초를 가리키면 카운트다운이 시작된다. '십, 구, 팔, 칠, 육, 오, 사, 삼, 이, 일.' 그리고 마침내 '전송' 사인이 나오는 동시에 문제의 경제지표는 빛의 속도로 세계를 여행하기 시작한다.

경제지표 발표 하나에 미 노동부는 왜 이런 수선을 피우는가? 한마디로 말하면 이날 발표되는 경제지표는 예사지표가 아니기 때문이다. 이 지표는 바로 매월 첫 번째 금요일, 8시에 발표되는 것으로 미리 고지되어 있는, 미국의 자산시장은 물론 전 세계의 자산시장을 뒤흔들어 놓을 수도 있는 미국의 고용지표다. 이 지표 하나 때문에 매번 새 달에 들어서서도 첫 목요일까지는 다우지수는 물론 국채금리, 달러화, 또 국제유가마저도 북쪽(상승)으로 가야 할지, 남쪽(하락)으로 가야 할지 섣불리 방향을 정하지 못하고 표류하는 일이 많을 정도로 전 세계 투자자들의 주목을 받는다. 따라서 이런 정보를 먼저 입수할 수 있다면 다른 사람들보다 한발 빨리 움직여 엄청난 이익을 얻을 수 있을 것은 자명한 일이다.

퍼거슨은 『금융의 지배』에서 나폴레옹과의 일전을 앞두고 영국 국채에 거액을 배팅한 로스차일드가는 현장에 발 빠른 전령을 파견해두었던 덕분에 워털루 전투의 결과를 영국정부보다 48시간이나 빨리 알게 되었다고 말한다. 결국 로스차일드가는 자신의 힘으로 얻은 이 정보로 자신의 재산이 엄청나게 늘어나게 된다는 사실을 누구보다 먼저 알게 된 셈이다.

그러나 그런 로스차일드가와는 달리 20세기 후반 미국에서는 관계기관으로부터 정보를 미리 캐내어 부당한 이익을 얻는 일이 더러 있었다. 또 때로는 정치적 이유로 발표시기가 앞당겨지거나 미루어지는 일도 왕왕 있었다. 그러나 1970년대 말에 프락시미어 미 상원의원이 이에 제동을 걸었다. 정부의 모든 경제지표의 발표 일정을 미리 정해두고, 철통같은 보안 속에서 발표하도록 하게 만든 것이다. 이에 주요 민간기구들의 주요 경제지표 발표도 자연히 이 방식을 따르게 되었다.

고용지표 발표의 후폭풍

2012년 9월 7일 아침 8시에 노동부 프레스룸에서 고용지표 보고서를 처음 열어본 기자들은 깜짝 놀란다. 지표가 발표되기 수 일전에 주요 언론이나 통신사들이 전문가 서베이를 통해 알아낸, 이른바 '시장 기대치'와 사뭇 다른 수치가 담겨져 있었기 때문이다. 비농업분야 고용 증가의 시장기대치는 12만 5천 명이었는데, 이날 발표된 노동부의 통계치는 이에 크게 미달되는 9만 6천 명에 그치고 있었다. 또 진행되고 있던 실업난을 반영하듯 노동참가율이 감소하는 일이 발생하면서 불황 속에서 실업률이 하락하는 기현상까지 발생했다.

사실 이 날 발표된 노동부의 고용지표는 일주일 정도 앞선 8월 31일 버냉키가 주요 금융인사들이 모인 자리에서의 연설에서 시장에서 기대하고 있던 양적확대에 대해 확실하게 언급하지는 않았지만 이미 두 차례에 걸쳐 있었던 특단의 양적확대에도 불구하고 만족스럽지 못한 시장 상황에서 탈출하기 위해 더욱 적극적인 대안, 즉 3차 양적확대를 강구중에 있다고 말했던 터였기 때문에 시장의 관심이 더욱 고조되어 있는 가운데 나온 것이었다.

이러한 실망스러운 고용지표는 아이러니하게도 오히려 3차 양적확대의 기대감을 더욱 키우면서 평소와는 달리 이날 뉴욕 증시를 상보합으로 끝내게 만든다. 경기부양을 위한 양적확대의 핑계를 찾고 있던 버냉키, 울고 싶어 하는 버냉키의 뺨을 때마침 고용지표가 때려준 격이 되었다. 그것도 아주 세게 말이다. 그래서 사실은 뉴욕 증시가 더욱 강한 상승세를 보일 수도 있었지만 바로 며칠 전 유럽중앙은행이 경제위기를 겪고 있는 남유럽 일부 국가들의 국채를 무제한 매입한다는 금융지원 약속으로 증시가 이미 한차례 큰 폭으로 상승했던 것이 부담이 되었다.

그러나 저조한 고용지표가 불러온 양적확대의 기대감으로 외환시장에서는 정석대로 달러 가치가 하락한다. 양적확대가 몰고 올 인플레이션에 대한 헤지의 필요성이 주목을 받으면서 상품시장에서는 금과 은과 같은 귀금속은 물론 석유 가격까지 상승한다. 또 대표 시장금리인 미국의 10년 만기 국채 수익률 역시 예상대로 하락하는 쪽으로 하루를 마감한다.

이렇게 다소 미지근하게 끝나는 듯하던 새 고용지표 발표 후 6일이 지나서 강한 후폭풍을 일으킨다. 2012년 9월 13일 오후, 미 연준의 최고 의사결정기구인 FOMC는 1박 2일의 정례회의를 끝내면서 시장의 기대대로 3차 양적확대를 실시하기로 했다고 발표한 것이다.

뉴욕 증시는 즉시 화답하면서 다우지수를 하루 동안 1.55%나 끌어올린다. 또 예상대로 양적확대에 따른 인플레이션 우려로 시장금리를 반영하는 10년 만기 미 국채의 수익률은 1.21% 하락하고 달러화 가치도 0.17% 하락한다. 달러 가치의 하락은 1.67%의 원유가 상승, 또 2.9%의 금 가격 상승으로 이어졌다. 그리고 정확하게 13시간 후 서울에서는 한국에 대한 S&P의 국가신용등급이 'A'에서 'A+'로 상향조정된다는 희소식이 겹치면서 거세진 외국인의 순매수세에 힘입어 코스피지수가 2.92% 상승하며 5개월 만에 2천 선을 돌파하는 모습을 보였다.

오바마, 꼼수는 없다

고용지표의 위력은 앞으로 몇 차례 더 자세하게 이야기하게 되겠지만 주식, 채권, 환율의 향방에만 영향을 미치는 것이 아니다. 때로는 대통령을 실업자로 만들어버리기도 한다. '사막의 방패작전'을 성공적으로 이끌면서 기세가 등등하던 아버지 부시가 도전자인 클린턴에게 추격을 허용하게 된 것도 실업률이 상승하는 것을 막지 못했기 때문이었다. 그래서 초박빙의 경쟁을 벌이며 재선에 나선 민주당 오바마와 공화당 롬니의 진검승부를 나흘 앞둔 2012년 11월 2일의 고용지표 발표도 뜨거운 정치적 쟁점이 된다.

이날 발표될 10월 실업률에 대한 전문가들의 전망은 현직 대통령인 오바마에게 불리하게 전월의 7.8%를 상회할 것이란 것이었다. 제2차 세계대전 이후 미 대선에서 실업률이 7%를 웃도는 가운데 재선에 성공한 정치인은 로널드 레이건 한 사람뿐이었다. 그래서 때마침 천재지변에 가까운 재해를 남기며 미국 동부해안을 따라 올라오고 있는 허리케인 '샌디'를 핑계 삼아 예정된 발표일을 고의로 넘기게 될지도 모른다는 소문이 워싱턴 정가의 보수진영을 중심으로 퍼져가고 있었다.

사실 고용통계 소관 부처인 노동부를 포함해 워싱턴 연방정부는 샌디의 상륙에 대비하느라 29일부터 사실상 업무를 중단하고 있었다. 그래서 실제로 발표 준비가 부족할 수도, 또 더 나아가 아예 다음 달 2일까지 정상업무를 재개하지 못할 수도 있었기 때문에 이 소문은 상당한 근거를 가지고 있었다. 이 같은 조작설, 혹은 음모설이 수그러들지 않자 급기야 노동부는 성명을 내고 발표일이 연기되는 일은 결코 없을 것이라 공식적으로 못 박아 버린다.

그렇게 해서 11월 2일 발표된 10월의 실업률은 시장의 예상대로 전월 치를 웃도는 7.9%였다. 그러나 오바마는 낙승한다. 실업률 하나로만 보면 경제대공황의 유탄을 맞고 임기 내내 두 자리 수의 실업률을 기록하고서도 재선에 당선한 루즈벨트_{Franklin Roosevelt; FDR} 다음 가는 불량한 경제성적표를 들고 재선에 성공한 것이다.

그러나 그런 오바마도 그로부터 일 년이 채 안 돼 마침내 예정된 고용지표 발표를 거르는 사고를 친다. 예산 부족이 불러온 '셧다운'으로 연방정부의 일부 기능이 폐쇄되면서 노동부가 2013년 10월 4일 내놓을 예정이었던 2013년 9월 고용지표 발표를 무기한 연기할 수밖에 없었기 때문이다.

고용지표의 위력은 주식, 채권, 환율의 향방에만
영향을 미치는 것이 아니다.
때로는 대통령을 실업자로 만들어버리기도 한다.

경제의 흐름을 가장 손쉽게 읽을 수 있게 해주는 것은 어디까지나 경제지표다. 세월이 지나 쌓인 데이터의 양이 많아지면 더욱 값지게 쓰인다. 이 지표들을 어떻게 요긴하게 사용할 것인가? 실제적 파급효과의 경중에 따라 나누어진 등급에 주목하고, 비즈니스 사이클의 흐름에 따라 각기 다르게 부각되는 지표들을 우선적으로 살피면 시간을 크게 절약할 수 있다. 그러나 언제나 가장 중요한 지표는 금리의 향방을 정해주는 인플레이션 지표다.

6장

경제지표
감상법

지표의 바다

사전으로도 한 권 묶을 수 있을 정도로 많은 경제지표들 가운데서도 가장 주목해야 할 이른바 '국민경제지표'는 당연히 국내총생산(GDP)이다.

GDP는 국민지표다

'경제지표'라는 말을 들으면 사람들은 저마다 각기 다른 지표를 떠올리기 쉬울 것이다. 어떤 이들은 경제성장률을, 또 어떤 이들은 물가를, 그리고 또 어떤 이들은 금리를 떠올릴 수 있으며, 실업률을 제일 먼저 언급하는 사람도 분명히 있을 것이다. 다 중요한 지표들이다.

하지만 이게 다가 아니다. 더 많은 지표들이 있다. 헤아릴 수 없을 정도는 아니지만 상당히 많은 것은 사실이다. 지금이라도 당장 구글 검색창으로 들어가 '100대 통계지표'란 문구로 검색해 볼 것을 추천한다.

한국은행 경제통계시스템에서 제공하는 '한눈에 보는 우리나라 100대 통계지표'가 창에 떠오르는 걸 볼 수 있을 것이다. 또 경제지표에 대한 시장신뢰도가 상대적으로 높은 미국의 경우를 보려면 'economic indicators calendar'란 검색어를 사용하면 된다. 미국뿐만 아니라 세계 각국의 경제지표 발표 일정을 손쉽게 확인할 수 있도록 되어 있다.

이 모든 지표들은 한 국가의 경제 전체가 어디를 향해 움직이고 있는지를 보여주는 거시경제지표들이다. 이런 것들이 내게 다 무슨 소용이냐고 생각할 수도 있다. 그러나 이 지표들은 당신이 가지고 있는 주식, 채권, 부동산 가격은 물론 장바구니 물가를 결정하고, 또 심지어 당신의 일자리까지 위협하기도 한다.

우리나라에서는 수많은 체육인이나 연예인들 가운데서도 특별히 영향력이 있는 몇 사람에게 국민배우, 국민가수, 국민타자 등과 같이 '국민'이란 말을 앞에 붙여 경의를 표시해준다. 그렇다면 경제지표는 어떨까. 사전으로도 한 권 묶을 수 있을 정도로 많은 경제지표들 가운데 '국민'이라는 단어를 붙여줄 수 있는 단 하나의 지표를 고른다면 어떤 경제지표가 선정될까. 당연히 GDP(국내총생산)다. 이견이 있을 수 없다. 그만큼 중요한 지표라는 뜻이다. GDP 성장률이 곧 경제성장률인데, 이 수치 하나에 많은 경제 정보가 압축되어 있기 때문이다.

GDP는 지난 한 분기 또는 지난 한 해 동안 우리 경제가 얼마나 좋았는지 혹은 나빴는지를 한눈에 볼 수 있게 하는 지표다. 매 분기를 넘기면서 곧바로 기업들이 분기별 기업 실적을 발표하듯이 국가도 마찬가지다. 기업은 이익을 얼마나 실현했는가, 또 시장 예측치와 비교해서 더 크냐, 작으냐에 따라 '어닝 서프라이즈' 혹은 '어닝 쇼크'를 부르며 후폭풍을 일으킨다.

마찬가지로 국가들도 정해진 일정에 따라 분기별 성과를 발표하는데 여기서는 이익 대신 경제성장이 중요하다. 경제가 지난 해 같은 기간에 비해, 또 지난 분기에 비해 얼마나 성장했느냐에 이목이 집중된다. 기업 실적과 마찬가지로 경제성장률이 나오기도 전에 일찌감치 금융시장에서는 시장예측치가 형성되면서 채권수익률이나 주가에 미리 반영된다. 그리고 한참 후에 실적치가 발표될 때는 실적치가 시장 예측치와 얼마나 다르냐에 따라 또 한 번 소동이 벌어진다.

GDP는 한 나라의 가계, 기업, 정부 등의 모든 경제주체가 일정 기간에 새로 생산한 재화와 서비스의 가치를 시장 가치로 환산해 합산한 통계치다. 이렇게 표면적으로 해석하면 생산활동, 즉 공급 측면에만 국한된 것처럼 비춰지기 싶다. 그러나 속을 보면 이보다 훨씬 더 포괄적이다. 한 해 동안 국내에서 새로 창출된 재화와 용역이 누구의 손에 의해 소비되었는가도 소상하게 보여준다.

예를 들면 현대자동차에서 생산된 각종 자동차는 국내 소비자들이 출퇴근이나 레저용으로, 기업들이 업무용으로, 정부가 공용으로, 또 해외 소비자들이 나름대로의 용도로 구입하게 되는데 GDP는 다른 기업들 제품까지 모두 통합해서 국민경제 전체적으로 구매에 참여한 가계, 기업, 정부, 그리고 해외고객들의 상대적 비중과 같은 수요측면까지 나누어 보여준다. 그래서 일정기간 동안 한 나라의 경제상황을 종합적으로 파악할 수 있게 해주는 중요한 자료가 된다. 즉 국민경제를 한 번에 조망하게 해주는 자료다. 어떤 다른 경제지표도 이보다 더 포괄적일 수는 없다.

그런 만큼 자산시장, 특히 주식시장 투자자들은 절대로 GDP 관찰을 게을리해서는 안 된다. 주식 가격의 기본이 되는 기업 실적이 사실 여기서 벗어날 수가 없기 때문이다. 기업 실적의 집합체가 곧 경제성상률 아닌가. 그래서 기업 실적이 전체적으로 좋아지고 있을 때는 경제성장이 빠르게 나타날 수밖에 없다. 기업 실적이 나쁠 때는 물론 그 반대의 결과가 나타난다.

기업 실적은 업종에 따라 다소 이르거나 늦은 차이는 있지만 전체적인 경제활동과 같은 모양의 궤적을 그리며 움직이는 것이라 할 수 있다. 바꾸어 말하면 주가의 펀더멘털은 기업 실적이고, 또 기업 실적의 펀더멘털은 GDP 변화로 나타나는 경제성장률이라는 것이다.

GDP는 주가에만 영향을 미치는 것이 아니다. 우리가 GDP에 주목해야 하는 이유는 바로 여기에 있다. 임금, 금리, 환율 등과 같은 경제지표들은 기업의 고용이나 설비투자, 수출 등에 직접적인 영향을 주기 때문에 기업들이 올바른 의사결정을 하기 위해서 절대로 눈을 떼서는 안 되는 중요한 경제지표들이다.

그러나 이런 경제지표들은 국민경제 전체의 움직임을 통해서만 파악할 수 있기 때문에 기업별, 혹은 업종별 경제활동을 통해서 내부적으로 파악하는 것은 불가능하다. 그래서 우리는 전체적인 국민경제활동을 압축해서 보여주는 GDP에 주목하는 것이다. 이는 마치 날씨를 보는 것과 같다. 내일 서울 날씨를 짐작하기 위해서는 서울 하늘만 봐서는 안 된다. 한반도 전체 기상도를 통해 기압골이 형성된 모양이나 또 이에 따른 구름의 움직임을 봐야 비로소 정확한 일기를 예측할 수 있다. 이처럼 GDP는 한반도 전체 기상도와 같다.

GDP가 중요한 또 다른 이유는 한 국가의 기초체력을 일컫는 이른바 '펀더멘털'을 평가할 때 기준이 되는 잣대로 GDP를 이용한다는 사실에 있다. 해외투자자들이 투자에 앞서 늘 눈여겨보는 국가채무나 무역적자, 또는 외환보유고 같은 것들이 항상 GDP 규모에 대비된 상대적 크기로 평가되고 있다. 이 뿐만이 아니다. 국방비나 교육비, 의료비 지출은 물론 연구개발비R&D 투자도 GDP와 대비된 채로 국가 간 비교 대상이 된다. 심지어 국외여행 경비까지도 GDP 수준과 대비하면서 경종을 울리기도 한다.

그러나 너무나 한가한 GDP

GDP는 국민경제의 총체적 활동을 집약해서 보여주는 경제 지표이기 때문에 GDP만큼 국민경제의 순환, 즉 비즈니스 사이클의 모양을 정확하게 보여줄 수 있는 경제지표는 사실상 없다. 그러나 문제는 GDP가 분기별 자료라는 데 있다. GDP는 어느 나라나 분기별로 작성되는데 해당분기 종료 후 60일 이내에 잠정치가 공표된다.

또 연간 GDP는 잠정치의 경우에 해당년도 종료 후 3개월 내에, 확정치의 경우에는 다음 다음 해 3월에 공표된다. GDP 통계는 워낙 중요하기도 하고, 포괄적인 조사이기 때문에 신속성과 정확성을 동시에 충족시켜야 한다. 그래서 신속한 집계를 거쳐 먼저 잠정치를 발표한 후에 계속 수정 작업을 한다. 분기별 GDP는 다음 분기 추계시 1차 수정되고, 연간 잠정치와 연간 확정치 추계시 다시 수정되는 절차를 거친다.

일 년에 고작 4번 발표되는 자료만을 가지고 잠시도 쉬지 않고 움직이는 경제의 흐름을 쫓아간다면 이렇게 무모한 일이 어디에 또 있겠는가? GDP로 반영되는 국민경제의 거대한 실체를 한꺼번에 쫓는 대신 국민경제의 한 부분씩 형편에 맞추어 나누어 관찰하는 것이다. 한 사람은 다리를, 한 사람은 팔을, 또 한 사람은 머리를 관찰하게 해서 사람의 행보를 예측하는 것이다. 이런 시도가 전혀 무모한 것은 아니다.

예를 들어 다리의 움직임을 통해 인체 전체의 움직임을 예측한다면 이 사람이 지금 뚜벅이 걸음을 하고 있는가, 총총걸음을 하고 있는가, 아니면 아예 뜀박질을 하고 있는가를 통해 이 사람의 기분이나 건강상태까지 엿볼 수도 있는 것이다. 혹은 다리를 관찰하는 팀을 더 미세하게 나누어 한 사람은 신발 모양을, 한 사람은 신발 끝을, 또 한 사람은 신발 뒤축 등을 관찰하게 하면 신발만 봐도 이 사람이 무슨 일을 하는 사람인지, 또 그 일에서 성공한 사람인지를 어렵지 않게 알아낼 수도 있다.

이런 일을 위해 정부의 많은 행정부서들이 자신들의 업무와 관련된 많은 통계들을 주기적으로 쏟아낸다. '도소매판매액지수' '건축허가면적' '수출액' 등과 같이 대개는 월간 통계치들이지만 드물게 미국의 '신규실업급여 신청자수' 같은 주간 통계치도 있다. 또 주가지수나 회사채 수익률, 금값이나 국제유가는 물론 환율과 같은 자산 가격들은 주로 종가의 형태로 일간 통계로 언론에 보도되지만 사실은 잠시도 쉬지 않고 변하는 경제지표다.

이런 지표들이 경제논리로 비추어 각기 GDP와 어떤 관련을 가지고 있는지, 그래서 이런 지표들이 움직일 때 GDP는 어느 쪽으로 기울어지기 쉬운지를 분별하는 일이 바로 시장을 꿰뚫어보는 작업인 것이다.

그러나 언제나 잊지 말아야 할 것은 GDP의 움직임 그 자체가 바로 비즈니스 사이클이란 점이다. 다른 모든 예측 활동들은 GDP의 움직임을 미리 포착해보자는 시도에 불과하다.

가까이 하기에는 너무 많은 지표

모든 지표들에 주목할 필요는 없다. 미국의 경우 시장 영향력에 따라
지표들마다 평점이 매겨져 있어 평점이 높은 것들만 봐도 된다.

주 2회

　　한국은행 경제통계시스템에 있는 우리나라의 '100대 통계
지표'는 우리 경제의 역동적인 움직임을 살펴볼 수 있는 경제지표들을
100개로 압축시켜 놓은 것이다. 100개의 지표는 많은 숫자인가, 적은 숫
자인가? 보는 시각에 따라 얼마든지 다른 답변이 나올 수 있는 질문이다.
2016년 기준으로 토, 일요일 포함한 122일의 공휴일을 제외하면 연중
근무일수가 243일이니 100개라면 2.4일에 한 개, 더 쉽게는 법정 공휴일
을 무시하면 일주일 가운데 근무일이 5일인 만큼 평균적으로 매수 새로

운 지표가 2개씩 집계되어 발표되는 셈이다.

미국도 크게 다르지 않다. 미국의 경제전문 정보통신사인 배런즈나 블룸버그에서 소개하는 지표발표 일정을 보면 일상적으로 들여다보고 있어야 하는 주가지수나 채권 가격, 또 금이나 원유 시세와 같은 주요 자산 가격을 제외한 경제지표의 수만 해도 80여 개를 훌쩍 뛰어넘는다. 100개와 80여 개, 어느 쪽이나 경제전문가가 아닌 일반투자자들이 쉽게 함께 하기에는 확실히 부담이 가는 숫자가 아닐 수 없다.

이 지표들을 다 주목해야 하는 것은 물론 아니다. 미국의 경우 시장 영향력에 따라 지표들마다 평점이 매겨져 있어 필요한 경우 평점이 높은 것들만 봐도 된다. 이 평점은 과거 수 년 동안 자산시장이 해당 지표의 변화에 어떤 반향을 보였는지에 따라 결정된 것이기 때문에 신뢰할 만 하다.

그러나 주식도 시장 분위기에 따라 때로는 이른바 '테마주'라는 것이 생겨나 갑자기 떠오르는 것처럼 지표도 마찬가지다. 진행되는 경제 환경에 따라 특별히 주목받는 지표가 생겨나는 경우가 흔히 있다. 이 지표들이 평점이 높게 매겨져 늘 투자자들의 주목을 받는 경우에는 예외겠지만, 때로는 평점이 낮아 평소에 전혀 관심을 받지 못하던 지표가 의외로 언론의 집중적인 조명을 받게 되는 경우도 종종 생긴다.

예를 들면 야구에서 3, 4, 5번의 중심타선이 침묵하는 가운데 7, 8, 9번에 포진된 하위 타선의 선수들이 뜻밖에 불방망이를 휘두르며 미친 존재감을 내보이는 일이 아주 드물지 않은 것과 같다. 이런 일이 일어난 다음날 언론의 반응은 한결같이 '도대체 이 선수는 누구인가?'로 나타난다.

2013년 9월 10일 미국 캘리포니아주 LA 다저스 스타디움에서 열린 애리조나 다이아몬드백스와의 경기에서 6번 타자 3루수로 선발 출전해

프로통산 처음으로 3연타석 홈런을 쳐내며 팀의 연패를 끊은 LA 다저스 소속의 유리베가 바로 그런 사람이었다. 류현진의 절친으로도 잘 알려진 유리베는 그날 팬들의 잇단 연호에 더그아웃 밖으로 나와 오른손으로 모자를 벗은 후 손을 높게 들어 팬들에게 인사하는 커튼콜을 연출하기도 했다. 2001년 콜로라도 로키스에서 메이저리그에 데뷔한 유리베는 2011년부터 다저스에서 뛰었지만 2013년 시즌 초반만 해도 주전이 아니었다. 유리베는 그 후에도 또 한 번 사고를 친다.

LA 다저스는 2013년 10월 7일 애틀란타 브레이브스와 내셔널리그 챔피언십 시리즈 진출을 다투는 디비전시리즈 4차전 경기에서 7회말까지 3대 2로 끌려가고 있었다. 그러나 8회 들어 다저스는 경기를 뒤집을 기회를 잡는다. 무사 2루의 기회에서 타석에 들어선 유리베에게 감독은 번트를 지시한다. 하지만 유리베는 두 번이나 번트를 실패하면서 투 스트라이크에 몰리며 팬들의 탄식을 불러오게 만든다. 그러나 유리베는 이 타석에서 투런 홈런을 날리며 경기를 뒤집는다. 이와 같이 중요하다고 널리 알려져 있는 일부 특정 지표에 대해서만 무조건적인 애정을 표시하는 것은 위험하다.

알려진 평점에 따라, 떠오르는 테마에 따라, 또 나름 다른 어떤 방식에 따라 주목할 지표의 수를 아무리 줄이더라도 이 지표들의 변화를 보고 민첩하게 투자 결정을 내리기 위해서는 최소한 그 지표들에 대한 정확한 이해가 우선적으로 필요함은 말할 나위가 없다.

지표에 대한 자산시장의 반응은 매우 민첩하게 일어난다. 인플레이션과 밀접한 관련이 있어 연준 의장까지도 가까이서 지켜보는 일부 고용지표는 공식적인 발표에 앞서 이미 시장 예측치가 등장하면서 자산시장에 영향을 미친다. 또 지표가 발표되어도 표면적인 수치와는 달리 그 시표가 예고하는 정책적 함의에 따라 자산시장은 다시 한 번 영향을 받는다.

자산시장에서의 이런 반응은 돌아서서 여유를 가지고 생각해볼 겨를도 없이 즉각적으로 일어난다. 경제에 생소한 일반 투자자들에게 이 작업은 결코 가벼울 수가 없다. 그렇다고 이를 위해 경제를 따로 공부하는 것 역시 쉬운 일이 아니다.

사실 미국에서는 경제에 문외한인 일반인들을 위한 경제지표 해설서가 상당히 다양하게 나와 있다. 온라인 서점인 아마존에서 'economic indicators'란 표제어로 검색해보면 그런 사실을 금세 확인할 수 있다. 이 책들은 대개는 백과사전식으로 편집되어 있어 특정 지표에 대한 이해의 폭을 넓히는 데 큰 도움이 된다.

그러나 전체적인 구도 속에서 이 지표의 역할이 무엇인지, 각기 다른 경제여건에서 이 지표가 어떤 의미를 가지는지, 그래서 장차 이 지표가 자산시장에 절대적인 영향력을 행사하게 되는 중앙은행의 통화금융정책을 어떻게 바꾸게 될 것인지를 정확하게 이해시키기에는 역부족이다.

경제지표 줄 세우기

필자는 경제에 대한 일반인들의 거부 반응을 뛰어넘어 자산투자에 금세 써먹을 수 있도록 경제지표를 일반인들에게 쉽게 소개할 수 있는 방법을 찾으려 오래 전부터 애써왔다. 필자가 가르친 경제학과 학생들 가운데서도 경제용어나 교과서에서 금리나 임금 따위를 표시하는 r이나 w 따위의 영어기호에는 물론 경제원리를 쉽게 보여줄 수 있도록 개발된 간단한 그래프에도 거의 신경질적인 반응을 보이는 학생들이 적지 않았다.

하물며 경제학이란 말조차 생소할 일반인들에게 더욱 그럴 것은 당연한 일이다. 그런데 새누리당의 박근혜 후보와 민주당의 문재인 후보가 격돌한 2012년 대선을 지켜보면서 한 가지 힌트를 얻게 되었다.

정치면을 장식하는 정치인들에 대한 계파 분류 방식이 이 작업에 매우 유용하게 응용될 수 있겠다는 생각을 하게 된 것이다. 정치학은 여느 다른 국민들처럼 필자도 잘 모르는 분야다. 그러나 선거철이 다가오면 필자도 정치면이 제일 재미있다. 정치학을 몰라도 정치는 재미있고, 또 선거철에는 유권자 모두가 정치학 박사가 된다.

정치기사 중에서도 제일 재미있는 것은 당연히 대선에 나선 후보들의 동정과 어록들이다. 이를 통해 후보들의 의중을 들여다 볼 수 있기 때문이다. 이와 함께 후보 주변 인사들의 멘트 역시 언론의 추적 대상이 된다. 후보들이 다 하지 못하거나, 직접 언급하기 어려운 민감한 이야기들을 이들의 입을 통해 들을 수 있기 때문이다. 그런데 선거철에 맞추어 급조되어 후보 주변에 배치되는 인사들의 말에 일일이 다 귀를 기울일 필요는 없다. 웬만한 사람이면 모두 무슨 본부장이니 하는 직함을 가지고 뛰어다니는 긴박한 상황인 만큼 직함들이 워낙 부풀려져 있기 때문이다.

심지어 후보 경선 과정에서 감정적으로 첨예하게 대립했던 당내의 반대편 인사에게도 가볍지 않은 보직을 선물해야 하는 만큼 그야말로 옥석을 가려내야 시간을 낭비하지 않는다. 그래서 선거를 몇 차례 지켜본 사람들은 후보 주변에 포진되어 있는 인물들을 세간의 기준에 따라 우선 줄을 세워놓고 정치적 무게의 경중을 따진다.

당시 여당측 인사들은 '친박계'와 '친이계'로 대분되었다. 또 거기에 맞선 야당측 인사들은 '친노계'와 '비친노계'로 나뉘어졌다. '친박계'와 '친노계'가 명실상부하게 각기 양 진영을 대표하는 이른바 주류 그룹이었다.

정치인들을 이런 방식으로 분류하는 것은 우리 정치에서 오래전부터 있어왔던 일이다. 결국은 청와대 입성에 성공했던 유명 야당 정치 지도자들의 주소지를 따라 붙여진 '상도동계'와 '동교동계', 그리고 나중에 그들의 영문 성명 이니셜에 따라 각기 다른 이름으로도 불리어지던 'YS계'와 'DJ계'가 야권을 양분하던 시절, 혹은 그 이전 시절까지 거슬러 올라갈 수 있겠다. '주류'와 '비주류', 또 '당권파'와 '비당권파'로 분류해 정치권 동향을 설명하는 일에 익숙해져 있는 것도 같은 맥락이다.

경제지표도 이와 마찬가지다. 각 지표들이 가지고 있는 성질을 잘 분석해보면 지표들에게도 나름대로 계파가 있다. 그래서 이들은 각기 다른 곳에서 각기 다른 모양으로 자신들의 보스가 가지고 있는 심중의 일부를 드러낸다. 물론 보스와 늘 지근거리를 유지하는 지표일수록 시장의 신뢰는 깊어진다.

경제지표 계파 찾아주기

국민 경제 활동에는 '소비' '투자' '정부지출' '순수출'이라는 4대 계파가 있고,
대부분의 경제지표는 이들 계파들 가운데 하나에 소속되어 있기 쉽다.

모든 지표는 GDP로 통한다

수많은 경제지표들이 사실상 하루가 멀다 하고 경제면의 머리기사를 장식하지만 알고 보면 모두 GDP에 대한 이야기다. 한때 모든 길이 다 로마로 통했듯이 거의 모든 지표들은 사실상 GDP로 통한다. 그 이유는 간단하다. 우리가 언론보도를 통해 만나는 경제지표들은 애초부터 GDP를 주도하는 세력을 우선 4개로 나누고, 이어서 이들 각 세력의 움직임을 엿볼 수 있는 전초대로서의 역할을 하게 해서 결국은 GDP 동향을 감시하려는 의도로 개발된 것이기 때문이다. 그래서 대부문의 시뮤

들은 한 다리만 건너면 곧바로 GDP로 향할 수밖에 없게 되어 있는 것이다.

이렇게 GDP로 향하는 이른바 4대 계파는 '소비' '투자' '정부지출', 그리고 '순수출' 등으로 이름이 붙여져 있는데 세력배분의 원리가 우선 이론적으로 매우 탄탄한데다가 이들을 각기 보좌하는 수하의 계파지표들 역시 자신이 소속된 계파의 이해관계를 워낙 잘 반영하는 것으로 오랜 기간 입증되어 왔기 때문에 무엇보다도 시장에서 전폭적인 지지를 받고 있다.

앞서 국민지표로서의 GDP를 소개하면서 'GDP는 지난 한 분기 동안, 혹은 지난 한 해 동안 우리 경제가 얼마나 좋았나, 혹은 나빴나를 한눈에 볼 수 있는 지표'라고 했다. 그렇게 말할 수 있는 것은 GDP가 한 나라 안에서 일정기간 동안 새로 생산된 재화와 서비스의 가치를 시장 가치로 환산해 합산한 통계치이기 때문이다.

그러나 이렇게 생산측면에서 바라보는 경제는 마치 한때 미국에서 'GM에 좋은 것은 미국에도 좋다'라는 말을 할 수 있게 하는 것과 같다. 우리나라 GDP 통계에도 자동차 산업과 전자통신기기 산업의 비중이 크게 나와 있어 이들 업종의 대표주자인 기아·현대차와 삼성전자가 우리 경제에 얼마나 큰 기여를 하고 있고, 또 이에 따라 '삼성전자와 기아·현대차에 좋은 것은 우리나라에도 좋다'라는 말을 기꺼이 할 수 있게 한다.

그러나 삼성전자와 기아·현대차가 앞으로도 변함없이 좋은 모습을 보일 수 있을지를 알고 싶을 때는 다른 측면을 봐야 한다. 우리 경제의 골잡이격인 삼성전자와 기아·현대차를 위협할 수 있는 경제환경의 변화를 살펴봐야 한다는 것이다.

이를테면 금융위기가 다시 와서 주력시장인 미국시장을 무너뜨려버리게 하거나 일본의 엔화 가치가 걷잡을 수 없이 계속 떨어지면서 양사의 수출전선을 혼전 상황으로 몰고 가는 해외환경의 변화는 물론 고비용으로 내닫게 할 수 있는 노사분규와 같은 국내환경의 변화 가능성도 미리 엿보아야 한다는 것이다.

이를 위해서는 지금 당장의 실적보다는 그 이면에 감추어져 있는 내용에 더 예리한 눈길을 보내야 한다. 기아·현대차와 삼성 휴대폰을 누가 사가지고 갔고, 또 앞으로도 계속 구매할 것인가에 주목해야만 한다. 그러기 위해서는 할 수만 있다면 일정 기간 동안 한 나라 안에서 생산된 모든 재화와 용역을 구입하는 전체 구매자들의 뒤를 추적해보아야 한다.

그런데 이런 일이 가능하기나 할까? 당연히 가능하다. 실제로 일어나고 있고, 또 작업결과들이 각종 경제지표로 포장되어 선택받기만을 기다리고 있다. 그렇다면 그런 일들이 어떤 방식으로 전개되고 있는지 알아보자.

경제학에서는 경제활동의 주역이 되는 시장참여자들을 가계, 기업, 정부와 해외 등의 4개 부문으로 나누어 분석한다. 그 이유는 이렇게 나누어 분석함으로써 지나온 경제활동은 물론 앞으로 전개될 경제활동에 대한 분석이 쉬워지기 때문이다. 가계와 기업을 묶어서 민간부문이라 하고, 정부부문을 공공부문이라 분류하기도 한다.

여기서 먼저 가계는 소비주체가 되는데 모든 소비자들이 다 포함되면서 전체적으로 비중이 가장 큰 부문이다. 대기업의 회장도 월급이나 배당금을 받아서 소비활동을 하는 만큼 가계에 소속된다. 정부를 대표하는 대통령도 물론 마찬가지다. 소비 주체는 물론 개별 소비자이지만 주요 소비지출항목인 자동차나 TV 같은 고가의 소비재는 가구 단위로 소비되기 때문에 가구단위에 해당하는 가계라는 용어를 사용한다.

또 기업은 투자주체이다. 투자는 기업이 생산을 목적으로 당해 연도에 생산된 기계나 설비 등을 구입하는 것을 말한다. 이런 면에서 A사가 새로운 업종으로 진출하기 위해 B사를 인수합병하는 것은 경제학에서 말하는 투자가 아니다. 또 시세차익을 기대하며 주식이나 부동산을 매입하는 투자도 경제학적 투자와는 거리가 멀다.

정부지출은 그야말로 정부가 지출하는 모든 것을 포함한다. 그러나 전체적인 비중으로 보면 가장 작다. 도로나 항만 건설에 투자하는 사회간접시설투자는 물론 관용차 구입이나 공무원 급여까지 포함한다.

마지막으로 해외부문은 수출이다. 먼저 수출은 국내에서 생산된 상품을 해외의 가계, 기업, 혹은 정부가 소비하는 것을 가리킨다. 국내에서 생산된 상품들은 이처럼 각기 다른 모양의 지출행위를 통해 팔려나간다. 예를 들면 기아·현대차에서 생산된 자동차를 일반 가계는 출퇴근이나 레저용으로, 기업은 업무용으로, 정부는 공용으로, 또 해외의 가계, 기업, 정부도 각기 같은 용도로 구매한다.

이렇게 특성에 따라 네 부문으로 나누어지는 시장참여자들은 다른 동기로 경제활동을 하기 때문에 시장여건이 달라질 때 각기 어떤 모양으로 반응하게 될 것인지에 대한 분석이 가능해진다. 예를 들면 소득수준이 상승하면 무엇보다 가계부문의 소비활동이 증가한다.

또 금리가 떨어지면 신규투자에 따른 금융비용이 낮아지기 때문에 기업의 투자활동이 왕성해진다. 금리가 올라가는 경우에는 당연히 기업투자가 감소한다. 가계의 소비지출이나 기업의 투자지출과는 달리 정부지출은 딱히 어떤 특정한 경제변수와 연계되어 움직이지 않는다. 일상적인 지출 외에 정부가 스스로의 경기진단에 따라 부양이 필요하다고 생각할 때는 늘리고, 또 반대로 경기를 진정시킬 필요가 있다고 생각할 때는 줄

국가	소비(%)	투자(%)	정부지출(%)	수출(%)	수입(%)	GDP(억 달러)
한국	48.8	29.7	15.2	42.2	35.4	1,411
미국	68.7	19.6	14.3	12.0	14.6	18,569
중국*	35.7	48.1	13.5	24.2	21.4	11,200

* 중국의 구성비는 2012년 자료

이는 구도로 움직인다.

마지막으로 해외부문을 구성하는 수출은 글로벌 경기나 금리, 또 환율에 의해 크기가 결정된다. 예를 들면 중국의 경제성장이 빨라지면 중국인들의 소득 수준이 올라가고, 이에 따라 한국산 수입품에 대한 소비도 증가하면서 우리나라의 대중국 수출이 늘어난다. 또 중국에서 금리가 떨어지면 이를 틈타 중국기업들이 투자를 늘리게 되는데, 이때 구매하는 기계설비 가운데 한국산 기자재는 우리나라의 대중국 수출에 포함된다. 또 우리나라의 달러대비 원화환율이 상승하면 미국에서 달러화로 표기되는 삼성폰이나 기아·현대차의 가격이 내려가면서 수출이 늘어난다. 반면 국내에서 원화로 표기되는 아이폰이나 미국산 쇠고기의 가격은 올라가면서 수입이 줄어든다.

이처럼 네 부문으로 나누어 본 시장참여자들의 대표적인 경제활동을 요약하면 다음과 같다. '국내총생산(GDP) = 소비(C) + 투자(I) + 정부지출(G) + 순수출(NX).' 여기서 순수출은 수출에서 수입을 뺀 것인데 국내 경제활동의 결과물이 아닌 수입품에 대한 구매가 소비, 투자, 정부지출에 각기 나뉘어 포함되어 있기 때문에 이를 차감하기 위한 것이다.

이렇게 국민경제활동에는 '소비' '투자' '정부지출' '순수출'이라는

4대 계파와 소속 지표들

계파	대표 지표 (한국)	대표 지표 (미국)	원인 지표
GDP	국내총생산(GDP) 광공업생산지수 제조업가동률지수 내수출하지수 서비스업활동지수	GDP NAPM Employment Industrial Production Capacity Utilization Leading Indicators	
소비(C)	도소매판매액지수 내수용소비재출하지수 소비재수입액	Car Sales Retail Sales PCEs Personal Income	가처분소득 소득세 소비세
투자(I) (건설투자 +설비투자)	건축허가면적 국내건설수주액 건설기성액 건설용중간재출하지수 시멘트출하량 국내기계수주액 설비투자추계지수 기계류내수출하지수 기계류수입액	Housing Starts Building Permits Durable Goods Orders New Home Sales Construction Spending Factory Orders Business Inventories	금리 법인세 투자세
정부지출(G)	재정적자	Budget Balance	
순수출(NX)	수출액 수입액	Exports Imports Trade Balance	환율

4대 계파가 있고, 또 대부분의 경제지표는 이들 계파들 가운데 하나에 소속되어 있기 쉽다. 위의 표는 주요 계파와 이에 소속되어 있는 우리나라와 미국의 대표지표들을 간략하게 소개하고 있다. 또 이어 국민경제활동 계파의 특색을 하나씩 차례로 살펴보고, 이에 소속되어 있는 주요 지표들을 소개하기로 한다.

물론 여기서 소개되는 계파별 대표지표들 외에도 더 많은 지표들이

244

있다. 이 지표들은 아직도 진화중이다. 계속해서 새로운 지표들이 생성되고 있기 때문이다. 그렇다고 모든 지표들을 다 기웃거릴 필요는 없다.

계파별 특성을 잘 파악하고, 계파의 움직임을 가장 잘 드러내는 대표 지표 몇 개에 늘 관심을 두고 추적하는 버릇을 들여두면 자산시장의 모든 것을 주도하는 비즈니스 사이클의 오르막과 내리막을 바쁘지 않게 따라잡을 수 있다.

변함없는 주류, 친소비계

GDP를 구성하고 있는 4대 계파 가운데 비중이 가장 높은 것은 어디까지나 '소비' 부문이다. 2016년 기준으로 한국의 경우 소비지출이 GDP에서 차지하는 비중은 전체의 절반에 가까운 48.8%였다. 미국은 이를 크게 상회하는 68.7%나 된다.

여기서 주목해야 할 것은 소비지출이 모두 국산품인 것은 아니라는 사실이다. 수입품도 포함된다. 수입품은 국내에서 생산된 것이 아니기 때문에, 다시 말하면 국내경제활동의 몫이 아니기 때문에 해외 부문에서 수입을 수출에서 빼준다. 이 수치만으로도 한국보다 13배나 큰 규모의 GDP를 가진 미국의 소비가 세계 경제를 견인해가는 모습을 어렵지 않게 눈앞에 그려볼 수 있다.

GDP로서는 미국의 절반을 넘어서며 제2의 경제대국으로 성장했지만 소비지출 수준은 상대적으로 크게 미흡한 중국이 아직 세계 경제를 주도적으로 견인해가기기에는 역부족인 사실도 동시에 알 수 있다. 그러나 중국의 소비지출 수준도 곧 다른 나라 수준으로 올라가게 될 것이 분명하다.

중국이 거대한 쇼핑몰처럼 변하면 지리적으로 또 문화적으로 가장 가까이 있는 한국이 최대 수혜국이 될 수 있도록 중국 경제의 숨소리를 하나도 놓치지 말아야 한다. 이처럼 소비는 우선 몸집에서 다른 계파를 압도하는 만큼 모든 계파를 아우르는 맏형 격이다. 또 그만큼 흔들림도 적다.

소비를 분석할 때 가장 먼저 주목해야 할 것은 소비자들이 어디에 소비를 하는가보다는 소비의 재원이 어떻게 변하고 있는가다. 앞서 잠깐 언급했듯이 소득이 먼저 변해야 소비가 따라서 반응하고, 또 이에 따라 경제가 성장하거나 후퇴하기 때문이다.

가계소비의 원천은 어디까지나 경제활동에 참여한 사람들의 개인소득이다. 개인소득이라고 해서 당사자가 모두 임의로 처분할 수 있는 것은 아니다. 누구든지 소득이 발생하면 먼저 세금부터 내야 하기 때문이다. 그래서 개인소득에서 세금 공제한 후의 소득을 가처분소득이라 하는데, 이 돈으로 모든 소비자들은 소비활동에 나선다.

가처분소득 가운데 소비로 다 지출되지 않고 남은 돈은 저축으로 간다. 은행으로 모이는 저축은 소비활동에 필요한 돈이 부족한 다른 소비자들이나 설비투자 확대를 위해 돈이 필요한 기업으로 흘러들어가면서 국민경제 전체적으로 소비지출과 투자지출을 확대하며 경제활동이 왕성하게 일어날 수 있도록 한다. 우리 경제의 성장에 필요한 자금을 우리 국민들이 스스로 공급하는 것이다.

그렇지 않은 경우 외국으로부터 자금을 빌려와야 하는데 이런 외채의 비중이 경제규모, 즉 우리 국내총생산에 비해 지나치게 높을 경우 경제위기의 빌미를 제공하기도 한다.

그렇다고 국내저축의 비중이 높을수록 좋은 것은 아니다. 사람들이 소비를 줄이는 동시에 저축을 늘리기 시작하면 기업매출이 감소하면서 기업의 투자 동기가 사라지게 된다. 소비지출이 감소하면서 투자지출도 감소하게 되면 결국 남는 일은 전체민간수요가 위축되면서 경제성장이 둔화되고, 이에 따라 일자리가 줄어드는 것밖에 없다.

소비지출 감소의 여파는 이로만 그치지 않는다. 일자리가 사라지게 되면 가계소득이 따라서 줄어들 수밖에 없으면서 소비지출이 다시 한 번 감소하고, 이에 따라 경제는 쇠퇴일로의 길로 접어들 수밖에 없다. 일찍이 케인즈가 '소비가 미덕'이라 하며 상식을 파괴하는 주장을 한 것은 바로 이 때문이다. 케인즈는 또 더 나아가 경기가 불황에 빠져들면 실업자가 늘어나면서 소비지출이 감소하게 되는데, 이럴 때 정부가 소득세를 낮추어 가처분소득을 지지해주어야 한다고 했다.

국내총생산의 대들보 역할을 하는 소비지출활동과 관련해서 소비의 원천이 되는 가처분소득 다음으로 주목해야 할 부분은 이 소득을 도대체 어디에 쓰는가 하는 것이다. 여러 가지 용도가 있겠지만 크게 나누어 보면 내구재와 비내구재, 그리고 서비스가 있다.

이 3가지 가운데 특히 주목해야 할 부분은 내구재 소비다. 내구재는 사용기간이 일 년이 넘는 상품을 말하는데 대표적인 것으로 자동차와 가구가 있다. 내구재는 가격대가 상대적으로 높기 때문에 내구재에 대한 소비는 비즈니스 사이클과 같은 방향으로 움직인다. 즉 경기가 좋을 때는 내구재 소비를 위한 지출이 늘어나고, 반대로 경기가 나쁠 때는 내구재 소비를 위한 지출이 줄어든다.

그래서 경기순환의 힌트를 얻기 위해서는 당연히 내구재 소비변화에 주목해야 한다. 내구재 소비변화를 경기 변화의 신호로 해석해야 한다는 것이다. 반면 지출비중이 가장 높은 서비스나 가격대가 낮은 생필품으로 구성되는 비내구재는 경기 변화에 그다지 민감하게 반응하지 않는다.

어느 나라나 부동산 가격의 상승과 같은 자산 인플레이션을 겉으로는 경계하지만 속으로는 사실 반기는 이유도 바로 여기에 있다. 부동산 가격의 상승은 부동산 거래를 활발하게 만드는 동시에 신축 주택의 수를 증가시킨다. 신축된 주택에 사들여야 할 각종 가전제품이 내구재인데다 집값 상승으로 상대적으로 부유함을 느끼게 되는 주택소유자들에게 자동차까지 교체하게 하면서 경기상승의 모멘텀을 제공하기 때문이다.

또 우리나라 증권가에 떠도는 말로 정부가 자동차 세제 인하라는 특단의 조치를 취할 때가 바로 경기회복의 신호라는 말이 있다. 세제감면 혜택을 통해 자동차와 같은 내구재 소비를 증가시킬 수 있다면 몸져 누워 있는 경제의 기력을 상당히 되살릴 수 있게 되는 만큼 절대 빈말은 아니다. 소비지출 목록의 마지막에 있는 서비스는 사실 지출이 가장 많은 항목이다.

쇄신파를 이끄는 친투자계

투자는 앞서 설명했던 것처럼 기업이 생산을 목적으로 기계나 장비, 건물과 같은 실물자산을 구입하는 것을 가리킨다. 따라서 우리가 일상적으로 자산증식을 목적으로 주식이나 채권, 혹은 부동산을 매입할 때 흔히 사용하는 투자라는 용어와는 다른 내용을 담고 있는 점에 유의해야 한다.

기업투자가 많아지면 노동력과 함께 국민경제가 보유하는 가장 중요한 2개의 생산요소 가운데 하나인 자본재의 규모가 커지면서 국민경제를 지탱하는 커다란 자산이 된다. 삽으로 땅을 파는 경제와 굴삭기로 땅을 파는 경제, 리어카로 물건을 나르는 경제와 지게차로 물건을 나르는 경제의 차이를 생각해보면 된다.

그러나 중요한 것은 현재 보유하고 있는 자본의 양보다는 신규투자를 통해 해마다 늘어나는 자본의 양이다. 이게 바로 경제를 움직이는 활력소이기 때문이다. 따라서 투자로 흘러들어가는 돈이면 그 돈이 국내자본이든 해외자본이든 중요하지 않다. 기업투자로 연결되면 일자리가 늘어나고, 이에 따라 소득이 증가하고, 늘어난 소득으로 다시 소비지출이 확대되면 경제가 성장하는 착한 사이클이 저절로 가동되기 때문이다.

현대차의 정몽구 회장을 향한 미국 주지사들의 러브콜이 쇄도하는 것은 결국 기아·현대차의 투자를 유치해서 주민들의 일자리를 확대하고, 마침내 자신의 주지사 자리를 공고하게 만들기 위함이다. 우리나라도 지방자치단체장 선거에서 재정만 낭비하는 국제행사 유치 실적보다는 국내외 기업 유치를 통한 일자리 창출 실적을 더 따지는 분위기가 반드시 조성되어야 한다.

GDP에서 투자가 차지하는 비중은 사실 그다지 크지 않다. 2012년 실적 기준으로 26.7%에 불과하다. 그러나 투자는 무엇보다 일자리를 창출하기 때문에 주목을 받는다. 늘어난 일자리가 새로운 소득을 창출하면서 결국 소비지출을 확대하는 새로운 활력소가 되기 때문이다. 출발점에서 일어났던 투자지출과 그로 인한 소비지출의 증가는 모두 GDP로 흘러간다. GDP가 늘어나는 것이다. 다른 말로 하면 경제가 성장했다는 것이다.

그런데 '투자 확대 ⇨ 일자리 증가 ⇨ 소득 상승 ⇨ 소비지출 확대 ⇨ GDP 증가'로 가는 선순환은 한번으로 끝나지 않는다. GDP 증가는 국민 모두의 소득 상승인 만큼 그로 인해 소비지출이 일부 다시 확대되기 때문이다. 그런데 이렇게 늘어난 소비지출 역시 결국 GDP 증가로 결산된다. 'GDP 증가 ⇨ 소비지출 확대 ⇨ GDP 증가…'의 새로운 선순환이 한동안 이어지면서 처음 투입한 투자의 몇 배나 되는 경제성장을 볼 수 있게 된다.

투자활동과 관련해서 또 한 가지 주목해야 할 것은 위에서 소개된 순수한 의미의 투자 외에도 재고도 투자에 포함된다는 사실이다. 기업들은 일반적으로 경기순환에 따른 시장수요에 즉각 대응할 수 있도록 늘 적정량의 재고를 유지하려 한다. 이런 용도의 재고는 이른바 '의도된' 재고로 경제가 비즈니스 사이클을 따라 순환하는 여정에서 매우 중요한 역할을 한다.

먼저 경기가 회복되는 시점에서는 매출 증가에 대한 기대가 커지기 때문에 평소보다 재고를 더 많이 보유하려 든다. 그래서 증가하고 있는 주문량보다 더 많은 양을 생산하게 되는데, 이로 인해 기업의 생산활동은 더욱 왕성하게 진행된다. 반대로 경기가 불황으로 접어드는 시점에서는 주문량도 감소할 뿐만 아니라 앞으로의 주문량도 더욱 감소할 것으로 예상하기 때문에 주문에 맞추어 생산하기보다는 오히려 비축하고 있는 재고부터 먼저 소진하는 방식으로 대응하면서 생산량을 줄이기 때문에 경제는 더욱 빠르게 후퇴하게 된다.

결과적으로 '의도한' 재고는 호황기에는 늘어나는 대신 불경기에는 감소하면서 경기순환과 같은 방향에서 경기순환을 재촉하면서 움직인다. 재고의 이런 경제적 역할은 이른바 '재고 사이클'이라 불리며 경기의 회복이나 후퇴를 더욱 빠르게 진행시키는 역할을 한다.

그러나 우리가 일반적으로 생각하고 있는 재고는 시장에서 다 팔지 못하고 남은 물량을 가리키는데 앞서 언급한 '의도된' 재고와는 달리 '의도하지 않은' 재고다. 당해 연도에 생산된 것이지만 어쨌든 다 팔려나가지 못해 재고라는 임시계정에 담아둔 것이라 이해하면 된다. 따라서 '의도된' 재고와는 달리 경기가 좋을 때는 감소하고, 경기가 나쁠 때는 증가한다.

그런데 이런 악성 재고가 늘어나는 것도 국민계정에서는 별도의 구분 없이 투자증가로 반영되면서 GDP가 증가하는 것으로 보이게 하는 착시현상을 연출하기도 하기 때문에 주의해야 한다. 그래서 언제나 경제면 주요기사로 부각되는 경제성장률 자체에만 관심을 기울이지 말고 그 내용도 잘 살펴야만 한다.

어려울 때마다 등판하는 친정부지출계

일반가계나 기업과 마찬가지로 정부도 국방이나 치안유지는 물론 교육이나 복지 등과 같은 정부의 고유한 역할을 수행하기 위해 많은 지출을 한다. 그러나 이런 일상적인 지출이 경제의 진행 방향에 특별한 영향을 미치는 것은 아니다.

그러나 정부가 언제까지나 이렇게 몸을 낮추고만 있지는 않는다. 가계의 소비지출과 기업의 투자지출과 같은 민간부문의 지출이 감소하면서 경기가 기력을 잃어갈 때 정부가 이를 보충하기 위해 특별예산을 편성해서 활력을 불어넣어준다. 또 반대로 경기가 과열되면서 인플레이션 우려가 고조될 때는 시장의 열기를 식혀주기 위해 정부지출을 줄이기도 한다.

이처럼 정부가 경기를 조절하기 위해 정부지출을 늘리거나 줄이며 존재감을 내보일 때는 경제가 영향을 받게 되므로 이후 전개될 경기의 향방에 주의를 기울여야 한다.

또 정부지출의 변화와 함께 살펴보아야 할 것이 있는데 바로 세금이다. 정부는 정부가 직접 나서서 지출을 증가시키면서 경기부양을, 또 지출을 줄이면서 경기를 진정시키려 하지만 세금조정을 통한 간접적인 방법으로 경기조절을 시도하기도 한다. 예를 들면 소득세나 투자세를 낮추거나 높이면서 가계나 기업이 소비와 투자를 더욱 촉진하거나 억압하는 노력을 기울이는 것이다.

외부수혈의 친수출계

글로벌 시대에서 무엇보다 빠르게 확대되고 있는 것은 국가 간 교역, 즉 무역이다. 무역은 당연히 수출과 수입을 포함한다. 수출은 해외의 소비자들이 우리나라에서 생산된 제품이나 서비스를 구매하는 것을 말한다. 반면 수입은 국내 소비자들이 해외에서 생산된 제품이나 서비스를 구매하는 것이다. 국민소득 계정에서 수출은 독립적인 계정으로, 그리고 수입은 소비나 투자, 정부지출에 먼저 포함된 후에 수출에서 차감하는 방식으로 해외계정에서 처리된다.

일반 소비자들이 구입한 중국산 운동화는 소비에, 삼성전자가 수입한 일본산 반도체 검사장비는 투자에, 그리고 우리 공군이 도입한 미국산 전폭기의 결제대금은 각기 지출행위를 일으켰던 소비와 투자, 그리고 정부지출 계정에 올리는 동시에 해외부문에서 일괄적으로 차감하는 형식으로 기장 처리한다는 것이다. 이렇게 하면 국내 경제실적이 아닌 수입을 우리 국민소득 계정에서 완전히 제거할 수 있게 된다.

수출은 우리 제품이나 서비스에 대한 해외수요를 말하는 것인 만큼, 수출이 증가하면 국내경제는 물론 고용시장에도 긍정적이다. 반면 수입은 그 반대다. 해외 제품이나 서비스에 대한 국내수요인 만큼 수입이 증가한다는 것은 수입품이 시장에서 국산품을 밀어내고 있는 것을 의미한다. 바꾸어 말하면 국내산 제품이나 서비스의 경쟁력이 떨어지는 것을 말한다.

수입에 포함되는 제품이나 서비스는 가끔 비난의 대상이 되는 사치성 소비재를 포함한 모든 소비재뿐만 아니라 산업용 기자재까지 포함하고 있기 때문에 국내외의 모든 가계, 기업, 정부가 참여하는 매우 복잡한 게임이다. 그래서 국내외의 가계소득, 금리, 그리고 정부의 경기조절정책의 변화가 모두 반영된다. 그러나 단기적으로 무엇보다 중요한 것은 환율 변화다. 환율 변화가 가격경쟁력에 결정적인 영향을 끼치기 때문이다.

일반적으로 유럽을 제외한 대부분 국가들의 환율은 달러대비로 표기된다. 우리나라의 경우도 1달러에 1,125원, 혹은 1,089원 하는 식으로 표기되는데, 이런 경우 환율이 올라가면 달러 가치는 올라가는 대신 원화 가치는 떨어진다. 외환시장에서 1달러를 매입할 때 지불해야 하는 원화 가격이 상승하기 때문이다.

이렇게 달러 가치가 상대적으로 올라가면 미국시장에서 우리나라 제품의 달러 표시 가격이 그만큼 하락하기 때문에 우리 상품의 가격경쟁력이 개선되면서 수출이 늘어난다. 반면 국내시장에서는 미국산 수입제품의 원화 표시 가격이 상승하기 때문에 국산품에 비해 수입품의 가격경쟁력이 떨어지면서 수입이 줄어든다. 그래서 전체적으로 환율이 올라가면 수출은 늘어나고, 수입은 감소하기 때문에 무역수지가 흑자를 보이게 된다.

그러나 환율 상승이 이렇게 늘 좋은 것만은 아니다. 원유, 곡물, 구리 등과 같은 주요 원자재들이 달러 표시 가격으로 거래되고 있기 때문에 환율 상승으로 달러 가치가 올라가면 우리 원화로 지불해야 하는 원자재 도입비용이 증가하게 되면서 물가 상승을 부추기기도 한다.

환율이 하락하는 경우에는 상황이 완전히 역전된다. 해외시장에서 가격경쟁력이 떨어지면서 수출은 감소하는 대신 수입은 증가한다. 다만 원화로 지불하는 주요 원자재 도입비용이 낮아지는 만큼 물가상승압력, 즉 인플레이션 압력은 완화된다.

그렇다면 단기적으로 수출과 수입의 생사여탈권을 가지고 있는 환율은 어떻게 결정되는가? 매우 복잡한 이야기지만 간단히 정리하면 물가가 상대적으로 높거나 금리가 낮은 나라의 통화 가치는 낮아진다. 그래서 물가가 계속 올라가거나 금리가 계속 떨어지는 경우에는 통화 가치가 내려가면서 환율도 상승할 것이라 생각하면 틀리지 않는다.

그러나 물가를 잘 단속해서 인플레이션이 억제되거나 금리가 계속 올라가는 경우에는 통화 가치가 올라가면서 환율도 반드시 하락한다. 그래서 환율 변화를 내다보기 위해서는 금리와 물가상승률을 먼저 보아야 한다.

경제지표 감상법

경제지표 본연의 의미와 함께 이에 대한 사람들의 인식이
자산시장을 끌고 간다는 사실을 염두에 두고 경제지표를 지켜보아야 한다.

지표에도 등급이 있다

주말 오후, 간만에 여자친구와 로맨틱한 영화를 보려는 김대
리. 어린 자녀들을 동반하고 온 가족이 함께 따뜻한 영화를 보려는 박과
장. 이들에게는 시간을 내는 일도 힘들겠지만 무슨 영화를 볼 것인지를
정하는 일도 결코 간단하지 않을 것이다.

그러나 흔히 있는 일인 만큼 행동요령이 있다. '전체 관람가' '12세 관
람가' '15세 관람가' '18세 관람가' '제한상영가'와 같은 5개의 등급으로
분류되는 영화등급을 먼저 확인한 후에 평점이 높은 영화를 소사아는

것이다. 그러나 영화등급에 구애받을 필요가 없는 성인들은 평점부터 확인하며 영화를 고르는 것이 더 빠르다. 영화뿐만이 아니다.

세상 모든 것들에 다 등급이 매겨져 있으니 이를 잘 이용하면 세상을 사는 일이 한결 편해진다. 영화감상 후에 빠뜨릴 수 없는 외식도 마찬가지 아닌가. 한식, 중식, 일식, 양식 가운데 하나를 먼저 정한 후에 평점을 살피면 쉽다. 세상의 모든 일이 다 그렇다. 요즘은 대학생들이 수강할 과목을 고를 때도 그렇다고 한다.

그렇다면 경제지표도 예외일 수 없다. 앞서 모든 경제지표들이 어떤 한 특정 계파에 소속된다는 사실에 대한 이야기를 나누었다. 그렇다면 그 다음 할 이야기는 당연히 개별 지표들에 대한 평점이겠다.

경제지표의 움직임에 다소 무심한 여의도와는 달리 미국의 월가는 아주 민감한 반응을 보인다. 득점권에 주자가 나가 있는 중요한 상황에서 우완투수에 특별히 강한 추신수와 같은 강타자가 나오면 즉시 투수를 좌완투수로, 또 예측되는 타구 방향에 따라 내·외야수의 수비 위치를 바꾸어 대응하는 야구판과 같다. 이런 모양으로 대응하려면 당연히 투타 양면에 걸친 튼튼한 통계가 있어야 한다.

월가의 분석가들도 지표의 움직임에 빠르게 대응하기 위해서 오래전부터 개별 지표들이 실제로 시장에 미치는 영향력을 계량적으로 분석하고 성적표를 내놓았다. 이른바 경제지표 등급표다. 미국의 유명 경제 일간지의 지표 해설에서 누구나 볼 수 있다.

이 경제지표 등급이 의미가 있는 것은 경제전문가들의 경제논리가 그 뒤를 잘 받쳐주고 있는데다, 실제로도 그런 결과를 보여주었기 때문이다. 그러나 필자의 생각에 그보다 더 중요한 것은 이 등급표가 자산시장을 움직이는 신호가 되었다는 사실이다. 어떤 지표가 어떤 방향으로 움직이면 어떻게 움직여야 한다는 것이 '투자 공식'이 되어 월가 투자자들의 행동지침으로 굳어졌다는 말이다. 투자자들이 지표가 가리키는 방향에 따라 움직이도록 잘 길들여져 있다는 것이다.

경제는 과학이 아니라 투자자들의 집단심리가 연출해내는 예측 불가의 드라마다. 이동을 앞둔 철새들이 순천만에 몰려들어 함께 날개짓을 하며 연출하는 장관을 구경한 적이 있는가? 선두를 따라 전속력으로 날아가며 만들어지는 이 대열을 따르면 살고 이탈하면 죽는다. 때로는 지표의 신호에 거슬러 움직이는 이른바 '역발상투자'로 대박을 터뜨리는 일도 더러 있지만, 확률적으로 흔치 않은 일이라 결국은 가진 돈을 다 잃게 되기 쉽다.

카지노 슬롯머신으로 일확천금을 노리는 것과 같다. 가끔씩 터지는 어마어마한 잭팟 소문에 끌려 들어가지만 슬롯머신으로 계속 돈을 따기는 처음부터 불가능하다. 애초에 기계장치로 승률을 그렇게 합법적으로 조정해 놓았기 때문이다. 그래도 가끔씩 찾아오는 작은 횡재로 사람들은 가진 돈을 다 쓰기 전까지는 자리를 떠날 줄 모른다. 그저 무료한 시간을 잠시 즐겁게 보내는 비용으로만 생각해야 한다. 로또 한 장의 행운이 가져다 줄 큰 행복을 생각하며 일주일을 즐겁게 보낼 수 있으면 로또 한 장도 전혀 쓸 데 없는 낭비가 아니다. 적어도 담배를 물고 무료한 시간을 달래는 것보단 나을 것이다.

도박은 수학이다. 경제도 궁극적으로는 수학이다. 그러나 집단심리가 시장을 지배하는 일이 많기 때문에 영원히 나타나지 않을지 모르는 아주 난해한 해법을 요구한다. 경제지표 본연의 의미와 함께 이에 대한 사람들의 인식이 시장을 끌고 간다는 사실을 염두에 두고 경제지표를 지켜보아야 하는 이유가 바로 여기에 있다. 다른 투자자들과 함께 지표를 따라 움직여야 돈을 잃을 확률이 낮아진다. "증권투자 수칙 1: 절대로 돈을 잃지 말라. 증권투자 수칙 2: 수칙 1을 절대 잊지 말라"라고 당부했던 워런 버핏을 실망시키지도 않는다.

테마 지표에 주목하라

주식 관련 기사를 읽다보면 '테마주'라는 용어를 자주 접하게 된다. 봄철 중국에서 황사가 본격적으로 날아들면 황사 관련주들이 일제히 강세를 보이거나 바이오 기술이 새삼 각광을 받으면서 난데없이 바이오 관련주들이 급등하는 일이 일어나기도 한다. 황사와 바이오기술이 투자자들의 마음을 사로잡는 테마가 되면서 관련된 회사들의 주식이 일제히 같은 방향으로 움직이는 것이다.

또 놀랍게도 '안철수 테마주'니 '문재인 테마주'니 하며 정치인까지 주식투자의 테마로 등장해서는 급등락을 거듭하며 투자 분위기를 사납게 만들기도 한다.

시장에서 실제로 일어나는 현상이니만큼 그대로 수용하면 되지 굳이 고지식하게 옳고 그름을 따질 필요는 없다. 어쨌든 테마를 중심으로 하는 투자는 사라지지 않기 때문이다. 경제지표도 마찬가지다. 앞서 경제지표의 세계에도 등급이 있다고 했다.

그러나 같은 등급의 지표들이라 해서 시장지배력이 언제나 똑같은 것은 아니다. 때로는 한 지표가 다른 지표에 비해 더욱 무겁게 다가오는 때가 있다. 증권시장을 지배하는 경제환경이 비즈니스 사이클을 따라 움직이는 과정에서 각기 다른 테마를 형성하는데, 그럴 때마다 이 테마와 관련된 지표들이 투자자들의 우선적인 주목 대상이 되기 때문이다.

경기회복 초기 국면에서 가장 중요한 것은 무엇보다 경제성장률이 플러스로 돌아서는 일이다. 그래서 투자자들이 가장 관심있게 들여다보는 지표는 당연히 GDP다. 실업률은 물론 설비가동률과 같은 지표들도 예외는 아니다. 그러다 경기가 본격적으로 상승 국면에 들어설 때쯤이면 이제 인플레이션을 걱정하기 시작한다. 그럴 때는 당연히 물가와 관련된 경제지표들이 테마그룹을 형성한다. 소비자물가지수, 생산자물가지수와 같은 물가관련지수는 물론 경제학 먹물을 다소 먹은 투자자의 눈에나 보이는 시간당 임금이나 주당 근로시간 같은 지표도 은밀하게 테마지표에 끼어든다.

결국 경제지표도 유행을 타는 셈이다. 어떤 경제지표가 테마를 형성하는지를 알아보려면 신문을 열심히 읽는 수밖에 없다. 신문이 세상의 거울이기 때문이다.

아직도 헤드라인 지표만 보시나요?

눈에 보이는 것만이 다가 아니다. 경제대공황 직전 미국 월가에서 전설적인 투자자로 떠올랐던 제시 리버모어는 다음과 같이 말했다. "얼간이들은 헤드라인 뉴스만 본다. 그러나 영리한 투자자들은 뉴스의 이면을 들여다보며 실제로 무슨 일이 일어나고 있는지를 알아본다."

헤드라인 지표는 우리가 신문의 머리기사를 통해 가장 먼저 만나는 지표다. 누가 봐도 눈이 번쩍 뜨이는 그런 경제용어들이다. 그렇지 않으면 언론에서 처음부터 그렇게 부각시키지도 않았을 것이다. 경제성장률,

실업률, 소비자물가지수, 무역수지 같은 것들이다. 이런 지표들이 무엇을 의미하는지는 대다수의 사람들이 다 알고 있다.

그러나 바로 그런 사실 때문에 조심해야 한다. 여기서 필자가 주의를 요망하는 데는 2가지 이유가 있기 때문이다. 하나는 지표 그 자체에 함정이 숨어 있을 수 있기 때문이고, 다른 하나는 경제에 좋은 지표가 증권이나 채권과 같은 자산투자에는 약이 되기는커녕 오히려 독이 되는 수가 있기 때문이다.

먼저 헤드라인 뒤에 숨어 있는 함정에 유의해야 하는 케이스로는 실업률이 있다. 실업률이 우리가 기대하는 만큼 정확하게 실제 경제상황을 반영하지 못하는 경우가 왕왕 있기 때문이다. 모든 지표가 일제히 불황이 악화되고 있음을 가리키는데도 불구하고 실업률이 혼자서 반대편을 가리키며 오신호를 보내는 일이 있다는 것이다. 실업률 자체가 안고 있는 구조적인 문제 때문이다.

경제가 아주 나쁠 때에는 일자리를 찾다 실망한 사람들이 더이상 일자리를 찾는 노력을 중단하고 잠수하는 일이 흔히 일어난다. 이런 사람은 고용지표 통계상 실업자로 분류되지 않는다. 사실상 실업자임에 분명한 이 사람이 정확하게 실업자로 분류되어 실업률 추계에 포함되려면, '매월 15일이 속한 1주일 동안에 적극적으로 일자리를 구해 보았으나 수입이 있는 일에 전혀 종사하지 못한 사람으로서 일이 있으면 즉시 취업이 가능한 사람'이라는 요건을 충족시킬 수 있어야 한다.

그러나 이 사람은 경제사정이 너무 나빠 일자리 찾기를 아예 포기하는 바람에 고용통계상 투명인간이 되어버린다. 이 결과 조사된 실업률은 실제 실업률보다 낮게 나타나게 되어 숫자로만 보면 고용사정이 개선되어, 마치 경제가 회복세에 들어선 것처럼 착각하게 된다. 이런 식의 착각을 피해서 고용 상황을 정확하게 파악하는 방법이 전혀 없는 것은 아니다. 노동참가율을 보면 된다.

실업률의 함정은 여기서 그치지 않는다. 경제사정이 나빠 정규직을 찾지 못해 임시직에서 잠시 소낙비를 피하고 있는 사람도 엄격하게 취업자라 말하기는 어렵다. 그러나 고용통계에서는 '매월 15일이 속한 1주일 동안에 수입을 목적으로 1시간 이상 일한 사람'이라는 매우 관대한 기준을 통과하면서 취업자로 분류되어 실업률 상승을 막아주면서 고용시장의 질적 하락을 덮어준다.

경제에 좋은 지표가 자산투자에는 오히려 독이 되는 사례 역시 해석이 그리 간단하지 않다. 비즈니스 사이클의 진행과정과 연관되어 있기 때문이다. 실제 사례부터 먼저 함께 들여다본 후에 이야기를 계속 나누는 게 좋겠다.

소셜 네트워크 서비스사인 '트위터'가 뉴욕증권거래소에 상장되었던 2013년 11월 8일 미국 상무부는 3분기 국내총생산 성장률이 전 분기 대비 2.8%를 기록했다고 발표한다. 예상을 훌쩍 뛰어넘는 실적으로 경제회복을 예고하는 확실한 호재다.

그러나 뉴욕 증시는 정작 이 발표에 화들짝 놀라 급락한다. 뉴욕뿐만이 아니었다. 지구의 자전 방향을 따라 뉴욕에서 서진하며 연이어 개장된 아시아, 유럽 증시도 일제히 하락세를 면하지 못한다. 이유는 딱 하나로, 견고한 경제회복으로 미 연준이 채권을 사들여 시중에 돈을 푸는 양적완화의 축소시점이 앞당겨질 수 있다는 전망 때문이었다. 세계 경제가 오매불망 기다리던 미국 경제의 회복 뉴스가 주식에는 독이 된 것이다.

혀에 좋은 것은 대개 몸에는 나쁜 것과 같은 이치인가? 그러나 경기가 회복되는 국면에서 이런 일이 일어나는 일은 사실상 드물다. 적어도 이 시기에서만큼은 경제에 좋은 것은 주식에도 좋기 때문이다. 경기회복을 기대하며 그동안 금리를 한껏 낮추어 놓았기 때문에 경기회복에 따른 금리상승의 부담이 그다지 크지 않은 것이 가장 큰 이유다. 금리부담보다는 경기회복과 함께 기업이윤도 상승할 것이란 기대감이 더 크면서 주가가 상승하는 것이 상례다.

그러나 경기가 본격적으로 상승 국면을 타고 계속 상향 이동하는 국면에서는 몇 차례 이어온 금리 인상이 어느 순간 슬며시 부담이 되기 시작한다. 그래서 경제성장을 알리는 뉴스가 주가에 부담을 주게 된다. 경제에 좋은 것이 주식에는 독이 되는 것이다.

2013년 11월 8일은 경기회복기 초기 무렵이었다. 그럼에도 불구하고 그동안 이른바 '양적완화'로 풀려나온 돈의 규모가 워낙 컸던 만큼, 모처럼 나타난 견고한 경제성장 뉴스로 그 많은 돈이 처음 풀려나왔던 속도로 다시 역회전하며 중앙은행 금고 속으로 빨려 들어가게 되지나 않을까 하는 공포감을 조성하면서 주가를 크게 떨어뜨린 것이다.

시장 예측치와의 눈 맞춤

뜨거운 국물을 마시며 "아, 시원하다!"며 연신 감탄사를 내뱉는 아빠를 보며 어린 아들은 '도대체 어른들이란 믿을 수가 없어!'라고 생각한다. 오랜 불황 끝에 기다리고 기다리던 경기회복 신호가 강하게 나타났는데도 주가는 곤두박질을 친다. 이 혼란스러운 소식을 듣고 아마 사람들은 '도대체 시장이란 믿을 수가 없어!'라고 생각하기 쉬울 것이다. 알고 있던 경제상식이 완전히 무너지는 현장을 목격했기 때문이다.

그러나 그건 아니다. 필시 다른 숨은 변수가 있기 때문이다. 눈에 크게 보이는 현상 외에 체감하지 못하는 다른 현상이 함께 일어나며 정상적인 예측기능을 교란시키고 있는 것에 불과한 것이다. 사실 시장에는 매일 많은 예측 불능의 변수들이 일어나며 투자자들의 정상적인 예측 기능을 마비시키는 일이 흔히 있다. 통제가 안 되는 일은 처음부터 신경을 쓸 필요가 없다. 통제가 되는 일에만 주의를 기울이면 된다.

　통제가 가능한, 적지 않은 일 가운데 하나가 바로 시장에서 중요한 지표의 발표를 앞두고 요란스럽게 일어나는 설레발이다. 주요 언론사들이 각자 관리하고 있는 전문가 풀을 동원해서 이른바 '시장 예측치'를 내놓기 시작하는 일이다.

　이 예측치의 정확성은 언론사들의 공신력 유지에 매우 중요한 역할을 하기 때문에 참여하는 언론사들은 해마다 연말이면 그 해 가장 정확한 예측을 내놓은 전문가들을 선정해 포상까지 하며 전문가들의 분발을 독려한다. 자산시장 투자자들은 이 시장 예측치에 늘 주목해야 한다. 실제 수치와 예측치의 차이, 바로 이것이 자산시장에 충격을 주는 동시에 투자자들의 경제상식에 배신을 안겨주는 것이다.

　예측치가 얼마나 사실에 가까운지는 사실 그다지 중요하지 않다. 실제로 유럽중앙은행의 한 보고서를 보면 연방기금금리를 결정하는 연방공개시장위원회의 폐회를 앞두고 나오는 전문가들의 예측치가 지역마다, 또 기관마다 상당한 편차가 있었다. 당연한 일이다. 그들이 신이 아니고서야 어떻게 금리수준을 정확하게 딱 꼬집어 맞힐 수 있겠는가. 중요한 것은 예측치가 자산 가격에 반영되는 모양새다.

　시장 예측치가 나오기 시작하면 시장의 모든 투자 자산들은 자신의 키를 일제히 이 예측치에 맞추어 버린다. 그리고는 발표되는 실제 지표가 이미 시장에 나와 있었던 예측치와 어떤 차이를 보일 것인가를 숨을 죽인 채 지켜본다. 실제 지표가 시장 기대치와 일치하는 경우에는 그런 사실이 가격에 이미 다 반영되어 있기 때문에 가격이 크게 요동을 치지 않는다.

그러나 실제 지표가 예측치와 다르게 나오는 경우에는 소동이 일어난다. 순식간에 키 높이를 다시 맞추어야 하기 때문이다. 실제 지표가 시장이 예측한 대로 하락하는 경우에도 예측했던 하락폭에는 미치지 않는 경우, 하락이라는 악재에도 불구하고 가격은 큰 폭으로 상승 조정된다. 지표하락이라는 표피적인 현상만 보는 일반투자자들의 상식으로는 납득하기 어려운 일이 벌어지는 것이다. 반대의 경우도 마찬가지다.

실제 지표가 시장의 예측대로 개선되는 경우에도 예측했던 개선 폭에 미치지 못하는 경우다. 이 경우 지표개선이라는 호재에도 불구하고 실망 매물이 쏟아져 나오며 가격이 오히려 하락하는 일이 일어난다. 이 역시 헤드라인 지표만 바라보고 투자하는 일반투자자들에게는 풀기 어려운 미스터리가 된다. 시장은 가끔씩 이렇게 상식을 뛰어넘는 듯한 모습을 보인다.

그러나 길게 보면 "시장은 단기적으로는 투표와 같지만, 장기적으로는 저울과 같다."라고 말한 벤자민 그레이엄의 말을 기억하자. 시장은 늘 한결같다는 표현이다. 경제원리를 벗어나는 일은 사실상 드물다. 벤자민 그레이엄은 가치투자의 아버지로 워런 버핏의 멘토이자 스승이었던 사람이다.

흔들리는 지표

　　　　지표를 관찰할 때 특별히 주목해야 할 한 가지 특이한 사항이 있는데, 그것은 특정한 시점에서 발표된 지표가 시간이 지나면서 계속 변할 수 있다는 사실이다. 주가, 금리, 유가 등과 같이 실시간으로 전달되는 자산 가격과는 달리 대부분의 경제지표들은 특별한 노력을 기울여 조사되고 가공된 후에야 비로소 확보될 수 있는 수치들이다. 따라서 많은 인력을 투입해도 적지 않은 시간이 소요될 수밖에 없다. 분기별로 발표되는 GDP가 대표적인 예다.

　이름 그대로 국내총생산인 만큼 조사 작업 자체부터 방대하다. 그러나 GDP가 국민 경제의 실상, 그 자체인 만큼 시장참여자들이 오래 기다려주지 않기 때문에 정부로서는 지표의 정확성은 물론 신속성에도 신경을 쓰지 않을 수 없게 된다. 그래서 신속한 집계를 거쳐 잠정치를 발표한 후에 계속 수정작업을 진행한다. 이에 따라 정부는 해당 분기 종료 후 60일 이내에 잠정치를 우선 공표한다. 또 연간 GDP는 잠정치의 경우 당해 연도 종료 후 3개월 내에, 확정치의 경우에는 다음해 3월에 공표한다.

　일부 다른 지표들도 GDP처럼 몇 차례에 걸쳐 계속 수정하는 작업을 거치는 경우가 있다. 물론 그 동안의 계속된 경험을 통해 나름대로 매우 효과적으로 믿을만한 지표를 확보하는 방안을 갖게 되는 쪽으로 계속 발전해왔다. 그래서 시장에서는 잠정치 이후 계속 수정치가 나와도 맨 처음 발표되는 잠정치에 집착한다. 그 결과 비록 수정치가 적지 않게 달라지는 경우에도 시장에 대한 영향력은 잠정치가 처음 발표될 때보다는 약하다. 그럼에도 불구하고 지표의 특성에 따라 수정이 극심한 경우 지표 신뢰도는 자연히 크게 떨어진다.

빠름, 빠름, 빠름

　　모든 지표들이 일제히 비즈니스 사이클에 따라 함께 움직이는 것은 아니다. 어떤 지표들은 일찍 움직이는가 하면, 또 어떤 지표들은 늦게 움직인다. 앞서 잠깐 언급되었던 것처럼 냉장고나 자동차 등과 같이 적어도 일 년 이상 사용할 수 있는 고가의 내구재나 사치재에 대한 소비지출은 비즈니스 사이클에 매우 민감하게 반응하기 때문에 경기가 회복되거나 둔화될 때 다른 어떤 지표들보다 먼저 강하게 신호를 보낸다.

　반면 식품이나 의료 서비스와 같이 생필품에 대한 소비지출은 비즈니스 사이클과 동행하며 움직인다. 또 마찬가지로 비즈니스 사이클에 후행하며 늑장을 부리는 지표도 얼마든지 있다. 그런 지표로 대표적인 것이 바로 전체 소비지출이다. 이 소비지출의 크기는 소득수준의 크기에 달려 있는데, 경기가 침체되면서 실업자가 늘어나면 전체적으로 소득이 낮아지면서 이에 따라 소비지출도 뒤늦게 감소한다.

　그러나 동일한 지표가 때로는 경기에 선행하다가, 또 때로는 경기에 후행하는 일도 있어 주의가 요망되는 경우도 있다. 실업률이 바로 그런 지표다. 실업률은 경기침체기에는 경기에 선행하고, 또 경기회복기에는 경기에 후행하는 독특한 지표로 알려져 있다.

　실업률이 이런 별난 존재감을 과시하는 것은 인건비가 기업의 가장 중요한 비용이기 때문이다. 경제가 불황으로 들어서면서 매출이 줄어들고, 이에 따라 기업이익이 감소하기 시작하면 기업은 근로자를 해고하면서 인건비를 줄이는 것으로 대응한다.

　그래서 실업률은 비즈니스 사이클이 본격적으로 하강 국면으로 접어들기도 전에 벌써 상승하기 시작한다. 이렇게 감소한 근로자수는 경기가

266

다시 회복되어도 쉽게 늘어나지 않는다. 경기회복의 신호가 확실해지기 전까지 기업은 신규채용을 최대한 미루며, 기존 근로자들에게 시간외 근무를 요청하면서 버티기 때문이다.

지표들마다 이처럼 움직임이 다르다는 사실을 경제학자들이 절대 놓칠 리가 없다. 그래서 경기선행지표, 경기동행지표, 또 경기후행지표의 세 그룹으로 나눈 후에 각 그룹별로 종합해서 지수로 보여주는 방식을 고안해두었다.

경기선행지수는 경기를 앞서 보여주는 지표로 실제 경기흐름보다 대체로 3~10개월 정도 앞서는 것으로 알려져 있다. 앞일을 비추어주는 수정구슬인 셈이다. 또 경기동행지수는 현재의 경기 상태를 거울처럼 그대로 반영하는 지수이다. 마지막으로 경기를 뒤따라 움직이는 경기후행지수는 경기 변동을 사후에 확인할 수 있게 해주는 지수이다.

지표들을 이렇게 빠르기 순서로 줄을 세워놓고 선행, 동행, 후행으로 분류하는 방식은 얼핏 보기에도 매우 유용한 방식으로 보인다. 특히 경기 변화를 앞서 예고해준다는 경기선행지수는 경기예측에 목을 매는 각종 자산시장 참여자들에게 구세주 다름 아닌 역할을 하고도 남기에 충

경기종합지수와 소속 지표

경기종합지수	소속 지표
경기선행지수	구인구직비율, 재고순환지표, 소비자기대지수, 기계수주액, 자본재수주액, 건설수주액, 종합주가지수, 장단기 금리차, 금융기관유동성, 순상품교역조건
경기동행지수	비농가취업자수, 광공업생산지수, 제조업가동률지수, 내수출하지수, 서비스업활동지수, 도소매업판매액지수, 건설기성액, 수입액
경기후행지수	상용·임시근로자수, 생산자제품재고지수, 도시가계소비지출, 소비재수입액, 회사채유통수익률

분하다.

그러나 '과유불급'인가? 정작 투자지표로서의 효능은 '꽝'이다. 주요 외신들이 평가한 지표순위에서 미국의 경기선행지수는 1등급인 19개의 '시장을 움직이는 주요 지표'와 2등급인 22개의 '특별히 주목해야 할 지표'에 이어 3등급인 27개의 '기타 주요 지표' 가운데 하나로 분류되고 있다. 이름값도 못하는 굴욕이다.

그렇다면 경기선행지수가 자신의 역할을 제대로 하지 못하고 있다는 것인가? 그렇지는 않다. 경기선행지수는 본래의 역할을 언제나 씩씩하게 잘 수행한다. 이 지표를 고안한 경제학자들의 생각은 옳았다. 그런데도 투자자들로부터 외면받는 이유는 간단하다. 투자자들이 더 빠른 지표를 찾아내었기 때문이다.

앞 페이지의 표에서 볼 수 있는 것처럼 경기선행지수는 10개의 지표들을 종합한 후에야 비로소 최종모습을 드러낼 수 있게 되어있다. 성마른 투자자들이 그때까지 기다려줄 리가 없다. 소속 지표들이 순차적으로 하나씩 발표될 때마다 조금씩 더 선명해지는 경기선행지수의 실체를 미리 읽어버린다. 그래서 정작 경기선행지수가 공식적으로 발표될 때쯤에는 이미 누구나 다 알고 있게 되는 낡은 뉴스가 되어 버린다.

실업률은 경기침체기에는 경기에 선행하고,

또 경기회복기에는 경기에 후행하는

독특한 지표로 알려져 있다.

경제가 주어진 체력의 한계를 넘어서서 달릴 때는 어김없이 피로 현상을 보이는데 임금이 상승하고 금리가 오르는 것이 바로 그것이다. 주요 생산비용이 상승하는 만큼 경제는 예전처럼 달리지 못하게 된다. 이렇게 해서 경제는 자기 스스로 속도를 조절할 수 있게 된다. 그러나 때로는 그러지 못하는 때도 있다. 이럴 때 중앙은행이 나서서 금리를 올리며 제동을 걸어준다. 반대로 경제가 기력을 잃고 제대로 달리지 못할 때는 중앙은행이 금리를 낮추어 경제를 응원한다. 이래서 사람들은 야구가 '투수놀음'인 것처럼 경제는 '금리놀음'이라 말한다.

7장

경제는
금리를 타고

금리의 힘

1979년, 미 연준이 통화량을 급격하게 조이자 금리가 따라서 폭등하면서
인플레이션은 일시에 꺾였지만, 대신 외채가 많았던 남미에서는 경제위기가 일어난다.

볼커 쇼크

1979년 8월 미 연준 의장으로 취임한 볼커는 무엇보다도 '돈
줄'을 단단히 조이기로 작정한다. 취임 당시 11.2% 선에 머물고 있던 기
준금리를 1981년에 20%까지 끌어올리며 고금리시대의 막을 올리는데,
이 조치는 나중에 '볼커 쇼크'로 불리게 된다. 예기치 못했던 큰 폭의 금
리 상승으로 기업투자가 감소하면서 미국 경제는 곧 얼어붙는다. 실업률
이 경제대공황 이후 최고 수준인 9.5%까지 뛰어오를 정도의 깊은 불황
에 빠져든다. 미국의 불황이 곧 다른 지역으로 확산되자 글로벌 수요 부

족으로 석유 가격은 물론 다른 원자재 가격도 큰 폭으로 떨어진다.

그러나 그게 다가 아니었다. 미국은 물론 세계 경제는 다른 심각한 문제에 부닥치게 된다. '파도가 지나가고 나면 누가 수영복도 입지 않고 물속에 있었는지 다 알게 된다'고 말했던 워런 버핏의 말은 과연 빈말이 아니었다.

미국에서는 무엇보다 당시 주택담보대출을 담당하던 금융기관인 미국의 S&L(저축대부은행)이 경영난을 겪게 된다. 고금리로 인해 자본조달 비용이 올라가면서 장기로 이미 나가 있는 주택담보대출 금리를 상회하는 일이 발생했기 때문이다. 일반 금융기관의 가장 중요한 수입원인 예대 금리차가 마이너스로 역전되는 심각한 일이 일어난 것이다.

그대로 방치했다가는 파산이 불가피했다. 시장친화적 태도로 유명했던 레이건 대통령은 S&L이 고수익으로 경영난을 피해갈 수 있도록 규제를 풀어 정크본드와 같은 위험자산에도 투자할 수 있는 길을 터준다.

계획대로만 된다면 정부로서는 돈 한 푼 들이지 않고 S&L 문제를 일거에 해결할 수 있는 절묘한 수다. 레이건 대통령은 또 여기에 그치지 않고 한 걸음 더 나아가 1981년 세제개정을 통해 S&L의 부동산투자를 지원하기 시작한다. 이에 힘입어 전국적으로 많은 건물들이 세워진다.

그러나 주요 도시들의 도심에 업무용 부동산이 과잉 신축되면서 공실률이 급격하게 올라가자 새로운 조치가 필요하게 된다. 그런 와중에 레이건 대통령은 1986년 무슨 생각에서인지 세제개편을 통해 그동안의 세제지원을 거두어들인다. 이에 따라 부동산 가격은 폭락하고, 관련된 모기지도 회수가 어렵게 되면서 S&L은 또 다시 파산위기에 몰리게 된다.

S&L 문제는 1988년을 지나 1989년에 들어서면서 절정으로 치닫는다. 부시 대통령은 이에 금융산업에 대한 규제를 강화한다. 전임자인 레이건

274

대통령이 완화시킨 금융규제를 다시 제자리로 되돌려놓은 것이다. 이에 따라 은행들이 새로운 규제에 맞춰 급격하게 대출을 회수하기 시작하면서 기업들의 자금난이 심화된다.

1991년 연준이 뒤늦게 금리를 인하하지만 때를 놓치는 바람에 경제는 결국 불황으로 빠져든다. 1993년 1월 클린턴이 대선에서 부시를 꺾고 새 대통령으로 취임했을 때 실업률은 7.3%를 기록한다. 여기에는 클린턴에 패배한 부시 전 대통령의 실업도 당연히 포함되어 있었다.

볼커가 작정하고 밀어붙인 고금리의 후유증은 S&L의 부실화와 같은 미국 국내 문제로만 끝나지 않았다. 고유가로 엄청난 수익을 올린 산유국들로부터 오일달러를 도입한 남미의 여러 나라들이 고금리를 견디지 못하고 파산위기에 몰리게 된 것이다. 1970년대 초 세계적인 인플레이션이 발생하기 시작하자 금융시장에서는 새로운 변화가 일어나는데 개발도상국들로 새로운 자금이 대거 흘러들어가기 시작한다.

특히 당시 10년 동안 남미국가들로 유입되는 차입금의 규모는 연평균 30%까지 늘어난다. 일본과 유럽계 은행들이 유럽에서 조성한 달러자금을 전통적으로 미국의 영역으로 알려진 멕시코, 브라질, 아르헨티나 등의 남미국가로 흘려보내자 미국 은행들도 자신들의 텃밭을 잃지 않기 위해 경쟁에 뛰어든 탓이었다.

이렇게 해외에서 유입된 풍부한 자금으로 돈 잔치를 벌이던 남미를 포함한 많은 개발도상국들은 고금리의 볼커 쇼크로부터 직격탄을 맞는다. 고금리로 인한 해외차입금 이자 증가와 국제적 불황으로 인한 수출 감소의 이중고를 겪게 된다. 특히 산유국인 멕시코는 유가 하락으로 더욱 큰 고통을 요구받게 된다.

볼커는 왜?

볼커 연준 의장이 미국 역사상 유례가 없는 고금리로 미국 경제는 물론 세계 경제를 한파 속으로 밀어 넣은 이유는 도대체 무엇이었을까? 인플레이션이다. 1973년 10월 6일 시리아와 이집트의 기습공격으로 시작되었으나 이스라엘의 일방적인 승리로 끝나고 만 중동전쟁의 후폭풍으로 사우디아라비아가 미국과 네덜란드에 대해 석유 수출을 금지하면서 시작된 석유파동으로 경기침체 속에서도 물가가 급등하는 이른바 스태그플레이션이 세계 경제를 엄습한다.

볼커는 바로 이 시기에 지미 카터 대통령에게 긴급 발탁되어 다른 무엇보다도 인플레이션 진화를 위해 현장에 투입된다. 인플레이션이 원유 공급 감소와 같은 생산측면에서 일어난 만큼 미국만의 문제가 아니라 우리나라까지 포함한 글로벌 차원의 골칫거리였다. 볼커는 인플레이션 억제를 간절히 원하는 시장의 기대를 저버리지 않았다. 1979년 10월 통화량을 과감하게 억제하는데 이 조치로 금리가 급등하면서 인플레이션 기대감은 일시에 꺾여버린다.

고금리 정책이 불러온 극심한 불황으로 시장으로부터 가공할 만한 저항이 밀려왔지만 그는 '뚝심' 하나로 완강하게 버티며 마침내 성공을 거둔다. 1979년 취임 당시 11.3%, 1980년에는 13.5%까지 상승했던 인플레이션을 불과 3년 만인 1983년에 3.2% 선으로 끌어내린다. 이후에도 인플레이션이 다시는 고개를 들지 못하게 잘 관리한 결과 그가 그린스펀에게 연준 의장자리를 물려주고 연준을 떠나던 1987년에도 인플레이션은 3.6%에 불과했다.

그린스펀의 비이성적 과열

1987년 당시 미국의 대통령이었던 레이건은 연준 의장으로 3번째 임기의 시작을 앞두고 있던 볼커 연준 이사회 의장 대신 그린스펀을 임명한다. 인플레이션 위기로부터 미국을 구해내는 빛나는 성과를 올린 볼커는 겉으로는 3번째 임기를 본인 스스로 수락하지 않은 것처럼 알려졌지만 내부 사정에 정통했던 이들은 그가 사실상 레이건 대통령으로부터 해고당했다고 말했다.

미국판 토사구팽인가? 사실 볼커는 규제를 매우 중요하게 여기는 사람이라 처음부터 신자유주의자인 레이건의 입맛에 맞았던 사람이 아니었다. 레이건은 규제를 완화시킬 수 있는 사람이 필요했다. 그래서 그는 고집불통의 볼커 대신 유연한 그린스펀을 발탁한 것이다.

그런 그린스펀이 1996년 12월 워싱턴의 한 보수단체 모임의 연설에서 '비이성적 과열'이라는 용어를 사용하면서 은연중에 당시 과열된 증시에 대한 경계심을 내보인다. 미국의 다우산업지수가 한 해 동안 5,000에서 6,500으로 상승한 것에 대한 중앙은행장의 심정을 내비친 것이다.

그러나 이 말 한마디는 연준 관련 인사들의 일거수일투족을 쉬지 않고 지켜보는 이른바 '연준 관찰자들'의 입을 통해 곧바로 전 세계 증시로 타전된다. 시간대 이동경로에 따라 태양이 서울과 도쿄, 시드니, 홍콩, 암스테르담, 런던을 밝혀주고, 이튿날 아침 마침내 뉴욕 증시로 다시 되돌아 올 때까지 세계 증시는 예외 없이 일제히 연쇄적 하락세로 화답했다. 미국의 경우 GM, IBM, 듀폰 같은 대표주들이 2% 이상 하락했다. 금리 인상을 우려하는 투자자들의 당연한 대응이었다.

하지만 사태는 그 이상 확대되지 않았다. 우려했던 금리 인상이 실제로 단행되지는 않았던 탓이다. 우선 그린스펀의 비이성적 과열 발언 이후 처음 발표된 노동부의 지지부진한 고용지표가 일단은 인플레이션 우려를 불식시켜주었기 때문이다.

그러나 그 이후 실업률이 계속 하락하면서 경기과열에 대한 우려가 커지고 있는데도 불구하고 그린스펀은 계속 침묵을 지킨다. 그린스펀이 우려했던 다우지수의 급등은 그 후 3년이 조금 더 지나 12,000의 고지에 오를 때까지 이어졌다. 당시 그린스펀의 비이성적 과열 발언을 이끌어내었던 것은 바로 이 다우지수의 급등이었다. 하지만 더욱 극적인 상승은 '닷컴 버블'이 진행되고 있던 나스닥지수에서 일어난다.

1991년 4월 500에 불과하던 나스닥지수가 4년 3개월이 지난 1995년 7월에는 정확하게 두 배가 되는 1,000을 기록한다. 그리고 또 다시 두 배가 되는 2,000을 기록한 것은 그로부터 불과 3년이 지난 1998년 7월이었다. 그러나 닷컴 버블은 여기서도 멈추지 않았다. 2년이 채 되지 않는 2000년 3월에는 그 두 배를 훨씬 웃도는 5,132를 기록한다. 그러나 그동안 그린스펀은 버블을 단속하기 위한 구체적인 조치를 전혀 취하지 않는다. 왜 그랬을까?

그린스펀은 왜?

나중에 여러 경로를 통해 알려진 사실은 대책이 없었기 때문이었다고 한다. 증권시장을 포함한 자산시장의 버블을 확실하게 진정시키는 방법은 아직 없다. 금리를 올리는 방법이 있긴 하지만 고금리는 자산시장뿐만 아니라 경제 전체를 얼어붙게 만든다. 빈대 잡으려 초가삼간을 태우는 격이기 때문에 쉽게 쓸 수가 없다. 그래서 구두로 먼저 경고를 날리는 것이다. 그래도 버블에서 바람이 빠지지 않으면 어쩔 수 없다. 부풀릴 대로 부풀려지다 제풀에 터지기를 기다렸다가 그때 수습하는 길을 택한다. 재정지출 확대라는 케인즈 처방과 통화량 확대라는 밀턴 프리드먼 처방을 가지고 있기 때문이다.

이것이 지금까지 미국의 연준이 자산시장 버블에 대응해 보여준 행로다. 미 연준은 소비자물가지수의 상승으로 표면화되는 전통적인 인플레이션의 억제에는 목숨을 걸지만 증권이나 부동산과 같은 자산시장에서 진행되는 인플레이션에는 언제나 속수무책의 답답한 태도를 보인다.

당시 증권시장에서 일어나고 있던 거품도 거품이지만 실물경제에서도 실업률이 5% 아래로 하락할 정도로 경제가 호황을 보이면서 인플레이션 우려가 그 어느 때보다 커지고 있었다. 그러나 그린스팬은 당시 진행되고 있던 정보통신기술 혁신이 이끌어낸 생산성 증가 지표에 주목하면서 인플레이션 우려를 무시하고 금리 인상 요구를 거부한다.

과연 그린스팬의 예상은 적중한다. 인플레이션이 발생하지 않는 가운데 저금리로 달아오른 미국 경제는 장기호황을 누리게 된다. 전례가 없었던 이런 경제 상황의 출현으로 언론에서는 '신경제 논쟁'이 벌어지기도 한다. 하지만 그런 신경제도 뒤이어 나타난 자산 인플레이션을 막지는 못한다. 저금리에 저실업률로 인한 소득 증대가 처음에는 주식, 그리고 나중에는 주택으로 이어진 유례없는 규모의 자산 인플레이션을 촉발한 것이다.

2000년 3월 나스닥지수가 5,132에서 고점을 찍은 후 마침내 바람이 빠지기 시작하자 그 기세가 여간 사납지 않았다. 기술주들의 주가가 2000년 3월부터 2002년 10월 사이에 78%나 하락한다. 이와 같은 기술주 급락의 여파로 불황이 찾아온다. 2001년 3월부터 미국은 공식적인 불황기로 진입한다. 부시 대통령은 이 틈을 타 부자들을 위한 감세를 실시한다. 그러나 감세정책을 통한 경기부양이 실패로 돌아가자 이제 통화금융정책에 의존할 수밖에 없게 된다.

그린스펀이 이제 당면한 문제는 자산 디플레이션뿐만 아니라 불황 탈출까지 포함하게 되었다. 그래서 그린스펀은 교과서적 처방에 따라 금리를 내리기 시작한다. 그러나 경제는 이미 유휴설비가 넘쳐나고 있는 상태라 저금리가 신규투자를 이끌어오지는 못한다. 그러나 어쨌든 경기부양에는 성공한다. 금리를 내리기 위해 쏟아 부은 돈이 부동산 쪽으로 흘러들어가면서 일어난 부동산 버블로 소비지출이 확대되었기 때문이었다. 결국 미국은 '닷컴 버블'을 '부동산 버블'로 맞바꾸면서 일단은 불황에서 탈출하는 데 성공한다.

통화금융정책에 대한 의존은 그 후 2003년 미국의 이라크 침공으로 유가가 급등하면서 더욱 심해진다. 유가 급등으로 인해 미국은 엄청난 대가를 치르게 된다. 2003년 3월 배럴당 32달러던 유가가 2008년 7월에는 배럴당 137달러까지 뛰어 오르자 전쟁 발발 전 2억 9,200만 달러에 달하던 미국의 하루 원유 수입대금이 전쟁 후에는 14억 달러로 증가한다.

그린스펀은 경기침체를 예방하기 위해 당시 부동산 버블에 에너지를 공급하고 있는 저금리 체제를 거두어들이지 않는다. 유가 급등으로 인한 인플레이션 리스크가 있었는데도 불구하고 그린스펀은 이때도 애써 이를 외면한다. 영리한 그린스펀은 당시 엄청난 물량의 중국산 저가 공산품이 전 세계 시장으로 흘러 들어오면서 인플레이션을 억제하고 있다는 사실을 여러 지표를 통해 이미 감지하고 있었기 때문이었다.

현장을 꿰뚫어보는 듯하던 그린스펀 특유의 통찰력은 그 후 학자 출신의 두 의장을 거치며 사라지는 듯 했는데, 최근 트럼프가 지명한 비학자 출신 제롬 파월 신임 의장의 등장과 함께 재현되고 있다. 그는 2018년 3월 1일 의회 청문회에서 경제가 순항하고 있는 가운데서도 인플레이션 조짐은 전혀 나타나지 않는 특이한 현상의 이면에는 이른바 '아마존 효과'가 일부 있기 때문이라고 분석했다. 아마존이 이끌고 있는 온라인 유통혁명이 물가 상승을 억제하고 있다는 해석이었다.

앗, 미에노의 실수

일본의 주식과 부동산을 포함한 자산시장 거품은 1989년 최고조에 달한다. 1990년 일본의 전체 부동산 평가가치는 하와이와 알래스카를 포함한 미국 전체의 4배나 되었다. 또 일본 천황궁의 대지만 팔아도 미국의 캘리포니아 전체 지역, 혹은 캐나다 전역의 부동산을 몽땅 사고도 남을 정도였다.

주식시장 역시 마찬가지였다. 주가 상승으로 자금 동원력이 한껏 높아진 일본기업들이 해외의 자산시장으로 몰려 나가고 있었다. 미쓰비시가 맨해튼의 록펠러 센터를, 소니가 할리우드의 콜롬비아 영화사를 사들인 것도 바로 1989년에 있었던 일이다.

1989년은 이렇게 일본의 거품이 절정으로 치닫던 해이기도 했지만, 또 동시에 극적인 반전이 일어나는 해이기도 했다. 그 해 연말 평생을 일본은행에 몸담고 있었던 '야수시 미에노'라는 사람이 일본은행의 새로운 총재로 부임한다. 그는 자산시장 거품이 사회적 위화감을 조성한다고 생각하는 사람이었다. 그는 또 당시 그렇게 흔했던 주식을 한 주도 소유하지 않고 있다고 늘 자랑하고 다니며, 일본의 부동산 가격이 무슨 근거에서인가 20% 하락해야 한다고 공공연하게 말하고 다니던 사람이기도 했다.

그런 그가 취임 직후인 1989년 12월 25일 거품을 터뜨리기 위해 바늘을 꽂는다. 앞서 5월에 있었던 전임자의 기준금리 인상에 이어 한 차례 더 기준금리를 올리기로 한 것이다. 그러나 그게 다가 아니었다. 기준금리는 그 이후에도 연이어 4차례나 더 인상된다. 미에노는 또 여기서 멈추지 않았다. 은행들에게 부동산 담보대출 증가율을 전체 대출 증가율을 넘어서지 않도록 하는 규제를 통해 부동산 거품에 직격탄을 날린다.

중앙은행이 이렇게 부동산시장으로 흘러들어가는 돈줄을 사정없이 거머쥐자 부동산시장은 즉시 얼어붙는다. 부동산 가격이 워낙 올라 있어 부동산 임대수익으로 담보대출 이자를 충당하기에는 턱없이 부족했던 만큼 자금 압박을 받기 시작한 일부 투자자들이 급매물을 쏟아내기 시작하자 얼마가지 않아 전체 부동산시장에 급매물이 쌓이기 시작하면서 부동산 가격은 급락하기 시작한다.

1956년부터 1986년 사이의 30여 년 동안 부동산 가격이 1974년 단 한 해만 제외하고 줄곧 상승세를 이어온 끝에 5,000%나 상승하면서 만들어진 '부동산불패' 신화가 마침내 붕괴되기 시작한 것이다. 이렇게 시작한 부동산 가격의 하락은 불과 일 년 만인 1990년에 들어서면서 주가 하락까지 동반하기 시작한다. 1989년 한 해 동안에만 27%, 그리고 지난 10년 동안에는 500%나 상승했던 니케이 지수가 1990년 한 해 동안 30%나 하락하고, 이듬해인 1991년에도 30% 더 하락한다. 그리고 그 이후 몇 차례 작은 반등이 있긴 했지만 2003년 초 주가는 20년 전 수준으로까지 곤두박질친다.

자산시장의 거품이 꺼지기 시작하면서 일본 경제는 곧장 불황의 늪으로 빠져든다. 무엇보다 부동산 가격의 하락으로 그동안 부동산을 담보로 돈을 흘려보냈던 은행들의 채권이 부실화되는 곤궁한 입장에 빠져들면서 신규대출을 꺼리게 되었기 때문이다. 이렇게 신용위기가 오면서 실물경제는 직격탄을 맞는다. 그래서 일본은 마침내 미에노가 사고를 친 지 꼭 10년이 지난 1999년 소비자물가가 1.5% 정도 내리는 것을 시작으로 디플레이션을 경험하기 시작한다.

미에노는 왜, 왜, 왜?

의도와는 달리 결과적으로 '잃어버린 20년'으로 들어가는 테이프 커팅을 한 미에노는 왜 금리 인상이라는 사나운 폭탄을 터뜨렸을까? 세계 금융사를 보면 자산시장의 거품을 빼기 위해 금리폭탄을 터뜨린 것은 사실 미에노가 처음은 아니었다. 미에노에 60여 년이나 앞서 경제대공황이 일어나기 직전 미국의 연방준비은행이 그랬다.

당시 미 연준은 1927년 11월에 시작된 불황이 채 끝나지도 않아 인플레이션 우려가 전혀 없었는데도 증권시장에 팽배했던 투기 바람을 잠재우기 위해 1928년 1월 3.5% 수준에 있던 기준금리를 1929년 8월 6% 선으로까지 끌어올린다. 그러나 결과는 1929년 10월 29일, '검은 화요일'의 주가대폭락을 신호로 해서 국민 4명 가운데 한 명이 일자리를 잃는 25%의 살인적인 실업률을 동반한 전대미문의 악성 디플레이션, 이른바 경제대공황이었다. 빈대를 잡으려다 초간삼간을 불태워버린 미 연준의 이 미숙한 대응은 나중에 밀턴 프리드먼에게 딱 걸린다.

밀턴 프리드먼은 안나 슈워츠와 함께 1963년에 출간한 『미국금융사』에서 불황으로 끝날 수도 있었던 것을 공황, 그것도 대공황으로 악화시켜버린 것은 바로 이 금리 인상이었다고 단언하면서 경제대공황을 전적으로 연방준비제도의 책임으로 돌린다.

경제대공황을 오랫동안 연구해왔던 버냉키 전 연준의장도 프리드먼의 이런 진단에 전적으로 동의했다. 그래서 2002년 11월 프리드먼의 90회 생일을 기념해서 소집된 시카고 대학의 모임에서 버냉키는 프리드먼에게 이렇게 말한다. "경제대공황에 대한 당신의 진단은 옳았어요. 우리가 실수를 했어요. 대단히 유감입니다. 하지만 당신 덕분에 같은 실수를 반복하지 않게 되었어요."

그리고는 그린스펀의 뒤를 이어 연준 의장으로 취임한 후 맞닥뜨리게 된 서브프라임 금융위기에 대응해서 '디플레이션을 막기 위해 어떤 처방도 듣지 않으면 헬기를 타고 공중에서 돈을 살포하기라도 해야 한다'는 프리드먼의 충고를 그대로 수용해서 시장의 예상을 뛰어넘는 막대한 규모의 '양적확대'를 실시한다.

그러나 경제대공황 당시 미 연준이 저질렀던 더 큰 실수는 그 뒤에 있었던 대공황에 대한 철저한 무대응이었다. 미 연준은 디플레이션에 대한 치유를 그냥 시장에 맡겨두기로 한 것이다. 디플레이션이라는 사나운 파도가 빚으로 쌓아올린 온갖 추악한 투기의 잔해를 다 걷어가주기를 기대했던 것이다. 사실 당시의 주류 경제학이었던 '아담 스미스'류의 고전학파 경제학으로서는 처음부터 해법을 내놓을 수도 없는 처지였다.

고전학파 경제학의 논리에 의하면 '실업'은 애시당초 존재할 수 없는 현상이었기 때문이다. 고전학파 경제학은 시장의 '보이지 않는 손', 즉 수요·공급의 원리가 시종일관 시장을 지배하기 때문에 비록 일시적으로는 노동시장에서 노동의 공급이 노동의 수요를 초과하면서 일자리가 부족한 일이 일어날 수는 있지만, 이런 문제는 노동의 가격인 임금이 떨어지면서 시장이 스스로 해결한다고 가르치고 있었던 것이다. 그래서 당시 후버 미 대통령이 일관한 '아무것도 하지 않기' 정책은 전혀 놀라운 것이 아니었다.

결국 '시장이 해결하길 마냥 기다리다간 모두 죽는다'는 생각을 가졌던 케인즈가 들고 온 처방전을 채택한 루즈벨트 대통령이 마침내 미국 경제, 또 그로 인해 세계 경제를 구해내면서 이후 금리폭탄으로 자산 인플레이션을 잡으려 했던 무모한 처방은 상자 속에 밀봉되어 지하창고 깊숙한 곳에 보관된다.

그런데 미에노가 이 판도라의 상자를 꺼내 든 것이다. 그가 이 상자를 열자 오랜 세월 잠들어 있던 디플레이션의 악령이 60년 전 미국에서 그랬던 것과 똑같이 거품에 빠져 있던 부동산시장과 증권시장을 먼저 초토화시키고는, 곧 온갖 투기의 진기록들로 뜨겁게 달아올라 있던 일본 열도를 디플레이션의 함정으로 밀어 넣는다.

그렇다면 지금까지 일본을 괴롭히고 있는 디플레이션은 순전히 금리 폭탄을 터뜨린 미에노의 책임인가? 비록 실패로 끝났지만 많은 경제평론가들은 적어도 미에노를 비난하지는 않는다. 앞선 역사가 거듭 보여주었듯이 일본의 거품도 결국은 터지게 되어 있었는데, 미에노가 미리 터뜨려 후유증을 그만큼 줄였다고 긍정적으로 평가하기도 한다.

어쨌든 결과는 예상했던 것보다 엄청 더 나쁘게 전개되었다. 그러나 문제는 애시 당초 사고를 친 미에노보다는 미국처럼 사고를 매끄럽게 수습하지 못한 일본 정부에 문제가 있었다고 보는 것이 옳다.

일본도 뒤늦게 금리를 제로 수준으로까지 낮춰 내리는 통시에 케인즈의 처방전을 빌려와 대대적인 사회간접자본투자에 나섰지만 효과적이지 못했다. 수요도 없는 곳에, 그래서 전혀 생산적이지 못한 장소에, 그러나 유력한 정치인의 연고는 확실히 있는 곳에 도로를 내거나 다리를 설치하며 예산을 낭비하면서 부채만 쌓아갔기 때문이었다. 우리 국회에서도 심심찮게 구경할 수 있는 이른바 '쪽지예산'의 폐해다.

이렇게 해서 일본은 그 후 30여 년 가까이 지난 지금까지도 때때로 찾아오는 디플레이션의 공포에 맞서 성과 없이 싸우고 있다. 이렇게 미에노의 강공은 결국 중앙은행 역사에 아직까지도 지워지지 않는 무거운 트라우마를 남기면서 미 의회에서 금융시장의 위대한 지휘자로 칭찬을 받으며 떠나갔던 그린스펀마저 임기 중 몇 차례나 있었던 자산시장 거품에 감히 맞서지 않도록 만들었다.

그린스펀은 재임 동안 현란한 금리 운용술로 수차례의 위기를 극적으로 모면하면서 지켜보는 이들을 열광시켰으나 퇴임 후 결국은 주식시장의 거품을 그대로 이어받았던 부동산시장이 안에서 끓어오르는 사나운 열기를 이겨내지 못하고 자폭하면서 세계 경제가 대불황의 늪 속으로 미끄러져 들어가는 것을 그냥 지켜보고 있는 수밖에 없었다.

그린스펀은 자산 가격의 상승이 일시적인 현상인지 아니면 지속적인 현상인지를 구분하는 것은 사실상 매우 어렵기 때문에 자칫 금리 인상이란 칼을 뽑아 들었다간 표적인 자산시장뿐만 아니라 경제 전체를 망가뜨릴 수도 있다며, 자산 인플레이션에 대한 중앙은행의 정책적 대응에 한계가 있다고 말했다.

조지 부시 대통령이 '록스타'라 비유할 정도로 열렬했던 그린스펀의 인기는 그냥 얻어진 것이 아니었다. 그는 아시아 외환위기, 2차례에 걸친 이라크와의 전쟁, 9·11테러 사건 등과 같은 매머드급 외부충격들을 잘 이겨내면서 211개월(19년)에 걸친 재임기간 동안 단 16개월간의 불황만을 허용했다.

경이적인 기록이 아닐 수 없다. 그래서 미국의 상원의원이었던 존 메케인은 '죽은 공명이 산 중달을 쫓아낸' 『삼국지』 일화를 알고나 있는 듯 만일 그린스펀이 세상을 떠나면 그의 얼굴에 선글래스를 끼어 자리에 앉혀 놓기만 해도 될 것이라 말하기까지도 했다.

그런 그린스펀도 자산시장 거품에 대해서만큼은 어쩔 수 없었다. 이는 1996년 12월 다우존스 산업지수가 6,500을 찍을 때 작정하고 언급했던 시장의 '비이성적 과열'이 그로부터 3년이 지나 77%나 더 상승한 후에야 비로소 요란한 굉음을 내며 무너질 때까지 속수무책으로 바라만 보고 있을 수밖에 없었던 데서 엿볼 수 있다.

모든 것은 인플레이션에서 시작된다

'인플레이션은 화폐적 현상'이라고 밀턴 프리드먼은 잘라 말했다. 확실히 그렇다.
시중에 돈이 넘쳐날 때 물가는 꼭 오른다는 말이다.

중앙은행의 음모?

'경기 변화의 배후에는 언제나 중앙은행이 있다'는 말은 틀린 말이 아니다. 중앙은행은 늘 음모를 꾸민다. 시장의 무게중심이 호황이나 불황 가운데 어느 한 쪽으로 기울기 시작하는 때가 오기를 기다리며 결코 멈추지 않는다. 경기가 지나치게 과열되거나 냉각되면서 발생하는 초인플레이션이나 대량실업을 방지하기 위해 때맞춰 금리조정이란 백신주사를 놓으려는 것이다. 예방접종 후 우리 몸에 간혹 미열이 발생하듯이 중앙은행의 이런 확장적이거나 긴축적인 통화금융정책에 의해

가벼운 호황과 불황이 발생하는 경우도 있다.

이런 현상은 흔히 자동차 운전에 비유되기도 한다. 경제라는 자동차를 끌고가는 중앙은행은 오르막길을 오를 때는 가속 페달을 더 밟아주고, 또 내리막길로 접어들 때는 속도가 지나치게 올라가지 않도록 브레이크 페달을 가볍게 밟아준다.

그러나 간혹 이런 조정에 미숙한 중앙은행이 오르막길에서 가속 페달을 너무 지나치게 밟아, 즉 확장적인 기조를 너무 과도하게, 혹은 너무 오래 끌고 간 나머지 경기가 지나치게 과열되거나, 또 반대로 내리막길에서 브레이크 페달을 너무 세게 밟아 긴축적인 기조를 너무 강하게 끌고 간 나머지 경기가 급격하게 냉각되면서 심각한 불황으로 치닫는 일도 발생한다. 그러나 이런 경우에도 그리 크게 놀랄 필요는 없다.

중앙은행이 자신의 실수를 깨닫는 순간 가속 페달이나 브레이크 페달에서 발을 떼면 경제는 다시 정상속도로 되돌아오기 때문이다. 특히 근래에는 중앙은행이 그동안의 실수를 통해 많은 교훈을 얻었기 때문에 그런 실수를 저지를 확률도 많이 낮아졌다. 경기에 대한 미세조정이 가능해졌다는 말이다.

그러나 중앙은행의 경기조정능력에도 불구하고 뜻대로 되지 않는 경우도 더러 발생한다. 탐욕으로 키운 버블이 터지면서 발생하는 금융위기, 이와 함께 발생하는 불황이 끊이지 않는 것이 바로 그 증거다.

1990년대 말 정보통신기술 혁신에 힘입어 수년 동안 한껏 부풀어 올랐던 이른바 닷컴 버블이 2000년 3월에 터지면서 기술주 가격이 그 후 2년 반 동안 78%나 하락하는 일이 발생했을 때, 그린스펀은 연이어 3차례나 금리를 인하하는 용단을 내린 끝에 결국 미국 경제, 더 나아가 세계 경제를 구원하는 데 성공을 거두는 듯 했다. 그러나 뒤늦게 나선 진화작업이었던 만큼 부작용도 없지 않았다. 2001년 3월 미국 경제가 결국 공식적인 불황기로 접어들게 되는 것까지 막을 수는 없었기 때문이다.

또 다른 선례가 적잖이 있지만 2008년 10월 리먼 브라더스의 파산신청으로 표면화된 가장 최근의 미국 금융위기 후의 불황이 단연 압권이다. 이럴 때도 역시 중앙은행이 개입하면서 쉽지는 않지만 치료될 수는 있었다. 그러나 과거 경험으로 볼 때나 또 현재 우리가 목도하고 있는 것으로 비추어 볼 때나 호황 끝에 피로현상으로 발생하는 일상적인 불황을 치유하는 것보다는 훨씬 많은 시간과 비용이 소요된다.

중앙은행이 이렇게 끊임없이 시장에 개입하려는 음모를 멈추지 않는다면 그들이 들어오고 나가는 시기를 일반투자자의 눈으로도 포착해낼수 있을까? 이 질문에 대한 해답은 확실히 '그렇다'다. 그렇다면 다음 질문은 당연히 '어떻게'다. 이것이 경제지표를 이용한 자산투자에서 가장 중요한 포인트다. 이것만 알고 있으면 경기 변화, 더 나아가 자산 가격 변화의 타이밍을 어느 정도 예측할 수 있게 될 것이기 때문이다.

스웨덴 왕립아카데미도 로버트 쉴러를 포함한 3명의 2013년도 노벨경제학상 수상자를 발표하며 "주식이나 채권시장에서 당장 며칠 뒤의 가격은 맞힐 수 없지만 3~5년 정도의 먼 미래를 예측할 수 있도록 길을 터줬다"라고 말했다. 중앙은행이 들고 있는 가장 강력한 무기인 기준금리를 염두에 두고 한 말이다.

중앙은행이 기준금리를 바꿀 때는 절대 서두르지 않는다. 그만큼 시장에 대한 충격이 크기 때문이다. 그래서 일단 시작하면 금리를 0.25% 포인트씩 조금씩, 그러나 계속해서 올리거나 내린다. 기준금리 변화의 이런 모습을 통해 우리는 중앙은행의 금리정책이 긴축으로 가고 있는지, 아니면 확장으로 가고 있는지를 한 눈에 확인할 수 있다.

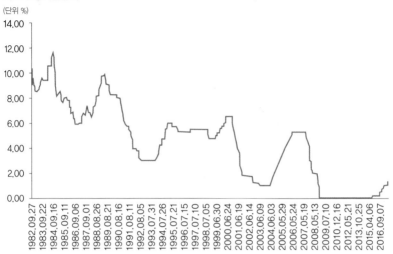

목표 연방기금금리

(단위 %)

여기서 주목해야 할 사실은 '기준금리가 3차례 올라가면 주가는 곤두 박질친다'는 월가의 오랜 격언이다. 위의 그림은 1982년 9월부터 2018년 1월까지 미국의 기준금리인 연준의 목표 연방기금금리 변화 사이클이 다. 이것만 봐도 비즈니스 사이클을 쉽게 떠올릴 수 있다. 특히 기준금리 가 연속해서 3번 정도 오르거나 내리면 금리변화 사이클이 그 방향으로 완전히 굳어지는 모습도 함께 볼 수 있다.

중앙은행을 춤추게 하는 것

1992년 클린턴이 부시와 대권을 두고 일전을 벌일 때 이라 크전 승전으로 기세가 등등해진 부시에게 "문제는 경제야, 바보들아"라고 일갈했다. 옳은 이야기였다. 당시 그가 말했던 경제는 실업률이었다. 정곡을 찌른 이 선거 구호 덕분이었던지 클린턴은 어쨌든 부시 당시 현직 대통령을 실업자로 만들어 텍사스로 내려 보내고 백악관에 자신의 일자리를 마련하는 데 성공한다.

그러나 여기서 독자들이 주목해야 하는 경제는 실업률이 아니라 인플레이션이다. 칭찬이 고래를 춤추게 만들 듯이 인플레이션이 중앙은행을 춤추게 만들기 때문이다.

태양을 중심으로 움직이는 행성들이 생명체를 수용할 수 있기 위해서는 지나치게 크지도 않고, 지나치게 작지도 않아야 한다고 한다. 동시에 지나치게 뜨겁지도, 지나치게 차갑지도 않아야 한다고 천문학자들은 말한다. 이런 상태를 두고 세간에서는 '골디락스'라고 하는데 흔히 쓰는 말은 아니다. 그런데 이 말을 엉뚱하게도 월가에서 자주 듣게 된다. 월가의 투자자들은 물가가 지나치게 높지도, 지나치게 낮지도 않은 상태를 두고 그렇게 말한다. 중앙은행이 정말 할 일이 없는 때다. 태평성대라고 해야 할까?

미국 경제를 경제대공황 이후 가장 심각한 불황으로 몰아넣은 볼커의 고금리 정책과 신경제 창출을 위한 그린스펀의 저금리 정책은 결국 인플레이션에 맞서는 중앙은행장의 외줄타기였다. 우리가 다 알고 있는 바로 그 인플레이션이다. 그대로 두면 돈 가치가 떨어지고, 임금이 상승하고, 그래서 다시 물가가 따라서 오르는 악순환을 거듭하는 그런 인플레이션이다.

이런 인플레이션의 예방이나 치료에는 중앙은행이 공인된 전문의다. 이미 많은 임상경험이 축적되어 있기 때문에 금리를 인상하거나 인하하는 등의 내과적 처방에 이어 필요한 경우 의회의 협조를 얻어 금융개혁과 같은 외과적 수술을 단행해 비교적 손쉽게 극복해낸다.

그러나 결과적으로 잃어버린 20년을 불러온 일본은행의 금리 상승은 주가와 부동산 가격이 턱없이 상승하는 자산 인플레이션을 꺾기 위한 것이었다. 논의만 무성했지 칼을 들고 달려들기는 미에노가 처음이었다고 앞서 이미 언급하기도 했다.

문제는 언제나 소비자물가 상승으로 다가오는 인플레이션이다. 중앙은행이 가장 쉽게 조리할 수 있는 메뉴다. 절대 그냥 흘려보내지 않는다. 그러나 그때마다 비즈니스 사이클이 흔들리고 모든 종류의 자산시장이 일제히 따라서 출렁거린다. 따라서 자산시장 참여자들은 눈앞에서 전개되고 있는 중앙은행의 금리 정책에 관심을 기울이기에 앞서 중앙은행의 그런 금리 변화를 불러올 인플레이션 조짐에 먼저 모든 신경을 곤두 세워야 한다.

우리 곁을 스쳐간 인플레이션과 초인플레이션

'인플레이션은 화폐적 현상'이라고 밀턴 프리드먼은 잘라 말했다. 확실히 그렇다. 시중에 돈이 넘쳐날 때 물가는 꼭 오른다는 말이다. 역사적으로 이미 많은 사례들이 이를 사실로 증명해주고 있는데 제2차 세계대전 중 중국의 장개석 군영에서 일어난 일은 교훈과 함께 재미까지 더해주고 있어 소개하려 한다.

제2차 세계대전 중 장개석의 국민군은 바다에서 멀리 떨어진 내륙 오지의 중경에 거점을 두고 일본군과 싸우고 있었는데, 전쟁에 필요한 모든 물자를 미국으로부터 항공편으로 지원을 받고 있었다. 지원물자에는 총이나 탄약과 같은 군수품은 물론 식품이나 의류와 같은 생필품에다 국민군들 사이에 유통되는 화폐까지도 포함되어 있었다.

미국에서 제조된 국민군들의 화폐는 다른 물자들과 함께 수송기에 실려 일본군의 대공포와 전투기의 위협을 뚫고 배송되었는데 시급하게 필요했던 탄약이나 식품에 밀려 늘 충분하게 공급되지 못했다. 그런데도 생필품이 워낙 귀했던 만큼 이른바 '공급 부족'으로 인해 물가가 올라가는 인플레이션이 진행되고 있었다.

인플레이션으로 인한 화폐 거래량 증가를 따라잡기 위해 장개석의 미국인 고문관은 소액권 대신 고액권 화폐를 많이 주문하도록 권유한다. 동일한 용적의 화물로 더 많은 화폐를 공급할 수 있기 때문이다.

그러나 유감스럽게도 결과는 전혀 예상하지 못했던 방향으로 치닫는다. 가뜩이나 부족한 생필품에 화폐량이 갑자기 몇 배나 증가하자 인플레이션이 광속으로 진행된 것이다. 일정량의 생필품과 함께 전쟁으로 고립된 지역에 화폐 투입량을 늘리면서 본의 아니게 프리드먼의 인플레이션 이론을 완벽하게 실험해보고 그의 손을 들어준 셈이 되었다.

화폐적 현상으로서의 인플레이션은 비단 20세기에 들어와서야 생긴 것은 아니다. 화폐가 있었던 곳에서는 이따금씩 늘 일어났던 일이었다. 1525년 신성로마제국의 패권을 두고 스페인의 왕 찰스 5세와 경합을 벌이던 프랑스의 왕 프랑시스 1세는 전투중에 포로가 되어 마드리드로 호송되어 감금되는 수모를 겪는다. 긴 협상 끝에 프랑시스는 7살과 8살이 된 2명의 아들을 인질로 보내는 대신 자유를 얻는다. 그리고 그는 4년 후 금화 200만 크라운을 몸값으로 지불할 것을 약속하며 두 아들을 다시 찾아오기로 한다. 선금으로 금화 120만 크라운이 배에 실려 스페인과 프랑스 국경 사이의 강을 건너게 되었는데, 이 금화를 세는 데만 무려 4개월이나 걸렸다고 한다.

이렇게 막대한 양의 금 이동은 즉시 양국 경제에 영향을 미친다. 프랑스에서는 통화량 부족으로 소비가 줄어들면서 디플레이션이, 반면 스페인에서는 뜻밖의 돈 벼락으로 소비가 크게 늘어나면서 인플레이션이 일어난다. 프랑스 물가가 하락하는 동시에 스페인 물가는 상승하자 값이 싼 프랑스 상품이 스페인으로 물밀 듯이 흘러 들어오게 된다. 밀, 와인, 브랜디에서부터 양초와 캔버스천에 이르기까지 모든 품목이 다 포함되었다. 그래서 프랑스에서 스페인으로 흘러들어온 금은 결국 다시 프랑스로 역류해 들어간다.

이렇게 우리가 흔히 경험하는 인플레이션이 화폐적 현상인 것과는 달리 초인플레이션은 늘 정치적 현상이다. 정치적 난맥이 없이는 일어날 수 없는 일이기 때문이다. 1923년 말 독일은 물가상승률이 1,820억%로 올라서면서 물가가 제1차 세계대전이 일어나기 직전이었던 1913년에 비해 1.26조 배나 높아지는 대기록을 세운다. 한 개에 100원 하던 초코파이가 10년 만에 126조 원으로 뛰어올랐다는 것과 같은 이야기다. 5만 원권을 사과상자에 가득 채우면 10억 원 가량 된다고 하니 이런 상자를 12만 6천 개를 들고 가야 초코파이 한 개를 살 수 있는 셈이다. 열량이 높기로 유명한 초코파이긴 하지만 그런 노동까지 감당할 수 있을까? 독일인들은 그렇게 어리석지 않았다. 1923년에 액면가 10억 마르크짜리 지폐를 찍어 유통시킨 것만 봐도 알 수 있다.

이처럼 황당한 인플레이션에 대해 독일은 1918년 11월에 종료된 제1차 세계대전 패전에 따른 과도한 배상금 때문이라 주장한다. 그러나 자세한 내용을 들여다보면 꼭 그렇지만도 않았다. 배상금 지불이 시작되기도 전인 1919년과 1920년에 독일의 재정적자는 이미 심각한 수준에 도

달했고, 급기야 배상금 지급을 이행할 수 없었던 1923년에는 적자규모가 더욱 커졌다. 독일이 재정적자를 이렇게 키운 것은 제1차 세계대전의 종료와 함께 들어선 바이마르 공화국 정부의 무능함 때문이었다.

고소득자들의 세금납부 거부로 조세수입이 충분하지 못한데도 불구하고 공공부문 노동자들에게 지나치게 관대한 임금을 지급하면서 사실상 위기를 자초했다. 그러다 제1차 세계대전의 대명사가 된 참호전의 주무대가 되었던 동북부 일대의 도로와 산업시설의 파괴로 막대한 재정적 피해를 본 프랑스가 1923년 1월 벨기에와 연합해서 루르지역을 침공해 오자 독일은 자포자기 상태에서 마르크화를 마구 찍어내기 시작하면서 초인플레이션 시대로 들어가는 문을 스스로 활짝 열어젖혔다.

초인플레이션을 언급하면 우리는 늘 이렇게 제1차 세계대전 직후의 독일을 먼저 떠올리지만 사상 최고의 초인플레이션이 일어난 곳은 정작 당시의 독일이 아니었다. 제2차 세계대전이 종료된 후인 1946년 7월 동유럽 헝가리의 물가가 무려 419경(4,190,000,000,000,000,000)배나 뛰어 오르며, 이 분야 최고 기록을 세운다. 독일과 헝가리의 초인플레이션은 모두 전쟁과 관련된 것들이었다. 그렇다면 제3차 세계대전이 일어나지 않는 한 초인플레이션은 다시 나타나지 않을까? 불행하게도 그렇지는 않았다. 이는 평화시에도 일어났다.

2008년 아프리카의 작은 나라 짐바브웨의 물가상승률이 10만%를 기록하면서 당시 그 나라에서 장례를 한 번 치르는 비용이 10억 짐바브웨 달러나 되었다고 한다. 1979년 물가상승률이 50%를 상회했던 나라는 최소한 7개나 되었고, 물가상승률이 두 자리 수 이상이었던 나라는 60개가 넘었다. 대표적 선진국인 영국과 미국도 이 대열에서 빠지지 않았다.

중앙은행의 길

　　세상일에 대한 논평을 끊임없이 쏟아내면서 1920년대와 1930년대에 걸쳐 미국에서 유명인사로 활동했던 윌 로저스는 '유사 이래 3가지 위대한 발명이 있는데 불, 수레, 그리고 중앙은행이 바로 그것들이다'라고 말했다. 중앙은행은 불이나 수레에 비해서는 턱없이 역사가 짧다. 그러나 우리 생활에 미치는 영향력으로 봐서는 결코 불이나 수레에 뒤지지 않는다.

　중앙은행은 한마디로 화폐를 관리하는 기관이다. 중앙은행이 있기 전부터 화폐는 있었다. 그래서 어쩌면 3가지 위대한 발명 가운데 중앙은행 대신 화폐가 들어가야 마땅할지 모른다. 그렇다고 중앙은행의 기능과 역할이 낮아지는 것은 아니다. 중앙은행이 만들어지기 전의 화폐와 만들어진 후의 화폐의 위상이 결코 같을 수 없기 때문이다.

　지금까지 물가와 고용 안정을 위한 중앙은행의 경기조절기능에 대해 간헐적으로 몇 차례 언급했지만, 그 모든 것은 화폐의 가치를 일정하게 유지하기 위한 노력을 전제로 한 후의 기능이다. 중앙은행이 만들어지기 훨씬 이전 유럽의 왕들은 국고가 비어갈 때마다 시중에 유통되고 있는 금화나 은화를 거두어들여 액면가는 그대로 두고 무게를 낮추어 재주조해서 유통시키면서 사실상 화폐의 가치를 낮추는 만행을 자주 저질러 왔다.

　그러나 군주제가 사라진 지금도 그런 일은 사라지지 않았다. 정부가 중앙은행을 앞세워 갖가지 이유로 통화량을 지나치게 확대한 나머지 기 발행되어 유통중에 있는 국공채의 가치를 낮추며 의도적으로 자신의 부채부담을 경감시키기도 했기 때문이다.

인플레이션의 폐해를 이야기하면서 흔히 일어나지도 않는 초인플레이션 이야기만 늘어놓는 것은 사실 적절치 않다. 마치 연예인 이야기만 하는 것과 같다. 그들의 삶에 많은 사람들이 관심을 보이는 것은 맞지만, 그들은 특별한 부류의 사람들이다. 그래서 세상을 바로 보려면 연예인들보다는 일반인들에게 더 많은 관심을 두어야 한다. 중앙은행이 우려하는 인플레이션은 사실 '흑고니'처럼 이따금씩 날아오는 초인플레이션이 아니라 자칫 방심하는 사이에 발목을 잡아버리는 일상적인 인플레이션이기 때문이다. 인플레이션은 우선 물가가 꾸준히 상승하는 현상을 가리킨다.

그렇다면 어느 한 해 물가가 오르지 않은 해가 없었던 만큼 인플레이션이 늘 우리와 함께 있었다고 말할 수 있는가? 그렇다. 그러나 적당한 수준의 스트레스가 건강에 도움이 되듯이 완만한 속도의 물가 상승은 경제에 약이 된다. 물가가 계속 떨어지면 오히려 더 큰 문제가 된다.

일본처럼 물가가 계속해서 하락하는 디플레이션에서는 사람들이 도대체 돈을 쓰려 들지 않는다. 자동차니, TV니 하는 것들의 가격이 계속 떨어지면 서둘러 새 것을 장만할 필요가 없기 때문이다. 또 물가가 너무 빠르게 상승해도 문제가 발생한다. 물가가 그런 속도로 계속 올라가게 될 것이라는 기대감이 굳어지면서 경제를 엉뚱한 방향으로 몰고가게 되기 때문이다.

우선 물가상승률만큼 임금도 따라서 올라가게 된다. 인건비라는 최대의 생산비용이 상승하면 판매 가격도 언젠가는 올라갈 수밖에 없게 되면서 빠른 속도의 인플레이션이 완전히 굳어진다. 인플레이션 기대심리를 꺾는 것이 유일한 해결책인데 기술적으로 매우 어렵다는 것이 지배적인 견해다. 그래서 아예 처음부터 사람들에게 그런 생각을 하지 않도록 예방하는 것이 중요하다. 엄격한 촌장의 역할을 해줄 중앙은행이 나라에 필요한 것은 바로 그 때문이다.

따라서 중앙은행의 책무 중 가장 무거운 것이 바로 인플레이션이 일어나지 않도록 철저히 예방하는 일이다. 바꾸어 말하면 어느 시대에서나 중앙은행의 주적은 인플레이션이라는 것이다.

그렇다면 EU에 참여한 일부 유럽 국가들을 제외한 모든 국가들이 저마다 하나씩 가지고 있는 중앙은행들은 인플레이션 예방을 위해 실제로 어떤 노력들을 기울이고 있는가? 가장 대표적인 2개의 중앙은행을 소개한다.

먼저 중앙은행들 가운데 인플레이션 관리에 가장 엄격하다는 EU 참여국들의 유럽중앙은행 ECB은 1994년 설립 당시부터 인플레이션 억제에 목을 매어왔던 독일의 분데스방크를 표본으로 삼아 인플레이션 억제에 전력을 기울이기로 했다. 그래서 역내의 인플레이션율을 참여국들 가운데 인플레이션율이 가장 낮은 3개국의 평균 인플레이션율보다 1.5% 포인트를 상회하지 않도록 해두었다. 또 인플레이션의 원인이 되는 통화량 확대를 유발할 수 있는 재정지출에 대해서도 엄격한 규칙을 정하기로 합의했다. 재정적자의 규모를 GDP의 3%를 가급적 상회하지 않도록 하고, 정부부채의 규모도 GDP의 60%를 넘어서지 않도록 한 것이다.

또 미국의 중앙은행인 연방준비제도 The Fed는 제도적인 측면에서부터 독립성을 잘 보장하는 모델로 자주 언급되고 있다. 먼저 연준의 의장과 부의장을 포함한 7명의 이사들은 대통령의 지명과 상원의 인준을 거쳐 임명되는데 임기가 무려 14년이다. 그런데 더욱 재미있는 것은 7명의 이사들을 한꺼번에 교체하는 것이 아니라 2년마다 한 명씩 교체한다는 것이다. 정권교체와 함께 새로 들어서는 대통령이 자기 입맛에 맞는 인사들로 이사진을 한꺼번에 교체하면서 중앙은행의 독립성을 해치는 일이 없도록 만들기 위해 설립 당시부터 대못을 단단히 박아 놓은 것이다.

그러나 2차례의 석유파동 후의 스태그플레이션 시대 연준 의장을 지냈던 폴 볼커는 "의회가 우리를 만들었던 것처럼 우리를 없애버릴 수도 있다"라는 말을 하면서 의회의 영향력에 대해 다소 불편해했다. 사실 미국 의회는 연방준비은행의 정책이 인플레이션 억제 쪽으로 지나치게 기울어질까 두려워한 나머지 1946년 고용법을 제정해서 고용안정도 똑같은 비중으로 다루어지도록 했다.

제2차 세계대전 중 완전고용을 달성하면서 경제대공황의 상흔에서 완전히 벗어난 미국은 종전과 함께 대거 귀국하는 병사들이 일자리를 제대로 잡지 못하면서 발생하게 될지도 모르는 불황에 대한 두려움을 가지고 있었다. 그래서 이때부터 연준은 '인플레이션 억제'와 '고용 안정'이라는 두 마리 토끼를 함께 잡아야 하는 어려운 과제를 떠맡게 된다.

그러나 의회의 다수당이 어느 쪽이냐에 따라 두 마리 토끼의 비중은 늘 달라진다. 이를테면 고용 쪽에 신경을 많이 쓰는 민주당이 다수당이 되는 경우에는 금리를 내리는 결정이 많아지게 되고, 반대로 인플레이션을 경계하는 공화당이 다수당이 되는 경우에는 금리를 올리는 결정이 많아지게 된다.

중앙은행판 군사분계선과 비무장지대

1953년 정전협정으로 한반도는 사실상 허리가 잘린 채 다시 남북 대치 국면으로 들어간다. 충돌을 완화하기 위해 군사분계선을 설정하고 양측이 남북으로 각기 2km씩 물러서서, 4km의 폭을 가진 비무장지대DMZ 밖에서 자신들을 방어하기로 한 것이다. 군사분계선이란 선 하나를 중심으로 지근거리에서 서로 사납게 총부리를 겨누는 것이 아니라 어느 정도의 거리를 두고 적이 어떻게 하는지를 살펴보면서 우발적인 일로 전쟁이 다시 발발하지 않도록 하자는 의도에서였다. 그래서 북한이 작정하고 남한으로 침공해 들어오려면 우선 대규모의 병력이 군사분계선을 넘기 전에 비무장지대의 북방한계선부터 반드시 넘어야 되었다. 전쟁 징후를 그만큼 빨리 포착할 수 있게 된 셈이다.

인플레이션과 싸우는 중앙은행도 마찬가지다. 나름 군사분계선이 있고, 비무장지대도 있다. 인플레이션의 공식 지표인 소비자 물가상승률이 도대체 몇 %나 되어야 인플레이션이 일어났다고, 즉 북한군이 쳐들어왔다고 공식적으로 선언하고 즉시 준비하고 있던 대응체제를 가동시키는가 하는 것이다.

이를 위해 세계 각국의 중앙은행들은 '물가관리 목표제'를 두고 있는데 크게 2가지 방식이 있다. 먼저 달랑 군사분계선 하나만 가지고 적을 감시하는 체제가 있고, 비무장지대를 설치하되 운용방식은 약간 달리해서 적이 자신의 비무장지대 한계선은 물론 군사분계선까지 넘어와도 경우에 따라 즉각 대응하지 않고 여러 가지 상황을 감안하면서 인내심을 가지고 지켜보며 탄력적으로 대응하는 방식이 있다.

절대 양보할 수 없는 군사분계선 하나만 가지고 물가를 관리하는 방식은 '목표치' 관리다. 소비자물가 상승률이 이 목표치를 넘어서는 즉시 중앙은행은 실력행사에 들어간다. 반면 비무장지대를 설정하고 다소 유연하게 물가를 관리하는 방식은 '목표범위' 관리다. 보다 신중한 개입을 선호하는 중앙은행들이 채택하는 방식이다. 미국이나 EU, 그리고 일본과 같은 주요 중앙은행들은 엄격한 '목표치' 관리를 채택하고 있다.

그러나 미국이 처음부터 그랬던 것은 아니다. 물가관리 목표치 대신 물가관리 목표범위를 두고 관리했으나 2012년 1월 25일 당시 연준 의장이었던 버냉키는 모호한 방식의 선문답을 즐겼던 전임자인 그린스펀 시절 굳어졌던 연준의 불투명성 이미지를 쇄신하기 위해 목표치에 의한 물가관리 목표제를 도입한다.

그러나 우리나라는 목표범위를 통해 물가를 관리하고 있다. 자산시장에 지각변동을 일으키는 한 국가의 통화금융정책의 변화를 미리 읽어내기 위해서는 반드시 그 나라의 소비자물가지수 상승률을 해당 국가의 중앙은행이 미리 설정해둔 물가관리 목표치 혹은 목표범위와 비교하는 습관을 가져야 한다.

중앙은행의 인플레이션 저울

금리 변화의 타이밍은 중앙은행이 선택한다. 경제지표를 예의 주시하면서
인플레이션 저울의 추가 어느 쪽으로 기우는지를 살피며 결정적인 순간을 노린다.

.

자연산 금리와 중앙은행산 금리

경제를 움직이는 것은 이렇게 결국 금리다. 그러나 금리에는
사실 2가지가 있다. '자연산 금리'가 있는가 하면 '중앙은행산 금리'가 있
다. 경제가 비즈니스 사이클의 고갯길을 타고 회복 국면을 통과한 후 본
격적인 확장 국면에 들어서면 가장 먼저 서둘러야 하는 것은 생산설비
의 확장이다. 신규투자가 필요한 것이다. 신규투자는 곧 돈을 말한다. 이
렇게 돈이 필요한 기업이 많아지면 은행이 바빠지고 당연히 금리가 상
승한다.

경기가 과열되면서 계속 늘어나는 주문을 감당하기 위해 자본과 노동을 찾아나서는 기업의 발걸음이 분주해지면 금리도 오르고 임금도 오르고, 그래서 인플레이션이 발생할 완벽한 여건이 무르익어간다. 앞서 많은 실패에서 교훈을 얻은 중앙은행이 마침내 존재감을 내보여야 할 때가 되었다. 이미 상승일로에 들어서 있는 자연산 금리에 과감하게 금리한 접시를 더 추가하는 주문을 낸다. 걷잡을 수 없이 확산되는 성난 화재 현장에서 폭탄을 터뜨려 주변 산소를 모조리 빼앗아와 마침내 불길을 잡는 지혜로운 소방수처럼 선제공격을 날리려는 것이다.

제 멋에 겨워 혼자서 과열되려는 경제 엔진에 냉각시스템을 가동시키는 것이다. 냉각시스템이 일단 가동되면 경제는 다시 착한 모습을 되찾게 되겠지만, 경제보다 늘 앞서 내닫는 자산시장은 그런 충격을 쉽게 감내하지 못한다. 중앙은행도 그런 저간의 사정을 모를 리가 없다. 그래서 감속이 필요할 때는 충격을 최소화하기 위해 안내방송을 먼저 한다. 중앙은행장 이하 여러 고위 인사들이 여러 경로를 통해 정책 변화를 예고하는 메시지를 흘려보낸다. 그리고 마침내 금리를 인상할 때도 부드럽게 다가선다.

필자가 대학에서 강의할 때 중앙은행장은 결코 속사포를 쏘지 않는다고 학생들에게 곧잘 말했다. 영국 경찰은 시민들을 놀라게 하지 않기 위해 절대로 뛰는 법이 없는 것처럼 어느 나라든 중앙은행이 기준금리를 인상할 때는 언제나 0.25% 포인트씩 천천히 쏜다. 그래서 중앙은행장이 쏘는 총알 한 방의 화력은 0.25% 포인트라 할 수 있다. 올릴 때나 내릴 때나 한결 같다.

무슨 원수나 만난 듯 인상을 잔뜩 찌푸린 채 작은 시가를 깨물고 연신 속사포를 발사하는 클린트 이스트우드는 기껏 캘리포니아의 이름 없는 작은 도시의 시장 그릇이지, 한 나라의 중앙은행장 그릇은 결코 아니다. 그래서 중앙은행장의 주머니 속에 총알이 과연 얼마나 남아 있는가를 따지는 일은 지혜로운 투자자들이 반드시 챙겨야 할 일이다.

그러나 월가에서 시작된 금융위기 후 이런 식의 전통적인 관전법은 빛을 잃게 되었다. 예전에 없었던 일들이, 그것도 아예 시리즈로 엮이어 눈앞에 전개되고 있기 때문이다. 예를 들면 금융위기 후 미 연준의 유일한 무기가 되어버린 양적확대는 금리가 바닥에 떨어져 단기국채 매입을 통한 금리 인하가 불가능해졌을 때 장기국채를 매입하면서 시중금리를 직접 조절하는 비상대책으로 알려져 있었다.

그런데 최근의 사례에서와 같이 질 좋은 국채 대신 모기지 채권과 같은 불량 채권까지 무차별 매입하는 사례는 전례가 없었기 때문이다. 이를테면 미 연준은 할리우드의 브루스 윌리스나 홍콩의 주윤발처럼 총알이 떨어지는 일이 절대로 없더라는 것이다. '중앙은행에 대들지 말라'는 증시 격언을 다시 떠올리게 하는 교훈이 되어야 하겠다.

그러나 0% 가까이까지 기준금리를 끌어내린 미국과 일본의 중앙은행장은 사실상 무장해제가 된 거나 마찬가지다. 그래서 미국이 언젠가는 양적확대를 접고 출구 전략을 가동시킬 수밖에 없게 될 텐데, 이때 가장 시급한 과제는 또 다른 전투에 대비해 탄약고부터 채우는 일이다. 여건이 허락될 때마다 기준금리를 꾸준히 인상해서 평소 수준으로 끌어 올려놓아야 한다는 것이다. 그래야 금리를 통한 경기조절 기능을 정상화시킬 수 있기 때문이다.

따라서 기준금리가 일단 상승하기 시작하는 것은 거대한 지각변동의 출발점이 된다. 일단 올리는 쪽으로 들어서면 돌이킬 수 없다.

미국은 2016년과 2017년에 각 한 차례, 2017년에 무려 3차례에 걸쳐 금리를 올렸다. 2018년 3월 들어 또 금리를 올린데 이어 연내 적어도 2차례 이상 더 금리 인상을 단행하려 하고 있다. 그렇다면 언제 멈출 것인가? 정상적인 탄약 비축량은 얼마나 되어야 하는가와 같은 질문이다.

중앙은행이 경기조절을 위해 편안하게 금리를 올리거나 내리기 시작하는데 필요한 금리수준은 어느 선인가? '다목적댐 본연의 역할을 다 하기 위한 안동댐의 평상시 수위는 얼마나 되어야 하는가'와 같은 질문이다. 이를 위해서 지난 10년, 혹은 그동안 예외적인 홍수나 가뭄과 같은 비상한 사태가 있었다면, 더 거슬러 올라가 20여 년 정도의 평균 수위를 보면 된다. 기준금리도 마찬가지다. 지난 10여 년간의 평균 기준금리를 비교잣대로 삼는 것이 안전하다. 언제라도 그 수준까지 올라갈 수 있다고 생각하면서 대비하는 자세가 필요하다는 말이다.

중앙은행이 총을 연발로 2발, 3발을 연이어 쏘면 확실히 뭔가 잘못된 것이다. 중앙은행이 당초 의도했던 대로 되어가지 않는다는 것을 의미하는 것이다. 투자자들은 이런 신호를 절대로 놓쳐서는 안 된다. 마침내 때가 온 것이라 생각하면 된다. 그때가 망하는 때인지, 흥하는 때인지는 투자자가 어떤 준비를 하고 있었는가에 달려있다.

월가에 떠도는 말로 '1994년의 악몽'이라는 말이 있다. 당시 미 연준은 연 3%로 묶어놨던 기준금리를 1994년 2월부터 일 년 동안 연 6%까지 끌어올렸다. 총알을 무려 12발 연속해서 발사한 것이다. 이만하면 누가 다쳐도 크게 다쳤을 것이 분명하다.

S&L 사태 등이 마무리되면서 미국 경기가 회복세로 들어서자 앨런 그린스펀 당시 미 연준 의장은 인플레이션을 막기 위해 기준금리를 올렸는데, 시장금리가 동반 상승하면서 채권 가격이 급락해 채권투자자들이 가장 큰 손실을 봤다. 미국에서는 채권투자를 많이 했던 캘리포니아 주

의 오렌지 카운티가 파산했고, 국경을 넘어 신흥국에서는 자금이 대거 빠져나가면서 멕시코에서 외환위기가 발생했다.

여소야대와 야소여대

자연산 금리 대신 중앙은행산 금리가 시장을 지배하게 만드는 타이밍은 당연히 금융당국인 중앙은행이 선택한다. 경제지표를 예의 주시하면서 인플레이션 저울의 추가 어느 쪽으로 기울어가고 있는지를 살피며 결정적인 순간을 노린다. 인플레이션에 가담하는 지표들의 숫자가 많아지거나 그 반대로 디플레이션에 가담하는 지표들의 숫자가 많아지기 시작하면 중앙은행은 아연 긴장한다. 총선 결과나 여론의 동향이 여소야대로 기울지, 아니면 그 반대로 야소여대로 굳혀질지에 끊임없는 관심을 기울이는 정치판과 같다고 할까?

그렇다면 중앙은행은 지표들이 인플레이션이나 디플레이션 쪽으로 기울고 있다는 사실을 어떻게 포착하는가? 방법은 간단하다. 앞서 경제지표들을 쉽게 소개하기 위해 경제지표들을 4개의 계파로 나누어 설명했다. 이 계파들 가운데 정부지출을 제외한 소비, 투자, 순수출의 3개 계파가 각기 때로는 인플레이션 쪽으로, 또 때로는 그 반대쪽인 디플레이션 쪽으로 기우는 신호를 보낸다.

모든 계파들이 일제히 같은 방향을 가리키면 문제는 아주 쉬워진다. 정해진 등산로를 따라 설악산 대청봉이나 지리산 천왕봉을 오르는 일만큼이나 명료해진다. 그러나 각 계파들이 엇갈린 신호를 보내는 일도 흔하다. 이 뿐만이 아니다. 각 계파 소속 지표들 역시 늘 같은 목소리를 내지는 않는다. 그러나 좋든 싫든 이들이 사실상 시장을 선도하면서 비즈니스 사이클을 움직이기 때문에 각 지표들이 보내는 신호에 잠시라도 눈을 떼서는 안 된다.

경제지표들이 보내는 신호는 사실 아주 단순하다. '업'과 '다운'의 2가지 신호 가운데 하나다. 외신에서는 경제지표가 지금 '북상'하고 있는가, 혹은 '남하'하고 있는가의 식으로 말하기도 하는데, 그래프로 그려보면 지표의 수치가 증가하는 것은 북쪽으로 올라가는 것으로, 또 감소하는 것은 남쪽으로 내려가는 것으로 나타나기 때문이다. 물론 지표들이 어제, 지난 달, 혹은 지난 해 그 자리에 그대로 주저 앉는 일도 있다.

수많은 지표들이 각기 제 목소리를 내고, 또 이들 각각이 나름 현장의 목소리를 반영하는 만큼 이들이 종합적으로 어떤 신호를 보내는지 판단하는 것이 무엇보다 중요하다.

그러나 이 작업이 때로는 매우 미묘해서 결론을 쉬이 내리기가 어려운 때도 많다. 어디까지가 호황이고, 어디서부터 불황이 시작되는 건지 명확한 경계선을 긋기가 절대 쉽지 않다는 말이다. 또 이들 가운데 어떤 지표가 특별히 어느 순간에 경기를 과열로 이끌고 가는지가 분명하지 않고, 학술적으로도 아직까지 명확하게 규명되지 않고 있다. 또 노벨 경제학상이라는 현란한 유혹에도 불구하고 가까운 장래에 그렇게 될 것으로 기대되지도 않는다.

그 이유는 경제는 과학이 아니라 예술이기 때문이다. 그래서 미 연준도 미국의 메이저리그처럼 비디오 판독을 가급적 외면하고 심판제, 그것도 공개시장위원회와 같은 집단심판제를 채택하고 있다. 그래도 오류를 피해가지 못했던 사례가 끊임없이 노출되고 있다. 그래서 오류는 앞으로도 불가피하다.

그러나 언제나 분명한 것은 친 인플레이션 신호가 대세를 이룰 때는 그 기세를 꺾기 위해 금리가 인상된다는 것이다. 또 반대로 친 디플레이션 신호가 대세를 이룰 때는 인플레이션을 불러오기 위해 금리를 인하한다는 것이다. 이것이 바로 중앙은행이 평상시에 늘 하는 일이다.

중앙은행은 이렇게 인플레이션을 감지한다

자산 가격 변동이 중앙은행의 금리 변화에 크게 달려 있는 만큼 중앙은행의 시각으로
금리 변화를 불러올 인플레이션 징후를 찾아내는 노력이 무엇보다 중요하다.

인플레이션을 예고하는 신호들

모든 인간은 평등한가? 이에 대한 대답은 언제나 '그렇다'다.
지상에 존재하는 어떤 국가도 이를 절대 부정하지 않는다. 그러나 실제
로는 그렇지 않다는 것을 모르는 사람은 없다. 다만 그러기를 바랄 뿐이
다. 경제지표도 마찬가지다. 모든 지표들이 궁극적으로는 인플레이션을
감시하는 미션을 받긴 했지만 하는 일이 다 같지는 않다. 어떤 지표는 중
요한 자리에서 화려한 주목을 받는가 하면, 또 어떤 지표는 찾는 이 하나
없는 황량한 변경에서 한가한 시간을 보낸다.

나름 다 그럴만한 이유가 있는데 중앙은행이 그런 사정을 누구보다 잘 안다. 그 어느 누구보다도 먼저 인플레이션 신호를 포착해서 선제적으로 공략해야 하기 때문이다. 그래서 중앙은행은 전체적인 인플레이션 동향을 살피는 가운데서도 특별히 몇 개의 중요지표들의 움직임에 언제나 촉각을 곤두세운다.

　자산투자에 나서는 사람들도 이런 사실을 늘 염두에 두어야 한다. 자산 가격의 오르내림이 중앙은행의 금리 변화에 목을 맨다는 사실을 절대 잊지 말고 중앙은행의 시각으로 시장에서 인플레이션 냄새를 맡는 후각을 키우는 노력이 필요하다.

　중앙은행이 예민하게 지켜보는 인플레이션 지표는 모든 사람들이 다 알고 있는 그런 인플레이션 지표는 일단 아니다. 그런 지표를 보고서야 인플레이션을 감지한다면 그런 중앙은행을 우리가 어떻게 신뢰하겠는가? 중앙은행은 무엇보다 인플레이션에 대한 눈치가 빨라야 한다.

　경기를 죽이고 살리는 금리정책의 효과가 나타나려면 최소한 3개월은 소요된다고 하니 알지 못하는 사이에 인플레이션이 발생했다면 이미 3개월은 늦은 것이다. 어쩌면 그때는 이미 인플레이션에 가속이 붙어 중앙은행이 손을 쓸 수가 없는 단계로까지 발전해 있는지도 모른다. 지표 해석에 있어서 '달인'의 경지에 올라 있었다는 평가를 받았던 그린스팬은 인플레이션 조짐을 누구보다 먼저 포착해서 '선제적 방어'에 나선 것으로 유명했다.

　그의 금리 정책을 월가에서는 선제적 '공격'이 아니라 '방어'라 했다. 공격은 적이 눈에 보일 때나 하는 것인데 그린스팬은 인플레이션이라는 적이 고개를 들기도 전에 기를 꺾어 버리기 때문이다. 그래서 처음에는 그린스팬이 과도하게 반응하는 건 아닌가 의심하는 사람이 많았다.

그러나 그의 대응은 대부분의 경우 유효했고, 또 그럴 수 있었던 것은 인플레이션 발생 징후를 시장에서 찾아내기 때문이었다. 그렇다면 인플레이션을 예고하는 신호들이란 무엇인가? 또 그것들은 서로 어떻게 다른가? 지금부터 알아보기로 하자.

인플레이션이 궁금할 때는 소비자물가지수를?

인플레이션을 알리는 헤드라인 지표는 당연히 소비자물가지수 상승률이다. 그러나 소비자물가지수의 상승률을 보고 나서야 인플레이션이 심각하다고 생각해서는 절대로 안 된다. 너무 늦다. 며칠 주야로 비가 퍼붓는 것을 보고 나서야 비로소 장마철이란 사실을 알게 되었다면 구멍 난 지붕을 고치기에는 이미 늦었지 않은가. 소 잃고 외양간 고치는 격이다. 장마전선이 먼 남쪽에서 다가오고 있다는 뉴스를 미리 들었어야 했다.

인플레이션도 마찬가지다. 소비자물가지수 상승률과 같이 누구나 다 아는 인플레이션 지표에 적색 경고등이 켜지기 전에 벌써 감지하고 있어야 한다. 소비자물가지수의 움직임을 미리 알려주는 부지런한 전령들이 많다. 유능한 중앙은행장은 늘 이런 지표들의 동태에 예의주시한다. 인플레이션이 표면화되기 전에 선제적 공격을 퍼부어 미리 손을 봐야 하기 때문이다.

은퇴자에게 자연재해 못지않은 재앙을 내리기도 하는 자산 가격의 폭락을 피해가기 위한 조기경보체제를 찾는 노력이 월가에서도 오래전부터 있어 왔다.

앞서 이미 언급했듯이 자산시장에서 가장 위협적인 것은 금리 상승이다. 그런 금리상승의 출발점은 인플레이션 우려에 있다고 했다. 그렇다면 인플레이션의 발원지가 어딘지를 알아내는 일이 자산투자에서 그 어떤 일보다 중요하다.

소비자물가지수보다는 근원소비자물가지수를

인플레이션 지표로 중앙은행이 헤드라인 지표인 소비자물가지수보다 근원소비자물가지수라고 하는 다른 물가지수에 더욱 주목한다는 사실을 기억하자. 소비자물가지수는 도시가계가 일상적으로 구입하는 상품과 서비스들의 가격 변동을 종합적으로 측정하기 위해 2010년 기준으로 가계소비지출에서 차지하는 비중이 1/10,000 이상인 481개 품목을 미리 지정해두고 이들 품목들의 가격변동을 매달 조사해서 작성한 것이다.

전철 요금과 시내버스 요금은 물론 이동전화 요금과 쌀, 밀가루, 고등어 가격, 라면 가격과 학원비까지 다 포함하고 있다. 일반 소비자들의 주요 지출품목들이 거의 다 들어가 있기 때문에 소비자물가지수의 변화만 보면 같은 소득으로 더 많이 구매할 수 있는지 아닌지를 쉽게 알 수 있다. 소비자물가지수가 상승하는 경우에는 당연히 같은 소득으로 지난달에 구매했던 것들을 다 구매할 수가 없게 되기 때문에 실질소득은 하락한 것이다. 그래서 인플레이션의 폐해를 피부로 느끼게 된다.

그런데 이런 소비자물가지수를 놔두고 왜 근원소비자물가지수라고 하는 것이 더욱 주목을 받는가? 조사품목을 500개에 가깝게 넓게 펼쳐

놓고 소비자물가를 조사하면 간혹 아주 곤란한 상태에 당면하는 수가 있기 때문이다.

예를 들면 다른 모든 물가가 안정되어 있는 가운데 뒤늦게 상륙한 태풍이 일으킨 후폭풍으로 과일값과 채소값이 폭등하면서 전체 소비자물가에 부담을 주는 일이다. 과일이나 채소는 전체 소비에서 차지하는 비중이 낮은 만큼 생계비에 큰 부담을 주지는 않는다. 그러나 어쨌든 영향을 주게 되는 것은 분명한데 태풍으로 인한 일부 농산물의 가격 상승은 경제와는 전혀 관련이 없을 뿐만 아니라 또 일시적인 현상이라 시간이 지나면서 곧 안정을 되찾는다는 사실에 우리는 주목해야 한다. 경기과열로 인한 물가 상승을 감시해야 하는 물가당국이 지나치게 주목해야 할 일은 아니다.

경기 변화와는 무관하게 가격이 급등하면서 소비자물가에 영향을 주는 품목이 또 있다. 석유류 제품이다. 석유류 제품은 경기가 상승 국면을 탈 때 에너지 수요도 함께 증가하면서 가격이 오른다. 이런 이유로 석유류 가격의 상승은 당연히 자세히 조사되어서 물가지수에 반드시 반영되어야 한다. 그러나 석유류 가격은 중동지역에서 때때로 발생하는 군사적 충돌과 같은 지정학적 요인으로 급등하는 일이 드물지 않게 발생한다. 지정학적 요인으로 인한 석유시장의 혼란은 지금까지의 기록으로 보면 그리 오래 지속되지 않았다. 시간이 지나면서 곧 정상적인 흐름으로 복귀하는 일이 많았다.

물가당국이 찾아내어야 할 것은 경기과열로 인한 물가 상승, 즉 진짜 인플레이션이다. 근원소비자물가지수는 바로 이런 점들에 주목한다. 갑자기 물가가 오르면서 인플레이션 경고음을 울리지만, 사실은 물가당국이 못 본채 외면해도 곧 사라지게 되는 것들에 끌려들어가서는 안 된다.

그래서 그런 혼란을 처음부터 제거하기 위해 소비자물가 조사품목 가운데 곡물 이외의 농산물과 석유류 품목들을 제외시킨 물가지수를 따로 작성해서 들여다보는데, 이게 바로 근원소비자물가지수다.

월가에서는 되려 개인소비지출(PCE) 물가지수를

2013년은 봄부터 서브프라임 모기지 금융위기가 일으킨 불황 극복을 위해 미 연준의 양적확대가 그동안 이어온 긴 항로를 이탈해서, 곧 그동안 풀려나간 돈을 다시 회수하는 이른바 '출구전략' 기조로 선회할 것이란 전망으로 월가의 투자 분위기가 유난히 어수선했다. 그러던 중 같은 해 7월 미국의 세계 최대 채권투자회사 핌코의 공동 최고투자책임자로 있는 '채권왕' 빌 그로스가 근원 개인소비지출 PCE 물가지수가 2.0%가 될 때까지 미국의 저금리 기조가 이어질 것으로 전망하면서 투자자들에게 미국 국채를 사라고 조언한다.

독자 여러분은 그로스의 이 짧은 언급에서 2가지 의문을 가질 수 있다. 하나는 한동안 이어져온 저금리로 국채 가격이 만만치 않을 텐데도 불구하고 왜 채권매입을 추천하는가 하는 것이고, 다른 하나는 개인소비지출 물가지수가 무엇인가 하는 의문일 것이다.

먼저 저금리기조 하에서의 채권투자에 대한 타당성 의문은 올바른 접근이다. 채권 가격은 금리에 반비례하는 만큼 그동안 이어온 양적확대에 따른 저금리 기조로 채권 가격은 이미 상당한 수준으로 상승해 있었기 때문이다.

그러나 그로스의 채권투자 권유는 미 연준의 출구전략 가능에 대한 우려로 이미 그전 5월부터 국채수익률이 상승하고, 이에 따라 국채 가격이 하락해오고 있었던 상황에서 나온 것이었다. 그래서 출구전략에 대한 우려가 해소되면 국채수익률은 다시 하락하고, 동시에 국채 가격은 상승할 것이란 교과서적 전망이 나올 수 있었던 것이다.

결국 같은 해 11월 당시 옐런 차기 연준 의장 지명자가 양적완화의 유지를 시사하면서 뉴욕증시가 사상 최고치를 경신하고 코스피도 다시 2,000선을 돌파하는 것과 함께 미 국채 가격도 다시 힘차게 상승 탄력을 받는다.

독자 여러분은 인플레이션 지표로 본 그로스의 예측이 적중하는 실제 사례를 확인했는데, 그렇다면 그가 말하는 개인소비지출 물가지수는 도대체 무엇일까? 그로스가 일반 소비자물가지수인 CPI 대신 PCE 물가지수를 언급한 것은 인플레이션 측정 지표로 미 연준이 CPI보다 PCE 물가지수를 더욱 신뢰하는 것으로 알려져 있기 때문이다.

미 상무부의 경제분석국에서는 매월 개인소득과 지출을 집계해서 발표하면서 주요 지출항목들의 가격이 어떻게 변하는가도 동시에 조사해서 발표하는데 이게 바로 PCE 물가지수다.

미리 품목을 정해놓고 소비자들이 실제로 그 품목을 선택하는지와는 상관없이 해당 품목들의 가격이 어떻게 변하는가를 추적 조사하는 CPI 와는 접근방법이 처음부터 다르다. CPI는 미리 지정해둔 기준 품목들의 가격변화를 그대로 반영하지만 PCE는 소비자들이 실제로 구매한 항목들의 가격변화를 추적한다.

예를 들면 CPI 산정에 포함된 품목인 쇠고기 가격이 상승하면 더 비싸진 쇠고기를 소비자들이 실제로 구매하든 말든 관계없이 CPI는 이를 그대로 반영해버린다. 그러나 쇠고기 가격이 오르면 사람들은 가격이 올라 너무 비싸진 쇠고기 대신 돼지고기를 구매하게 되므로 가격 변화가 큰 쇠고기 대신 가격 변화가 작은 돼지고기 가격이 PCE에 반영된다. 그래서 PCE는 같은 기간의 CPI보다 낮게 나타난다.

앞서 미국의 인플레이션 목표치가 2.0%라 했는데 이것이 CPI 상승률을 가리키는 것인지, 아니면 PCE 물가지수를 가리키는 것인지 공식적으로 언급되지는 않는다. 그러나 미 연준은 전통적으로 PCE 물가지수를 더욱 신뢰하는 것으로 알려져 있다. 또 그로스가 언급했던 근원 PCE 물가지수는 근원 CPI에서와 마찬가지로 곡물 이외의 농산물과 석유류 품목들의 가격변화는 고려하지 않은 PCE 물가지수를 가리킨다.

성질 급한 이들은 생산자물가지수를 본다

생산자물가지수는 생산자인 기업이 생산을 목적으로 구매하는 품목들의 가격변화를 조사한 것이다. 조사대상이 되는 품목에는 도매가격으로 거래되는 완제품에서부터 화공재료, 연료, 목재, 고무 등과 같은 원자재까지도 포함된다. 이처럼 다른 물가지수에 비해 포괄범위가 더 넓어서 전반적인 상품수급동향을 잘 반영하는 물가지수로 평가받고 있다.

그러나 생산자물가지수의 진정한 가치는 생산자물가가 결국 시차를 두고 얼마 후에 소비자물가로 전가되기 쉽기 때문에 소비자물가지수의 변화를 미리 예고하는 지표로 주목을 받는 데 있다. 그래서 인플레이션에 대한 우려, 또 이에 따른 중앙은행의 금리 인상에 대한 우려가 고조되는 시기에는 생산자물가지수의 움직임에 시선을 고정시키는 사람들이 많다.

물론 생산자물가지수가 오른다고 소비자물가지수가 반드시 따라서 오른다고 말할 수는 없다. 가격 인상 요인이 분명히 발생했다고 해서 기업들이 이를 소비자들에게 전가시킬 수 있는 것은 아니기 때문이다. 경기가 어려울 때 가격을 인상하면 매출은 더욱 감소할 것이 분명하다.

그러나 경기가 좋을 때는 다르다. 소비지출이 워낙 왕성하게 증가하기 때문에 가격 인상이 소비자들에게 그다지 부담이 되지 않을 수도 있다. 그래서 이런 시기에는 생산자물가지수가 인플레이션 지표인 소비자물가지수의 움직임을 앞서 예고해주는 역할을 잘 해낼 것으로 생각해도 된다. 또 소비자물가지수에서와 마찬가지로 생산자물가지수에서도 같은 방법과 의도로 근원 생산자물가지수를 따로 조사해서 발표한다.

그러나 생산요소시장을 보면 더 잘 보인다

범죄를 저지른 사람은 수사관이 직접 찾아오지 않아도 자신을 정조준하면서 조여들고 있는 수사망을 감지하면서 압박감을 받게 된다고 한다. 인플레이션도 마찬가지다. 위에서 언급한 여러 물가지수들이 움직일 조짐이 특별히 나타나지 않고 있는데도 인플레이션 압력이 서서히 높아지고 있는 것을 느낄 수 있는 방법이 있다. 그린스펀이 18년 이상이나 연준 의장 자리를 지켰던 비결이 바로 그것이었다. 아무도 인플레이션을 걱정하지 않는 때에 금리를 올리며 인플레이션에 대한 '선제적 방어'에 나섰던 사람이다.

인플레이션 파이터인 중앙은행이 걱정해야 하는 것은 경기과열로 발생하는 인플레이션이다. 앞서 언급했던 것처럼 헤드라인 인플레이션 지표가 상승하면, 특히 목표치를 일단 상회하면 일은 이미 그르친 것이다. 그래서 중앙은행은 국정원 직원들처럼 언제나 음지에서 일하며 인플레이션 바이러스를 찾아내야 한다.

그런데 이 인플레이션 바이러스는 생산요소시장에 숨어서 기생하는 일이 많다. 생산요소는 물론 자본과 노동을 가리키는데 먼저 경기가 과열되면 자본을 가리키는 생산설비의 가동률이 증가한다. 생산설비 가동률이 일정수준 이상 증가하면 기업들은 신규설비 도입을 원하게 되는데, 이로 인해 자금시장은 금리 상승 압박을 받게 되면서 인플레이션 바이러스가 활동을 시작하게 된다. 그래서 제조업설비 가동률은 자타가 공인하는 인플레이션 예고 지표가 되었다.

노동시장에 숨어 있는 바이러스는 더욱 예민한 인플레이션 예고 기능을 한다. 생산이 증가하면 그만큼 노동력이 더 필요해지기 때문이다. 경기가 막 불황을 탈출하며 회복하는 시기에는 생산이 늘어나도 노동시장에 압박을 주지 않는다. 실업자가 많기 때문에 필요한 인력을 쉽게 불러다 쓸 수 있기 때문이다.

그러나 경기가 상승 기류를 타고 계속 올라가게 되면 노동력이 귀해진다. 그래서 임금이 올라가기 시작하면서 인플레이션 바이러스가 내놓고 활동하기 시작하는 때가 된다. 그런 이유로 그린스펀이 제일 좋아하는 인플레이션 예고 지표는 일반 노동자들의 몸값을 반영하는 '시간당 임금'이었다고 한다. 2014년 2월부터 미 연준을 지키기 시작한 옐런도 예외가 아니다. 그녀는 일련의 노동시장 지표들로 이른바 '노동시장 대시보드'란 것을 만들어놓고 상시 점검하면서 금리 정책의 타이밍을 조율한다고 내놓고 이야기했다.

외환시장이 날려 보내는 인플레이션 바이러스

인플레이션 바이러스는 의외로 외환시장에도 숨어 있다. 수출은 증가하고 수입은 감소하면서 무역수지가 개선되는 환율 상승은 어느 나라에서나 환영받는다. 오죽했으면 국가 간에 서로 높은 환율자리를 차지하려고 벌이는 경쟁을 환율전쟁이라고까지 말했을까.

그러나 환율 상승이 다 좋은 것만은 아니다. 통화 가치 하락으로 국내 통화로 표기되는 수입품의 가격이 오르며 찾아오는 인플레이션은 물가관리에 부담을 준다. 그러나 인플레이션 부담보다는 수출확대를 통한 경기 개선효과가 대체로 크기 때문에 환율 상승은 언제나 환영을 받는다.

발권력을 동원한 일본은행의 양적확대로 20여 년 가까이 함께하고 있는 디플레이션 탈출을 노리는 아베노믹스의 출발점도 엔저를 굳히는 데 있었다. 엔화 가치가 충분히 떨어지면 원자재를 포함한 모든 종류의 수입제품의 엔화 가격이 올라가면서 오매불망 고대하는 인플레이션을 유발시킬 수 있게 되기 때문이다. 일단 인플레이션이 발생하면 엔화 가치는 더욱 떨어지면서 일본을 괴롭혀온 물가하방압력에 강하게 저항할 수 있게 될 것이란 계산이다.

그러나 이런 일은 일본에서만 가능한 일이다. 2013년 3월말 기준으로 일본의 국가부채는 국내총생산의 230%로 2009년 남유럽에서 재정위기가 일어나던 당시 PIGS 소속의 포르투갈 83%, 아일랜드 65%, 그리스 130%, 스페인 54%보다 더욱 심각하다. 그러나 일본에서 경제위기가 일어날 가능성은 아주 낮다. 전체 발행국채의 90%가량을 국민들이 보유해주고 있기 때문이다. 세계 경제가 불안할 때마다 엔화가 스위스의 프랑화와 나란히 최고의 안전자산으로 각광을 받는 이유는 바로 여기에 있다.

사람들에게 물어볼까?

　　대선이나 서울 시장선거와 같은 굵직한 선거가 있을 때마다 어김없이 등장하는 것이 있다. 여·야 양당의 공천 예비후보자들은 물론 무소속 후보들까지 포함해서 당선 가능성이나 호감도를 묻는 여론조사가 그것이다. 선거에서 가장 중요한 유권자들의 표심이 어디에 있는가를 미리 알아보려는 것이다. 그렇다면 인플레이션 가능성에 대해서도 시장의 여론을 직접 물어봐야 하지 않을까? 맞는 이야기다.

　앞서 주요 일간지에 불황 관련 기사가 얼마나 자주 등장하는지를 집계한 'R지수'로 불황을 예측하는 기술이 있다는 사실을 소개했는데, 이게 바로 일종의 여론조사에 해당하는 것이다. 비록 간접적이긴 하지만 시장의 공기를 살펴보는 것이기 때문이다.

　그러나 그런 방식으로는 답답한 속이 풀리지 않는다는 사람들도 많을 것이다. 인플레이션이 일어날 것으로 보는지를 꼭 직접 사람들에게 전화로, 우편으로 물어봐야겠다는 사람들이다. 그런 사람들에게 딱 맞는 인플레이션 여론조사 지표가 있다. 미국의 물가관리 당국인 연준 뿐만 아니라 월가의 투자자들이 일상적으로 지켜보는 '공급자관리협회 제조업지수 ISM Mfg Index'가 바로 그것이다. 유감스럽게도 미국 지표다. 그러나 미국 경제의 변화는 거의 시차를 두지 않고 세계 경제를 뒤흔들어 놓는데, 우리나라도 예외가 아닌 만큼 늘 주의를 기울일 필요가 있다.

　공급자관리협회 제조업지수는 미국의 300개 주요제조업체들의 구매담당책임자들에게 매달 설문지를 보내 제조업활동 전반에 대해 조사하는 것인데, 이 지수가 50을 상회하면 제조업 경기는 '맑음'이고, 반대로 그 이하면 '흐림'이다.

제조업경기는 경기의 흐름을 직방으로 반영하는 만큼 자산시장에 대한 영향력이 매우 크다. 미국 경제지표들 가운데 시장신뢰도 등급이 1등급인 19개의 '시장을 움직이는 주요 지표'에 소속되어 있다. 또 설문 내용 중에는 인플레이션과 직결되는 구매자 입장에서의 원자재 가격 전망에 대해서도 묻고 있기 때문에 연준이 꼭 지켜본다.

인플레이션 전망과 관련해서 또 놓치지 말아야 할 것은 채권투자자들의 생각이다. 인플레이션이 일으키는 금리 변화는 즉시 채권수익률에 직격탄을 날리기 때문에 채권투자자들보다 더 예민하게 금리를 살피는 사람은 없다. 그래서 채권투자자들의 생각이 일부 채권 가격에 어떻게 반영되고 있는지를 따져보는 것 역시 인플레이션에 대한 시장의 여론을 살피는 일 다름 아니다. 이와 관련된 주요 지표로는 TIPS_{Treasury Inflation-Protected Securities} 스프레드와 수익률곡선_{Yield Curve}이 있다.

먼저 TIPS 스프레드에서 TIPS는 물가연동채권이라 하는데 미국정부가 5년, 10년, 그리고 30년 만기 국채에 대해 일반 채권이자에 헤드라인 인플레이션 지표인 소비자물가지수 상승률을 연동시켜 덧붙여놓은 것이다. 국채 매입자들이 인플레이션으로 인해 손실을 보지 않도록 하기 위해서다.

채권투자자에게 인플레이션은 사실상 가장 무서운 적이다. 채권수익률에서 물가상승률을 빼고 남는 것이 실질이자율인데, 물가상승률이 아주 높은 경우에는 실질이자율이 마이너스가 되기도 한다.

독자 여러분이 은행에 맡겨두고 있는 정기예금도 마찬가지다. 또 인플레이션 기대심리가 커지는 경우 투자자들이 요구하는 채권수익률이 높아지면서 채권시장에서 거래되는 채권 가격은 하락한다. 그런데 TIPS는 언제나 물가상승률만큼의 플러스 알파를 얹어주니 실질이자율이 확실하게 보장되어 투자자 입장에서는 인플레이션 관련 위험을 완전히 제거할 수 있게 된다.

채권시장에서 TIPS의 수익률은 만기가 같은 국채의 수익률에다 인플레이션 기대치를 합한 것으로 결정된다. 그래서 이를 역산해서 시장에서 결정된 TIPS 수익률에서 일반 국채 수익률을 빼면 시장에서 보는 인플레이션 기대치를 얻을 수 있게 된다.

또 수익률곡선은 장기금리와 단기금리의 차이를 보는 것인데, 그 이유는 장기금리가 단기금리와는 달리 인플레이션 기대심리를 반영하고 있기 때문이다. 만기일이 긴 채권은 상대적으로 만기일이 짧은 채권에 비해 인플레이션 불확실성이 더 크다. 그래서 채권시장은 이런 불확실성을 수용하면서 일반적으로 장기금리가 단기금리에 비해 더 높은 '장고단저_{長高短底}'의 금리체계가 유지된다.

시중 은행들도 자금시장에서 단기로 저금리의 자금을 빌려 고객들에게 장기로 고금리의 대출을 주면서 수익을 올리는데, 이게 바로 시쳇말로 '돈 장사'란 것이다. 그런데 여기서 장기금리는 시중의 인플레이션 기대심리에 따라 수시로 널뛰기를 한다. 인플레이션 기대심리가 높아지는 경우에는 장·단기금리차가 커지고, 또 그 반대의 경우엔 장·단기금리차가 작아지는데 물가당국은 바로 이점에 주목한다.

장·단기금리차를 반영하는 수익률곡선을 관찰하는 방법으로는 2가지가 있다. 하나는 한 특정 시점에서 만기가 각기 다른 국채들의 수익률을 만기 순으로 한자리에 모아놓고 키 높이들이 그리는 기울기를 살펴보는 것이다. 일반채권보다 거래규모가 월등히 커서 불규칙한 변화가 적은 미국 국채 수익률을 주로 이용한다. 이 기울기의 경사가 이전 시점에 비해 더 커지고 있는지 작아지고 있는지만 관찰하면 된다. 경사가 더 커지고 있는 것은 장기금리가 상승했음을 가리키는 것으로 인플레이션 기대심리가 그만큼 커지고 있음을 반영한다. 반대의 경우는 인플레이션 기대심리가 꺾이고 있는 것이다.

수익률곡선을 관찰하는 또 다른 하나의 방법은 장·단기 채권 가운데 대표적인 것을 각기 하나씩 골라 수익률 차, 이른바 '장·단기 금리 스프레드'가 어떻게 변하고 있는지를 살펴보는 것이다. 일반적으로 단기금리로는 3개월 만기 국채의 수익률, 또 장기금리로는 10년 만기 국채의 수익률을 이용한다. 스프레드가 점차 넓어지고 있는 것은 인플레이션 기대심리가 상승, 또 반대로 좁아지고 있는 것은 인플레이션 기대심리가 진정되고 있음을 반영하는 것으로 평가한다.

수익률곡선은 이처럼 인플레이션 기대심리 관찰에도 유용하지만 매우 유력한 경기 변화 예측수단으로도 자주 이용된다. 이때 경기예고 지표로서의 수익률곡선의 기울기에 대한 일반적 해석은 다음과 같은 3가지 경우로 나누어 이루어진다.

먼저 수익률곡선이 완만한 우상향의 기울기를 가지는 경우, 즉 장기금리가 단기금리보다 약간 높은 모습을 보이는 경우인데, 이런 형태의 수익률곡선은 인플레이션 우려 없이 경제가 순항할 것을 예고한다.

또 이와는 달리 수익률곡선의 기울기가 매우 커지는 모양을 가지는 경우가 있는데, 장기금리가 단기금리를 크게 상회하고 있음을 말해주는 것으로 경기순환상 빨간 불이 켜지고 있음을 암시한다. 즉 인플레이션 우려가 매우 커지고 있기 때문에 중앙은행의 개입이 임박하다는 것을 암시한다.

마지막으로 가끔 수익률곡선의 기울기가 아주 평평한 모습을 보이거나, 혹은 기울기가 아예 마이너스로 변하면서 우하향하는 모습을 보이는 때도 있다. 장기금리가 단기금리를 하회하는 것을 가리키는 것으로서 예상 물가상승률이 마이너스로, 그래서 인플레이션이 아니라 디플레이션이 일어날 것을 예고하는 아주 위험한 신호가 되는 것이다.

지금까지의 많은 연구들이 미국의 경우 수익률곡선으로 나타나는 장·단기기금리차가 일 년 후의 경기를 가장 잘 예측하게 된다는 일치된 의견을 내놓고 있는 만큼 자산시장 참여자들은 반드시 수익률곡선을 자주 들여다보아야 한다.

중앙은행이 움직이는 법

중앙은행이 기준금리를 0.25% 포인트씩 천천히, 또 꾸준히 올리거나 내릴 때는
중앙은행이 나름대로 경기의 흐름을 장악하고 있다고 생각하고 안심해도 된다.

중앙은행의 보법

때로는 인플레이션을 억제하기 위해, 때로는 일자리를 보호
하기 위해 중앙은행이 사용하는 금리라는 병기는 생각보다 매우 사납다.
그래서 중앙은행은 언제나 금리를 아주 조심스럽게 다루어야 한다. 항상
수칙을 염두에 두고 움직이지 않으면 안 된다. 중앙은행이 금리를 움직
일 때의 보법이라 할 수도 있겠다.

중앙은행의 보법은 먼저 경제지표들이 내보이는 인플레이션 신호의
강도에 대한 중앙은행의 인식의 차이에 따라 달라진다. 같은 모양, 같은

크기의 신호라도 경제가 비즈니스 사이클의 어느 국면에 있는가에 따라 인지되는 인플레이션 강도는 달라진다.

경기가 막 침체국면에서 벗어나는 시점에서 나오는 인플레이션 신호는 일반적으로 대수롭지 않게 인식되면서 인플레이션 억제를 위한 중앙은행의 금리 인상 폭도 낮아진다. 그러나 경기가 상승 국면에 본격적으로 진입해서 정점을 향해 치달을 때 나타나는 인플레이션 신호는 대단히 위험한 것으로 인식한다. 그래서 인플레이션 억제를 위한 중앙은행의 금리 인상 폭도 커진다.

금리 인상이나 인하는 시장에 주는 충격이 매우 크기 때문에 이를 완화하기 위해 중앙은행은 금리를 올리거나 내릴 때 언제나 한꺼번에 크게 조정하지 않는다. 전통적인 방법은 기준금리를 0.25% 포인트씩 올리거나 내리는 방법을 쓰는 것이다. 그래서 중앙은행이 기준금리를 0.25% 포인트씩 시간 간격을 두면서 꾸준히 올리거나 내릴 때는 중앙은행이 나름대로 경기의 흐름을 장악하고 있다고 생각하고 안심해도 된다.

그러나 이와는 반대로 경기의 흐름이 중앙은행이 의도한 대로 움직여주지 않을 때는, 이를 테면 기준금리를 여러 차례 계속해서 올렸는데도 물가상승세가 꺾이지 않거나, 반대로 기준금리를 연이어 낮추었는데도 경제가 회생할 조짐을 좀처럼 보이지 않을 때는 금리 변화의 주기를 더욱 짧게 잡거나 금리 변화의 폭을 더욱 크게 잡게 되는데 투자자들은 이런 경우에 주의해야 한다. 경기 변화의 움직임이 예사롭지 않음을 반증하고 있어 시장의 불확실성이 높아지면서 자산시장에 태풍이 불어올 수도 있기 때문이다.

이를테면 중앙은행이 금리를 한 번에 0.5% 포인트, 혹은 0.75% 포인트 인상하는 경우에는 투자 분위기가 일순간에 '고수익·고위험' 자산선호에서 '저수익·고안전' 자산 선호 쪽으로 전환된다. 이에 따라 투자자들의 선호 자산도 주식에서 채권이나 금으로, 또 브라질 레알화나 한국 원화와 같은 신흥국 통화에서 미국 달러화나 일본 엔화, 혹은 스위스 프랑화로 자리가 바뀌게 된다.

중앙은행 관전 포인트

금리는 자금시장의 가격변수인 만큼 경기 변화에 따라 살아 있는 생물처럼 탄력적으로 변한다. 그러나 금리는 이렇게만 변하는 것은 아니다. 중앙은행이 자금시장에 개입해서 금리를 바람직하다고 생각하는 방향으로 조정한다. 경기가 저 혼자서 지나친 속도로 질주하지 않도록 목덜미를 잡기도 하고, 또 지쳐서 쓰러지지 않도록 허리를 받쳐 주기도 한다.

경기가 과열되고 있다고 생각할 때는 금리를 올려 돈을 쉽게 빌려 쓰지 못하게 하면서 경제활동을 진정시키고, 반대로 경기가 침체 국면에 들어섰다고 생각할 때는 금리를 낮추어 돈을 저렴하게 빌려 쓰게 하면서 경제활동, 특히 기업투자와 가계소비를 지원한다. 그래서 중앙은행이 자금시장에 언제 개입하느냐를 지켜보는 것은 중앙은행이 경제를 어떻게 보고 있는지를 가늠할 수 있는 근거가 된다.

시카고 대학의 돈부시 교수는 1998년 "지난 40여 년 동안 경제가 단 한 번도 자연사한 적은 없었다. 매번 연준에 의해 살해되었다"라고 재미있게 표현한 적이 있다. 중앙은행의 금리정책은 경제, 그리고 더 나아가 자산시장에 절대적인 영향력을 행사한다는 사실을 말한 것이다. 그래서

328

투자자들은 중앙은행의 움직임에서 한시도 눈을 떼어서는 안 된다.

특히 중앙은행이 금리를 처음 올리기 시작하는 시점은 언제나 시장의 예상을 뛰어넘을 정도로 이른 경우가 많다. 그러나 이 시점부터 사실상 경제는 회복 국면을 넘어서서 중앙은행이 인플레이션 조짐에 예리한 감시의 눈을 번득이기 시작하는 본격적인 상승 국면으로 접어드는 것으로 봐도 무리가 없다.

또 중앙은행이 연이은 금리 상승 행진을 끝내고 금리를 낮추기 시작하는 시점이 있는데, 이 역시 시장의 일반적 예상을 뛰어넘는 일이 많다. 그러나 이 시점을 기준으로 경제는 비즈니스 사이클의 정점을 이미 넘어섰고, 또 한 번 시작된 금리 인하는 한동안 쭉 이어질 것으로 보고 대비해야 한다.

자산시장에 참여하는 투자자들은 이처럼 중앙은행이 금리를 처음 올리기 시작하는 시점과 처음 내리기 시작하는 시점을 특히 눈여겨 봐두어야 한다. 금융정책의 대세가 바뀌는 전환점이기 때문이다.

Economy knows the flow of Money

4부

경제위기
뛰어넘는 법

경제위기. 피할 수 없다면 뛰어넘어야 하는데 그러기 위해서 경제위기의 본질부터 먼저 알고 있어야 한다. 그러나 그것만으로는 불충분하다. 경제위기의 징후가 언제, 어떤 모양으로 실제의 모습을 드러내는가도 알고 있어야 한다. 금융시장 도처에 숨어 있는 위기 관련 지표들을 일일이 찾아내어 실시간으로 들여다보지 않고서는 진정한 의미의 위기대응이라 말할 수 없다. 그러나 이보다 더 중요한 것은 어떤 위기에서도 좀처럼 흔들리지 않는 투자, 또 예기치 못한 위기에서도 내 돈을 지켜낼 수 있는 투자수칙을 가지고 있어야 한다.

조수간만의 차이로 밀물과 썰물이 규칙적으로 드나들다 갑자기 가공할 높이의 해일이 들이닥치기도 하는 것처럼 경제도 일정 주기로 찾아오는 호황과 불황의 수준을 뛰어넘어 위기로 특정될 만한 사단이 때때로 벌어지기도 한다. 경제위기는 이미 여러 차례 있었고, 또 놀랍게도 근래에 더욱 빈번하게 일어났다. 어떻게 대비할 것인가? 이를 위해서는 위기를 불러오는 버블의 생성과 파열 과정, 또 이를 수습하는 정부의 전형적 대응 패턴부터 먼저 알고 있어야 한다.

8장

경제도 때로는
궤도를 이탈한다

우리들의 슬픈 금융사

이따금씩 찾아오는 경제위기는 비즈니스 사이클과 함께 오는 일상적인 불황과
어떻게 다른가? 한 마디로 불황이 '타살'이라면 경제위기는 '자살'이다.

1997년 12월, 서울

1996년 12월 12일 OECD 회원국이 되면서 이른바 '선진국
클럽'의 문턱을 살짝 넘어선 지 일 년도 채 안 된 1997년 11월 21일 한
국정부는 국제통화기금 IMF에 구제금융을 신청했다고 공식적으로 발표한
다. 그 후 12일이 지난 12월 3일 오후 7시 30분, 서울 세종로 정부종합청
사에서 임창열 부총리 겸 재정경제원 장관과 미셸 캉드쉬 IMF 총재가
'IMF 구제금융안'에 서명하면서 한국 경제는 IMF와 합의한 25%의 고금
리가 뿜어내는 냉기에 급속하게 얼어붙기 시작한다.

그 후 2001년 8월 23일 IMF 구제금융 195억 달러 전액을 상환하면서 IMF 관리체제를 완전히 벗어나기까지 4년이 조금 못되는 기간이었지만, 그동안 5개 시중은행이 퇴출되고 5대 그룹 20개 사를 포함한 수많은 기업들이 도산하는 구조조정 끝에 많은 사람들이 길거리로 내앉는 등 극심한 고통을 겪는다.

말로만 듣던 경제위기, 더 정확하게는 외환위기가 우리로서는 처음이었다. 그러나 역사 속으로 들어가 보면 경제위기란 것이 아주 희귀한 이야기는 아니다. 경제위기는 세계 도처에서 쉬지 않고 일어나고 있었다.

그렇다면 경제위기는 도대체 무엇인가? 지금까지 비즈니스 사이클과 함께 말해온 불황과는 다른 것인가? 물론 다르다. 한 마디로 불황이 돈부시 교수의 말대로 '타살'이라면 경제위기는 '자살'이다. 중앙은행의 금리 인상을 신호로 경제가 그동안 힘차게 질주해오던 호황 국면을 마감하고 불황으로 접어들기 시작했던 그동안의 많은 역사적 사례로 말미암아 불황은 경제가 중앙은행이 발사한 고금리의 유탄에 맞아 사망한 상태라고 사람들은 생각해왔다.

중앙은행이 지글지글 끓어오르는 경제의 열기를 고금리로 굳이 식히려드는 이유는 가벼운 불황을 불러와 혹시 오게 될지도 모를 경제위기를 예방하기 위한 것이다. 그러나 경기과열을 진정시키려는 중앙은행의 고금리 처방이 말을 듣지 않을 때도 많다. 시장을 가로지르는 돈의 흐름이 황하의 탁류보다 더 거세지면서 중앙은행이 수습하기 어려울 정도의 거대한 거품을 만들어내기 때문이다. 이럴 때는 중앙은행이 손을 놓고 대책 없이 그냥 지켜보는 가운데 경제가 부풀려질 대로 부풀려졌다가 결국은 자폭하게 되고 마는데 이런 것을 경제위기라 한다.

불황은 처음부터 중앙은행이 의도했던 것이었던 만큼 중앙은행이 이

만하면 되었다고 생각하는 시점에서 고금리의 칼날을 거두어들이면 죽어가던 경제가 다시 생기를 되찾으며 회생하게 된다. 그래서 불황은 사실 크게 우려할 만한 일이 못된다. 그러나 경제위기는 다르다. 예방하기도 힘든데다 일단 시작되면 중앙은행이 죽을 힘을 다해 맞서야 겨우 수습할 수 있게 될지도 모르는 치료법을 아주 최근에서야 찾아냈다.

한국을 비롯한 태국, 인도네시아, 말레이시아가 1997년 말에 일어난 외환위기를 비교적 빨리 극복할 수 있었던 것은 그나마 나머지 세계 경제가 자리를 잘 지키고 있었기 때문이었다. 통화 가치가 떨어지면서 반사적으로 치솟은 외화부채의 부담을 이겨내지 못하고 도산한 기업도 적지 않았지만, 통화 가치 하락이 불러온 해외시장에서의 가격경쟁력 향상으로 수출이 확대되면서 그나마 살 길을 찾을 수 있었던 기업도 그만큼 많았기 때문이다.

그러나 2008년 미국의 서브프라임 금융위기가 몰고 온 경제위기는 달랐다. 세계 경제 전체가 일제히 불황에 빠져들면서 세계 어느 나라든 스스로를 돌보기조차 바빠져 이웃나라의 도움으로 불황에서 쉽게 탈출하기가 어려워졌기 때문이다.

다시 80년 동안의 침묵을 깨고

1929년의 경제대공황은 발원지인 미국뿐만 아니라 세계 경제에 엄청난 피해를 주었다. 당시의 고통이 다시는 재현되지 않도록 그 후 정부와 경제학자들이 힘을 합쳐 백신을 개발하기 위해 안간힘을 다 썼다. 그 노력이 통했던지 이후 경제대공황에 비견될 만한 경제위기는 다시 일어나지 않았다. 물론 크고 작은 많은 위기들이 찾아왔지만, 그때마다 놀라울 정도로 성숙해진 중앙은행이 전면에 나서면서 찻잔 속의 태풍으로 진정시키며 수습해왔다. 그리고는 그동안 아무 일도 일어나지 않았던 사실을 자축하며 마음을 놓았다.

그러나 지나간 역사를 돌이켜보면 누군가의 말처럼 아무 일도 없었다는 사실만큼 위험한 일도 없었다. 역시 그랬다. 지난 80년 동안의 침묵을 깨고 경제위기가 다시 '탐욕의 고장'인 미국을 찾아오기로 작정하고 때만 기다리고 있었던 것이다.

마침내 2008년 9월 15일 탐욕에 절어 사납게 질주하던 '리먼 브라더즈'의 목을 끌어안고 넘어지면서 경제대공황 바로 다음 등급의 '대불황'이라는 이름으로 금융사에 오르게 되는 글로벌 불황을 불러온다. 전과는 달리 금융공학적으로 매우 정교하게 쌓아올렸다고 믿었던 부채의 탑이 멈출 줄 모르는 탐욕과 자만의 무게를 감당하지 못하고 결국 와해되면서 시작된 것이었다.

시대적 배경이 달랐던 만큼 전개과정도 판이하게 달라보였지만 사실이 경제위기는 그 이전에 있었던 크고 작은 다른 경제위기들과 하나도 다르지 않았다.

위기를 내 편으로

'야성적 충동'이 시장을 지배하면서 자산 가격의 변동성이 급격하게 커질 때는
경제의 펀더멘털에 앞서 시장 심리의 변화를 쫓는 일이 더 중요하다.

경제위기 탐구

경제위기는 왜 이렇게 반복되는가? 많은 경제학자들이 오랫
동안 이 질문에 대한 해답을 찾는 데 매달렸다. 경제대공황에 대한 연구
로 유명한 경제학자인 갤브레이스도 그 중의 한 사람이었다. 경제대공
황이 또 언제 일어날 것 같냐고 묻는 기자의 질문에 "경제대공황 이후에
태어난 사람이 처음으로 대통령으로 선출되고 나서 15년 후가 될 것이
다"라고 잘라 응수한 것으로도 유명하다. 과연 그랬다.

경제대공황 이후에 태어난 사람으로 처음으로 대통령에 선출된 사람

은 1946년생 빌 클린턴이었다. 대통령으로 취임한 해가 1993년이었으니 15년 후면 정확하게 금융위기가 일어났던 2008년이다. 세상에 이런 일이! 역사의 교훈을 가볍게 여기는, 그래서 경제대공황의 아픈 상처를 결국은 잊고 말게 될 사람들의 어리석음을 경계하려는 지혜로운 학자의 경구 정도였겠지만, 이렇게나 정확하게 적중하니 소름이 다 돋는다.

경제위기의 뿌리를 본격적으로 찾는 일은 스코틀랜드의 평범한 저널리스트에 불과했던 찰스 맥케이가 1841년『대중의 미망과 광기』에서 버블의 원조격인 1636년의 네덜란드 튤립투기, 1720년의 영국의 남해 버블, 그리고 같은 해 프랑스에서 일어났던 미시시피 버블에 대한 이야기를 들려주면서 사실상 시작되었다.

그러나 경제위기의 원인은 물론 그로 인해 감당할 수 없는 버블이 일어났다가 마침내 터져버리는 전체 과정에 대한 본격적인 분석이 나온 것은 킨들버거가 알리버와 함께 1978년에 출간한『광기, 패닉, 붕괴: 금융위기의 역사』가 처음이었다.

이후 경제위기에 대한 끊이지 않는 탐험에는 역사학도까지 가세한다. 캠브릿지와 옥스퍼드에서 역사를 공부하고 금융분야로 진출한 에드워드 챈슬러는 1999년에 출간한『금융투기의 역사』에서 1630년대 네덜란드 튤립투기에서부터 1980년대 일본의 부동산투기까지에 이르는 긴 투기의 역사 속에 감추어져 있던 금융투기의 현장을 찾아내어 탐욕이 거품으로 발전되었다가 마침내 어김없이 터지면서 많은 사상자를 남기는 과정을 생생하게 전해주었다.

또 메릴랜드 대학교의 라인하트 교수와 하버드 대학교의 로고프 교수는 2009년에 함께 출간한『이번엔 다르다』에서 지난 수세기 동안 금융위기, 외환위기, 재정위기 등과 같은 다양한 양상으로 일어났던 경제위기에 대한 계량적 분석을 통해 마치 절대로 넘지 말아야 할 일종의 금기 선이라도 설정하려는 듯 위기가 발생할 당시의 주요 경제지표의 변화를 보여주면서 세간의 관심을 끌었다.

이들은 또 그리스 재정위기의 불길이 활활 타오르던 2010년 4월에 '부채시대의 성장'이란 6쪽짜리 짧은 논문을 발표하는데 이 논문에서 이들은 미국, 독일, 한국 등 20개 국의 국가부채 데이터와 성장률을 비교·분석한 결과를 근거로 '국내총생산 대비 국가부채 비율이 90%가 넘으면 성장률이 가파르게 떨어졌다'는 이른바 '로고프·라인하트 절벽'을 선언하면서 경제학계의 해묵은 논쟁인 '긴축론'과 '성장론' 간의 첨예한 대립을 불러왔다.

그러나 이들의 주장이 정설로 굳어지는 것에 부담을 느낀 정치인들까지 여기에 가세하면서 이 논쟁은 더욱 뜨거워졌다. 성장론을 지지하며 기울어져 가는 유럽의 경제 문제 해결을 위해 독일의 더욱 적극적인 역할을 요구하는 프랑스의 올랑드 대통령과 이탈리아의 레타 총리, 그리고 또 어떻게든 미국 경제를 회생시켜야 하는 미국의 오바마 대통령이 발끈하고 나선 것이다.

그러나 그런 세간의 기대에 부담이 커진 독일의 메르켈 총리와 또 걷잡을 수 없이 커져가고 있는 정부부채에 대해 우려의 눈길을 거둘 수가 없는 미국의 공화당은 로고프와 라인하트를 지지하며 기꺼이 긴축론자들의 뒤에 섰다.

그러나 2013년 3월 미국 매사추세츠대 경제학과 박사과정 학생인 헌든이 로고프와 라인하트가 과거 통계 데이터를 일부 누락 또는 생략한 사실을 발견하고 지도교수인 폴린과 함께 논문으로 발표하면서 이 논쟁에 극적인 반전을 일으킨다. 헌든과 폴린은 이 논문에서 "국가부채 비율이 90%를 넘어도 꾸준히 성장한 나라가 많았다"라고 지적했다.

이에 라인하트와 로고프 교수도 〈월스트리트저널〉과의 인터뷰에서 데이터 처리에 일부 실수가 있었음을 인정했다. 그러면서도 그들은 "실수를 감안하더라도 연구 결과는 달라지지 않는다"라고 하면서 논쟁의 불씨를 그대로 남겨두었다.

패턴의 발견

무릇 반복적으로 일어나는 것들의 뒤에는 반드시 패턴이 있다. 경제위기도 마찬가지다. 경제위기 연구의 선구자인 킨들버거와 알리버가 그 패턴을 처음 찾아내었는데 지금까지도 많은 지지자들을 몰고 다닌다.

그들은 앞서 언급되었던 『광기, 패닉, 붕괴: 금융위기의 역사』에서 경제위기가 꼬리에 꼬리를 물고 일어날 수밖에 없는 원인은 물론 그로 인해 감당할 수 없는 버블이 일어났다간 마침내 터져버리는 전체 과정을 다음과 같은 7개 단계로 나누어 설명했다.

물론 모든 경제위기가 이처럼 두부를 자른 듯이 명료하게 나눈 단계를 똑같은 비중으로 순차적으로 거치면서 진행되는 것은 아니다. 경제위기에 따라 어떤 단계는 순식간에 건너뛰는가 하면, 어떤 단계는 오래 뜸을 들이며 에너지를 비축하기도 한다.

그러나 어떤 경우에서든, 즉 어떤 시대나 어떤 나라에든 사람들의 마음을 들썩이게 하는 새로운 사건, 이를테면 인터넷과 같은 신기술, 자동차 생산과 고속도로망의 확충, 또 전기와 전화의 급속한 보급 같은 것들

경제위기의 전개 과정

① 새로운 물결이 인다

↓

② 시장이 응답한다

↓

③ 시장이 달아오른다

↓

④ 광기가 시장을 지배한다

↓

⑤ 시장이 숨고르기에 들어간다

↓

⑥ 불안감이 고개를 든다

↓

⑦ 마침내 공포가 시장을 지배한다

이 실현되면서 그 시대를 살아가는 많은 사람들의 마음을 설레게 한다.

이런 새로운 변화들은 실제로 경제를 긍정적인 방향으로 움직이게 한다. 인터넷 보급으로 생산성이 증가했고, 철도, 자동차, 전화의 보급으로 일자리가 늘어나면서 경제가 성장한 것은 사실이었다. 전에 없던 새로운 변화의 물결에 시장이 응답하면서 경제위기로 가는 전체 과정 가운데 ①단계에서 ②단계로 넘어간 것이다. 그리고 이제 시장이 달아오르는 ③ 단계로 넘어갈 차례다.

기대되던 효과가 이렇게 가시적으로 나타나면 그동안 벤처캐피탈과 소수의 투자자들이 참여하던 인터넷 기업에, 또 일부 지역 상공인들과 유지들을 중심으로 조용하게 진행되었던 각종 새로운 프로젝트의 투자에 일반인들이 참여하기 시작하고, 투자 열기도 따라서 달아오르기 시작한다. 돈이 밀물처럼 쏟아져 들어오니 주가가 오르지 않고 배기겠는가? 하루가 멀다 하고 역사적 최고치를 바꿔치운다.

경제전문가들은 물론 정책당국도 이쯤 되면 뭔가 이상한 일이 벌어지고 있다는 것을 눈치채지만 투자자들에게 투자 위험에 대한 주의를 환기시키기보다는 자산 가격의 상승을 정당화하는 물증의 확보나 논리의 개발에 더욱 주력한다. 그린스펜조차도 1990년대 후반 미국 주식 가격의 거품이 생산성의 증가에 따른 기업 이윤의 증가로 설명될 수 있다는 논리로 투자 과열을 더욱 부채질했다.

이런 사실이 점차 알려지면서 그동안 이를 지켜만보던 사람들이 뒤늦게 뛰어들기 시작하면서 시장은 완전히 투기판으로 변질된다. 어떤 기업은 실제적으로 이렇다 할 수익을 내지 못하고 있는데도 사람들은 그런 사실에는 아랑곳하지 않는다. 이쯤 되면 과거의 사례와 함께 주식 가격의 지나친 상승을 우려하는 목소리가 하나둘씩 나타나기 시작한다. 이역시 무시된다. 예외 없이 '이번엔 다르다'는 주장이다.

이렇게 줄을 이어 투자대열에 뛰어드는 사람들은 대개 자신보다 더늦게 들어오는 사람들에게 더 높은 가격으로 팔아넘길 수 있다고 생각한다. 자산 가격 상승을 처음 일으키는 원인이 되었던 새로운 변화와 경제실적의 개선 따위는 이제 안중에도 없다. 자산 가격의 상승 모멘텀 하나만을 보고 들어오는 투자자들이 대세를 이루기 때문이다. 가까운 과거의 추세가 그대로 이어질 것을 보는 마인드가 지배적인 만큼 차트분석가들의 예측이 적중하는 일이 많아지는 때이기도 하다.

이런 일들은 광기가 시장을 지배하는 ④단계 깊숙이 들어갔을 때 일어난다. 그러나 시장에 들어올 만한 사람이 웬만큼 다 들어오고 나면 자산 가격의 상승속도가 완만해지다 못해 더이상 오르지 않는 때가 반드시 온다. 시장이 가쁜 숨을 고르는 ⑤단계로 들어서는 것이다. 이렇게 자산 가격의 상승 기세가 한풀 꺾이는가 하는 순간 뒤늦게 뛰어든 투자자들의 마음속에는 이제 파티가 이대로 끝나는 것은 아닌가 하는 의심과 걱정이 싹트기 시작한다.

우려하던 ⑥단계다. 이렇게 시작된 걱정이 공포로 발전하는 데는 그리 많은 시간이 걸리지 않는다. 순식간이다. 이를 두고 피셔 교수는 '부채함정'이라 했다. 그린스펀도 최근에 출간한 『지도와 영토』에서 바닥으로 곤두박질치게 하는 '공포'의 에너지가 버블로 가는 '탐욕'의 에너지보다 더 강하다고 했다. 쥐고 있는 투자자산을 담보로 빚을 내어 들어온 사람에게는 더욱 그렇다. 이러다가 자산 가격이 하락세로 들어서기라도 하는 날에는 담보 가치의 하락에 따른 청산 요청, 이른바 '마진콜'이 들어올 것이기 때문이다.

실제로 마진콜을 받는 투자자는 자산을 급매로 시장에 내어놓는 수밖에 없다. 이렇게 해서 구조적으로 '사자'는 세력 대신 '팔자'는 세력이 더 많아지게 되면 자산 가격의 하락세는 본격화된다. 행여 반등하지나 않을까 하는 기대감을 거두지 않았던 투자자들은 이제 공포에 완전히 제압당할 일만 남겨둔다. 마지막 ⑦단계다.

시장이 이렇게 미친 듯이 좌충우돌하는 현상에 대해 일찍이 케인즈는 시장의 '야성적 충동' 때문이라는 진단을 내리면서 이런 시장에서는 펀더멘털에 앞서 시장심리의 변화를 좇는 일이 더 중요하다고 역설했다.

버블·버블·버블

모든 자산시장의 버블은 돈이 너무 많이 들어와서가 아니라
돈이 더 이상 들어오지 않기 시작하면서 만들어지는 심리적 불안감으로 터진다.

버블 연대기

경제위기의 전개 과정에서 나타나는 7개 족적들 가운데서도 우리가 특별히 주목해야 할 것은 4번째 단계인 '광기가 지배하는 시장'이다. 이 단계가 바로 사람들이 흔히 말하는 '버블'을 만나는 단계이기 때문이다.

풍선이 만들어내는 버블은 한계가 있다. 이른바 압력을 견뎌낼 수 있는 물리적 한계가 풍선 내피에 입력되어 있기 때문이다. 그러나 경제, 특히 자산 가격의 버블은 한계가 없다. 풍선처럼 압력을 이겨내지 못해 터

지는 일은 결코 없다. 그렇다면 사람들은 무엇 때문에 거품을 두려워하는가? 이에 대한 해답은 간단하다. 거품은 어쨌든 터지기 때문이다. 그리고 뒤이어 가공할 만한 후폭풍을 일으키기 때문이다. 그렇다면 '거품은 도대체 왜, 언제 터지는가?'가 관건일 것이다.

경제의 거품을 키우는 것은 돈이다. 돈이 경제로, 또 자산시장으로 계속 흘러 들어오는 한 거품은 계속 커진다. 그러나 돈이 흘러 들어오는 속도가 느려지는 순간 돈은 역류하기 시작한다. 아이들이 가지고 노는 풍선은 공기가 너무 많이 주입되어 만들어진 물리적인 압력으로 터지지만, 자산시장의 버블은 돈이 너무 많이 들어와서가 아니라 돈이 더이상 들어오지 않기 시작하면서 만들어진 심리적 불안감으로 터진다. 페달을 계속 밟아주지 않으면 자전거가 넘어지고 말듯이 자산시장으로 돈이 계속 흘러들어오지 않는 것이 자산시장의 거품을 터뜨리는 것이다.

킨들버거와 알리버는 경제사에 기록되어 있는 많은 버블들 가운데서도 10개를 골라 『광기, 패닉, 붕괴: 금융위기의 역사』에서 비교적 자세히 내용을 소개했다. 말하자면 '10대 버블'인 셈이다. 그러나 필자는 여기에다 최근에 서브프라임 금융위기를 일으킨 미국의 부동산 버블을 추가했다. 킨들버거와 알리버가 개정판을 낸다면 그들 역시 앞서 선정한 10대 버블에서 한 개를 제외시켜서라도 미국의 부동산 버블을 꼭 포함시킬 것이라 믿는다.

버블이 크다고 해서 반드시 뒤따라오는 불황도 그만큼 큰 것은 아니지만, 적어도 후폭풍으로만 보면 최근의 미국 부동산 버블의 파열이 일으킨 대불황은 1927년에서 1929년 사이의 미국 증권시장 버블이 불러온 경제대공황 바로 다음가는 악성 디플레이션으로 꼽히고 있기 때문이다.

① 네덜란드 튤립투기: 1636년

② 남해 버블: 1720년

③ 미시시피 버블: 1720년

④ 미국 증권시장 버블: 1927~1929년

⑤ 멕시코와 기타 개발도상국 외화차입 급증: 1970년대

⑥ 일본 부동산·증권시장 버블: 1985~1989년

⑦ 스칸디나비아 3개국 부동산·증권시장 버블: 1985~1989년

⑧ 동아시아 부동산·증권시장 버블: 1992~1997년

⑨ 멕시코의 외화차입 급증: 1992~1997년

⑩ 미국의 닷컴 버블: 1995~2000년

⑪ 미국의 부동산 버블: 1995~2000년

이 많은 버블들에 대한 일반적인 상식은 거품이 '크면 클수록 뒤따라오는 불황도 반드시 그만큼 더 깊다'는 것이다. 그러나 반드시 그렇지는 않다. 그것은 거품 속으로 흘러 들어온 돈이 어떤 돈인가가 거품마다 다르고, 또 그에 따라 거품이 터진 후의 후폭풍의 크기도 달라지기 때문이다.

그린스팬은 『지도와 영토』에서 1995년에서 2000년까지 진행된 닷컴 버블과 단 하루 동안에 다우존스산업지수가 20%나 내려앉았던 1987년 10월 19일의 블랙 먼데이의 충격도 견뎌낸 미국 경제가 서브프라임 금융위기를 불러온 부동산 버블을 이겨내지 못한 이유는 바로 빚 때문이었고, 자신 역시 그런 점을 간과했다고 고백했다.

주식을 사는 데 들인 돈은 주로 자기 돈이었지만 집을 사는 데 동원한 돈은 규모도 큰데다 모기지, 즉 은행 빚이었기 때문이었다는 것이다. 가

격이 내리막길을 타는 순간 투자자들이 가지는 두려움은 부채부담이 클수록 더욱 커지기 때문에 투매가 따라 증가하면서 가격 하락의 속도도 더욱 빨라지기 때문이다. 따라서 거품이라 의심이 갈만한 이상 징후가 발생하면 거품의 크기뿐만 아니라 거품을 일으키는 자금의 성질에도 주의를 기울여야 한다.

비트코인 버블

그러나 이 많은 역사적 교훈에도 불구하고 버블은 계속해서 만들어졌다가 예외 없이 터졌다. 그런 버블이 지금은 없을까? 적지 않은 사람들이 지금 버블이 있다고 말하고 있다. 바로 비트코인이다. 지난 3년 동안 가격이 60배나 상승하면서 상승폭 하나만으로도 앞서 있었던 11차례의 역대급 버블들을 압도한다. 그러나 비트코인 투자자들은 이번에도 예외없이 비트코인은 다르다고 말하기를 굽히지 않는다.

몇 차례나 급락하면서도 그때마다 곧바로 사납게 반등하는 놀라운 복원력을 보면 확실히 뭔가 다르다는 생각을 버리기 어렵기는 하다. 그러나 다른 한편으로는 그게 오히려 버블을 단번에 깨트리지 못하게 하는 원인이 되고 있기도 하다. 투자자들을 쉽게 떠나지 못하게 만들기 때문이다.

비트코인 투자에 아직도 기회가 있을까? 아니면 이미 늦은 건가? 경제대공황으로 뉴욕 증시가 초토화되는 가운데서도 주가는 이따금씩 깜짝 상승을 보이는 이른바 '하락장 랠리'를 보이며 미련을 버리지 못하고 있던 일부 투자자들의 발목을 삽았던 사실을 결코 잊어서는 안 된다.

2018년은 처음부터 비트코인에게 그다지 우호적이지 못한 한 해가 될 듯이 열렸다. 1월에는 페이스북이, 3월에는 구글이 비트코인 관련 광고를 금지하면서 비트코인 가격이 12%와 9% 급락했다. 비트코인 거래를 진작 전면 금지했던 중국에 이어 미국도 비트코인을 어떻게 관리할지를 의회 차원에서 논의하기 시작했다. 비트코인을 둘러싼 이런 주변의 냉대에 못이긴 듯 비트코인 가격은 2017년 최고치 2천만 원대를 뒤로 하고 2018년 4월에는 7백만 원 초반대로까지 꺾여 내려갔다.

그러나 비트코인은 곧 몇 주 만에 1천만 원을 훌쩍 뛰어 넘으며 시장을 놀라게 했다. 뿐만 아니라 그동안 비트코인에 적대적인 태도를 보였던 주요 금융계 인사들이 속속 귀순해오는 장면을 연이어 연출하기 시작했다. 카니 영국은행 총재와 라가르드 IMF 총재 등이 비트코인에 대한 우호적인 발언을 쏟아내며 투자 분위기를 부드럽게 바꾸어 준 것이다.

그렇다면 비트코인의 운명은 장차 어떻게 될 것인가? 비트코인은 과연 암호화폐 매니아들의 소망대로 전통화폐를 대체할 수 있게 될까?

이에 대한 해답은 아직 없다. 탈중앙화에서 비롯되는 일부 기능적 우월성에도 불구하고 비트코인과 같은 암호화폐들은 기존의 화폐를 대체하기 어려운 구조적 문제점을 가지고 있기 때문이다. EU 회원국들을 제외한 모든 국가들이 저마다 하나씩 가지고 있는 고유의 화폐는 그 국가의 주권 자체다. 자신들의 경제 사정에 맞추어 화폐량, 즉 통화량을 조절하면서 경제를 운영하고 있기 때문이다.

비트코인과 같은 암호화폐를 공식적인 통화로 채택한다면 통화금융정책이 들어설 자리가 아예 없어진다. 또 암호화폐 거래의 익명성으로 인해 과세 기능까지 잃게 되면 재정정책 기능은 물론 공무원들의 월급조차 주기 어렵게 된다. 한마디로 국가의 존립 자체가 어려워지는 것이다. 국가 간의 각기 다른 경제사정을 다 수용하지 못하고 단일한 잣대를 들이대는 유럽연합 체제에 회원국들이 지쳐가고 있는 것이 그 증거다. 브렉시트에 이어 그렉시트, 또 최근에는 이탈릭시트 우려까지 등장하며 글로벌 경제를 위협하고 있다.

비트코인을 포함한 모든 암호화폐가 화폐량을 고정시키고 있는 것도 매우 위험한 측면이다. 경제사정에 따라 화폐량은 조절되어야 하기 때문이다. 자동차의 변속기가 주행 속도에 연동하지 않으면 엔진에 무리가 갈 뿐만 아니라 연비도 크게 나빠지는 원리와 같다. 암호화폐의 총량이 고정된 것이 가격 급등락의 주원인이 되었고, 또 그로 인한 공급량 부족을 해소하기 위해 이른바 새로운 '알트코인'이 하루가 멀다 하고 출현했다. 2017년 중반 무렵만 해도 암호화폐의 종류가 190여 종의 각국 화폐 수를 훨씬 웃도는 800여 종에 이를 정도라 한다. 이 가운데 일부는 끝까지 살아남을 것이란 것이 대체적인 시장의 전망이다.

그러나 현재의 모습으로서는 절대 아닐 것이다. 암호화폐의 기능적 한계를 반드시 뛰어넘어야 가능한 일인 만큼 정부가 개입하면서 다듬어지는 모양새로 진화될 것으로 보인다. 그런 측면에서 필자는 최근 전혀 새로운 모습으로 예고된 암호화폐의 출현에 주목하고 있다.

트럼프 행정부에서 연준 의장 후보로 유력하게 언급되었던 전직 미연준 이사까지 참여하고 있는 한 투자 팀이 개발을 예고한 암호화폐 '베이스코인'은 화폐량이 미 달러화 가치나 소비자물가지수에 연동될 것이라 한다. 암호화폐의 유통량이 이른바 경제의 펀더멘탈에 맞추어 탄력적으로 조절되도록 설계한다고 하니 미국 프로 스포츠에서 다투어 도입하고 있는 이른바 '비디오 판독' 시스템을 빌려오겠다는 것이다.

미 연순노 사실상 복사직으로 틸터과클 대신힐 임호회폐의 노입을 구상하고 있다는 말까지 흘러나오고 있다. 상당히 의미 있는 내용이다. 뉴욕 연방준비은행장 더들리도 최근 한 대학 강연에서 미 연준이 달러화를 대체할 암호화폐를 연구하고 있다고 인정했다.

미국뿐만이 아니다. 이에 앞서 스웨덴, 일본, 두바이는 자신들의 법정화폐를 대체할 암호화폐 도입을 진지하게 검토하고 있다. 결국은 각국 정부들이 고유의 암호화폐를 도입하는 형식으로 암호화폐 문제는 일단락되기 쉬울 것으로 전망된다. 그게 가장 현실적인 대안이기 때문이다. '탈중앙화'를 위해 어떤 기준을 도입하게 될 것인가에 대해 치열한 논쟁이 불가피하겠지만 인공지능이 이 문제를 해결해줄 것으로 보인다. 그렇게 되면 현재의 암호화폐들은 뜻하고 있던 화폐로의 역할을 한 번도 해보지 못하고 희귀우표와 같은 뒷방 늙은이 신세로 전락하게 될 것이다.

그러나 이런 일들은 예측이 쉽지 않은 문제인 만큼 일반투자자들이 앞질러 걱정할 일은 아니다. 비트코인이 버블이냐 아니냐의 논쟁 역시 일반투자자들이 쉽게 끼어들 일이 아니다. 중요한 것은 초대형 버블이란 말이 나올 정도로 비트코인 가격이 폭등했다가 하락 후 반등하는 모습을 되풀이 하고 있다는 사실이다. 이런 경우 우리에게 필요한 월가의 격언은 '음악 소리가 멈출 때까지 춤추기를 절대 멈추지 말라'다. 이에 기꺼이 동참해야 한다.

그러나 주의해야 할 일은 음악 소리가 멈추는 순간까지 무대 위에 서 있다가는 아주 큰 낭패를 보게 된다는 사실이다. 어려운 주문이지만 틈을 봐서 빠져나올 준비를 늘 하고 있어야 한다. 늦어서도 안 되지만 그렇다고 지나치게 빨라서도 곤란하다. 남해 버블에서 지나치게 빨리 빠져나온 일이 못내 아쉬워 다시 들어갔다 '폭망'한 뉴턴과 무사히 잘 빠져나와 부자가 된 헨델을 기억해야 한다.

모든 버블은 더이상 돈이 흘러 들어올 틈이 보이지 않을 때 터진다. 케네디 대통령의 아버지인 조셉 케네디가 경제대공황 당시 주가 대폭락의 화를 피할 수 있었던 것은 구두닦이까지 주식 이야기를 하는 것을 보고 세상의 모든 돈이 이제 증권시장으로 들어갔구나 생각하고 주식을 다 정리한 때문이라고 한다.

암호화폐를 어떻게 할까 고민하고 있는 사람이라면 주변에 암호화폐를 가지고 있다는 사람을 하나씩 떠올려보면 좋겠다. 저 사람까지 한다는 생각이 들면 바로 털고 나와야 한다. 더이상 들어올 사람이 없을 것이기 때문이다. 이런 점에서 노인들을 대상으로 한 암호화폐 피라미드 사기는 암호화폐시장에 대단히 부정적인 뉴스다. 노인들의 쌈짓돈까지 흘러들어온 뒤에 어떤 돈이 더이상 들어올 수 있겠는가?

일탈의 증거들

방영주 서울대 의대 교수는 최근 '방영주 서울대 교수의 암 이야기'라는 제목의 〈조선일보〉 연재기고를 통해 암은 대표적인 만성질환이라 했다. 암은 진단 후 병 경과도 오래 걸리는 만성적인 임상경과를 보이기 때문에 그렇기도 하지만 우선 발병하는데 오랜 세월이 걸리고, 발병 이후에도 진단이 되기까지 오랜 시간이 걸리기 때문이라는, 지금까지 그다지 알려지지 않았던 놀라운 이야기를 했다.

'일단 암세포가 생기고 나면, 암세포는 계속 분열하면서 커지게 되는데 10억 개의 세포가 모이면 약 1g 정도의 종괴가 되고, 이 크기는 현대의학이 발견할 수 있는 최소한의 크기가 된다. 암세포 1개가 10억 개의 암세포 덩어리를 이루기 위해서는 적어도 수년이 걸리는 것으로 추정된다. 이 시기에는 암을 진단하는 것은 거의 불가능하다고 할 수 있다'라고 하니 기가 막힐 노릇이다.

경제가 정상궤도를 이탈해서 경제위기로 가고 있다는 이상 징후를 확실하게 보여주는 역할을 하는 버블을 암세포와 비교하는 것은 무리일까? 암세포 없는 암이 없듯이 버블 없는 경제위기도 없다. 그러나 다행히 암세포와는 달리 버블은 발견하기가 절대 어렵지 않다. 자산 가격의 상승속도가 지나치게 빨라지면서 생기는 것이 거품인데 보이지 않는다면 그게 오히려 이상하다.

일본 천황이 사는 도쿄 황궁의 지가 총액이 미국 캘리포니아 전체 부동산 가치 총액을 상회하고, 그런 높은 지가를 견디지 못해 당시 일본 은행들이 주택 거래를 위해 상환기간이 무려 100년이나 되는 모기지 상품을 출시했던 사실은 당시 일본 경제가 결코 안정적이지 않았다는 것, 즉 예사롭지 않았던 버블 속에 있었다는 사실을 증명한다. 일본뿐만이 아니었다. 금융위기가 일어나기 전 수년 동안 미국의 기업 이익 가운데 약 40%가 금융권에서 발생했다는 사실 역시 금융 산업의 버블을 입증하는 자료이다.

버블 생성을 알리는 이런 당연한 신호를 언론이나 경제전문가들이 절대 놓칠 리가 없었다. 미국의 서브프라임 금융위기에 앞서 발생했던 부동산 버블에 대한 경고는 여러 경제학자들의 입에서 발령되었다. 콜롬비아 대학의 스티글리츠 교수, 프린스턴 대학의 크루그먼 교수, 뉴욕 대학의 미스터 둠, 루비니 교수, 행동주의 학파 경제학자로 2013년 노벨 경제학상을 수상한 예일 대학의 쉴러 교수가 바로 그런 사람들이었다.

그린스펀 역시 2002년에 있었던 한 연방공개시장위원회 FOMC 정기회합에서 "모기지 부채로 불붙고 있는 주택 가격 상승이 계속 지속될 수는 없다"라고 경고했다. 1996년 당시 증권시장을 뒤덮고 있던 버블을 보고 뱉어낸 '비이성적 과열'이란 말에 이은, 자산시장 거품을 향한 두 번째 구두경고였는데 시장에서 또 묵살당하고 만다.

그런데 시장은 왜 이렇게 과열을 경계하라는 현자들의 충고에 번번이 귀를 막아버리는가? 오히려 시장은 이를 즐긴다. '음악 소리가 멈출 때까지 춤추기를 절대 멈추지 말라'고 앞서 지나간 시장들이 줄곧 가르쳐 왔기 때문이다. 자산시장으로 돈이 계속 흘러들어오는 한 더 높은 가격으로 팔고 떠날 수 있다고 믿는 투자자들이 하늘 높은 줄 모르게 부풀려진 가격을 기꺼이 받아주기 때문이다. 이른바 '더 큰 바보론'의 전말이다. 실제로 투자자들이 그린스펀이 주식 거품경보를 발령했던 1996년에 주식을 사고, 또 부동산 거품경보를 발령했던 2002년에 집을 샀더라면 한동안 엄청난 차익을 얻을 수 있었을 것이다.

그러나 시장의 그런 일탈은 언제까지나 지속될 수는 없다. 마침내 종지부를 찍고 만다. 그 신호는 의외로 엉뚱한 데서 오기도 한다. 주식이든 부동산이든 자산투자에는 절대 나설 것 같아 보이지 않던 사람이 마침내 자산시장에 들어오는 것이 바로 그것이다. 온라인 주식거래가 일반화되기 전이었던 시절 장바구니를 들고 증권사 객장에 나타나는 주부들, 또 연예인의 이름을 빌려 쓴 주식투자 관련 서적이 베스트셀러 대열에 올라서는 순간이 바로 그런 때다. 버블을 지탱시켜 오던 새로운 돈의 유입이 사실상 마감되기 때문이다. 더 이상 들어올 돈이 시중에 남아있지 않게 된다.

반면 다소 이름이 있는 사람이 쓴 책이 베스트셀러에 오를 때는 그래도 한참은 더 오를 시간이 있다. 예를 들면 'Japan, No. 1'이나 '미국수식 관련 책'과 같이 약간은 전문서적 쪽에 가까운 책을 읽고 들어오는 사람들의 뒤에는 그다음, 또 그다음, 주식 가격이 오른다는 소문을 듣고 들어올 사람들이 많이 대기하고 있기 때문이다. 문제는 언제나 새로운 돈이다.

광기의 뿌리

누가 봐도 터무니없는 버블에 사람들은 계속 뛰어들어간다. 그것도 기꺼이 말이다. 그러나 생각하는 것처럼 이들 모두가 큰 손실을 보고 쓰러지는 것은 아니다. 실패하는 사람은 언제나 제일 마지막에 들어간 사람이다. 지극히 간단한 논리다. 친구와 함께 들어간 숲 속에서 곰을 만나면 우사인 볼트처럼 빠르게 달릴 필요가 없는 것과 같다. 옆에 있는 친구보다 그저 한 걸음만 더 빨리 뛰면 된다.

자산투자도 마찬가지다. 꼴찌만 하지 않으면 되는데, 꼴찌는 언제나 있는데도 자기가 꼴찌가 되리라고는 좀처럼 생각하지 않는 심리가 인간들의 마음속에 뿌리 깊게 자리잡고 있다고 하니 사실은 그게 문제다. 그래서 우리들의 평범한 이웃들이 오늘도 거품 속으로 거침없이 뛰어든다.

그러나 이렇게 사람들이 스스로 거품을 일으키고, 또 거품인 줄 알면서도 뛰어드는 이유는 반드시 그런 이유 하나 때문만은 아니다. '모든 자동차 사고에는 저마다 사연이 있다'는 커다란 입간판을 달아놓은 주유소를 미국 어디에선가 본 적이 있다.

거품도 마찬가지다. 돌이켜보면 '그때 내가 왜 그랬을까?' 하는 생각에 쓴 웃음을 짓게 되지만 당시에는 절대로 그런 생각을 하지 못한다. 당시의 지배적인 생각에 흠뻑 젖어들어 있었기 때문이다. 거품은 사람들이 스스로 만들어내는 것인데 주요한 거품이 발생할 때마다 사람들의 생각을 그렇게 한 방향으로만 몰고 가게 만드는 이야기가 반드시 있다. 이른바 '클리셰이 cliche'다.

서브프라임 금융위기를 불러온 미국의 주택 가격 버블의 뒤에는 '부동산 불패'라는 클리셰이가 있었다. 미국의 연준은 물론 세계의 중앙은행들을 관리하는 국제결제은행BIS조차 위태롭기 짝이 없었던 서브프라임 모기지 채권에 대해 특별한 의심의 눈길을 보내지 않게 만든 클리셰이는 플로리다니 캘리포니아니 하는 등지에서의 국지적이면서도 산발적인 지가 하락은 있어도 미국 전역을 동시에 아우르는 전체 부동산시장의 동시 하락은 절대로 없다는 생각이었다.

따라서 전국 각지에서 모집한 모기지 채권을 한데 섞어서 우려낸 모기지유동화증권MBS; Mortgage Backed Securities이 망가질 위험은 제로에 가깝다는 나름대로 매우 정밀한 수학적 결론에 깜빡 속아 넘어간 것이다. 사실 속아 넘어간 것이 아니라 처음부터 의심할 여지가 없었던 것이라 하는 편이 옳다.

한 시대의 클리셰이로 등극하는 이런 믿음들은 물론 다 확실한 근거가 있는 것들이다. 미국의 부동산 가격은 제2차 세계대전 이후로 줄곧 올라왔고, 또 그러는 동안 부동산 가격의 전국 동시 하락은 한 번도 일어나지 않았다는 것은 업계의 상식이었을 뿐만 아니라 통계적으로도 입증된 사실이었기 때문이다. 그런데 그 입증이란 것이 눈가림에 불과했다니. 다시 한 번 되풀이하는 사실이지만 노벨경제학상이라는 거룩한 인증을 받은 LTCM의 위험관리모형이 예측한 러시아 채권의 디폴트 확률은 400만 년 만에 한 번 일어나는 확률이었다. 그런 확률을 가졌다고 알려진 일이 실제로 일어났다.

독자 여러분들은 러시아와 LTCM, 이 둘 중에 어느 쪽이 잘못되었다고 생각하는가? 최근 4반세기 동안의 자료를 가지고 만든 모형의 한계였다. 과학의 한계이기도 하다. 세계 최고의 강대국인 미국이 제1차 세계대전이 끝나던 당시, 그러니까 지금으로부터 불과 1세기 전만 해도 지금의 중국과 같은 신흥국에 불과했다. 또 잉카를 통째로 삼킨 후 금과 은을 실어 나르는 스페인을 질투하던 영국이 마침내 카리브 해로 달려가 대놓고 해적질에 나서기도 했던 역사를 독자 여러분들은 상상이나 할 수 있겠는가?

한 시대를 풍미하는 잘못된 생각이 만들어낸 클리셰이가 경제를 잡고, 마침내 사람을 잡는다. "절대 다수의 편에 서 있는 자신을 발견할 때마다 그 자리에 멈춰 서서 그게 옳은지 생각해야 한다"라고 『톰소여의 모험』으로 우리에게 친숙한 마크 트웨인이 말했다. 소로스도 "세상에 대한 일반적인 시각은 어떤 식으로든 왜곡되어 있는 경우가 많은데, 그로 인해 장차 전개될 일에 대해 나는 절대 눈길을 떼지 않는다"라고 말했다. 여기에 아인슈타인도 또 한 마디 거들었다. "옳은 일이 언제나 인기가 있는 것은 아니다. 또 인기가 있다고 다 옳은 것은 아니다."

이렇게 많은 지적과 경고에도 불구하고 버블이 생길 때마다 그에 힘을 실어주는 클리셰이는 늘 있었다. 독자 여러분이 재미있어 할 만한 사례들 가운데 하나는 1970년대 금값이 폭등했을 때의 클리셰이다. 1970년 1월 1일 온스당 40불에 불과하던 금값은 1979년 12월 31일 970불까지 오른다. 그런데도 투자자들은 그런 사실에 조금도 개의치 않아했다. 왜 그랬을까? "역사적으로 금 1온스의 가격은 석유 20배럴의 가격과 같다"라는 클리셰이에 온통 마음이 빼앗겨 있었기 때문이었다. 당시 석유는 두 차례에 걸친 오일쇼크로 배럴당 40달러에 육박하고 있었다.

독자 여러분은 혹시 올림픽이나 월드컵이 열리면 집값이 오른다는 클리셰이를 들어본 적은 없는가? 이 클리셰이는 서울에서 올림픽이 열렸던 1988년, 또 월드컵이 열렸던 2002년, 두 해 모두 서울에서 아파트 값을 끌어올리는 데 적지 않은 기여를 했다. 그렇다면 올림픽과 월드컵이 같은 나라에서 연이어 개최된다면 그 나라 부동산시장에는 무슨 일이 일어나게 될까? 그것이 궁금한 독자들은 브라질을 지켜보면 된다.

독일과 아르헨티나가 격돌했던 결승전보다 오히려 독일이 브라질을 7대 1로 격파했던 준결승전으로 더 유명했던 2014년 브라질 월드컵을 독자 여러분은 아직 생생하게 기억하고 있을 것이다. 이 브라질에서 2016년에 올림픽까지 열린다. 결과는 독자 여러분이 역시 예상하는 그대로다. 브라질이 2014년 월드컵 개최권을 따내면서부터 곧 상승하기 시작하던 리우의 부동산 가격은 브라질이 2016년 올림픽 개최권마저 따내자 상승세가 더욱 가팔라졌다. 월드컵이 열리기 전 6년 동안 리우의 부동산 가격은 250%, 그리고 가까이 있는 상파울루의 부동산 가격도 200%나 상승했다고 한다. 이처럼 시장을 지배하는 것은 바로 사람들의 생각이다.

추락의 공식

모든 버블은 결국은 터진다. 이번에는 다르다고 아무리 우겨도 소용이 없다.
단 한 번도 예외를 허용하지 않았던 지나온 역사를 이길 수는 없지 않는가.

중력의 법칙

모든 버블은 결국 터진다. 이번에는 다르다고 아무리 우겨도
소용이 없다. 단 한 번도 예외를 허용하지 않았던 지나온 역사를 이길 수
는 없지 않는가. 저마다 경위는 다르겠지만 저변에 깔려 있는 경제원리
는 지극히 단순하다. 어떤 동기에서든 어떤 자산의 가격이 오르기 시작
하면 오른다는 그 사실 하나만으로도 투자자들이 끌려들면서 가격 상승
을 더욱 부추긴다. 이렇게 자산시장으로 돈이 끊임없이 흘러들어오면 자
산 가격이 또 한 차례 상승하지 않을 수 없게 된다.

그러나 그런 투자가 끝없이 이어질 수는 없다. 자산시장으로 흘러 들어올 수 있는 사람도, 돈도 다 한계가 있기 때문이다.

온라인 거래가 흔하지 않던 시절 주식투자로 돈을 벌었다는 옆집 아줌마 이야기에 더 이상 참지 못하고, 마침내 장바구니를 들고 증권사 객장을 찾는 주부가 마지막 투자자라고 앞서 말했다. 그 이후에는 더이상 오를 수가 없다. 자산시장의 상승 에너지가 고갈되기 시작하는 것이다. 탐욕이 공포에 자리를 내주는 시간이다. 손실을 줄이기 위해 급매물이 나오기 시작하면 가격 하락 속도는 아주 빨라진다. 이것이 자산시장을 지배하는 '중력의 법칙'이다.

자산시장에 내장되어 있는 중력의 법칙은 시대를 거듭하면서 더욱 강력해졌다. 금융이 더욱 복잡다단한 모양으로 개입되었기 때문이다. 그래서 세월이 지나면서 버블은 더욱 빠르게, 그리고 더욱 크게 부풀려졌다가 무서운 기세로 터졌다.

금융이 발전한다는 것은 사실 돈의 회전을 더욱 빠르게 만드는 것이다. 위험 관리라는 것 역시 부채를 권장하는 것 이상은 아니었다. 금융위기는 그래서 더욱 악성으로 진화, 혹은 변질되었다.

부채견인 디플레이션

부채견인 디플레이션은 1930년대에 일어났던 경제대공황의 참사를 목도한 당대 최고의 경제학자였던 피셔 교수가 발견한 원리다. 이는 경제위기를 불러오는 주식이나 부동산과 같은 주요 자산 가치의 급락은, 이를 남보로 했던 신용거래를 위태롭게 하면서 일어나는 일이라는 주장이다.

피셔는 경제대공황을 불러온 1929년 10월 29일(검은 화요일)의 주가대폭락이 일어나기 불과 3일 앞서 "미국의 주가는 안전한 고원지대에 안착해 있어 주가 하락은 절대 없다"라고 주장했다가 지금까지도 인구에 회자되는 망신을 당했던 사람이다. 그러나 곧 절치부심 끝에 경제위기의 뇌관이 부채견인 디플레이션에 있었다는 사실을 규명해내면서 자신의 치명적 실수를 벌충한다. 그러나 당시에는 케인즈의 그늘에 가려 부채견인 디플레이션이 다시 완벽하게 재현된 2008년의 서브프라임 금융위기가 올 때까지 명예회복에 실패한다.

공익광고가 권장하는 것처럼 여유자금으로 투자를 하면 사실 어떤 경우에도 아주 심각한 문제는 일어나지 않는다. 그러나 예나 지금이나 마찬가지로 적지 않은 투자자들이 신용거래에 의존한다. 매입하는 투자자산을 담보로 넣고 빌린 돈으로 투자에 나서는 일이 일반화되었다. 특히 부동산 매입의 경우에는 부동산 담보대출을 당연한 것처럼 생각하기에 이르렀다. 그동안 금융 시스템이 발전해왔기 때문에 가능해진 일이다. 은행 입장에서는 '위험 관리', 그리고 투자자 입장에서는 '레버리지 관리'라는 근사한 이름으로 포장되어 있기도 하다.

부채에 의존하는 이런 새로운 방식의 투자로 투자자금의 규모를 키울 수 있게 되면서 일이 잘 풀릴 때는 투자수익이 엄청 커진다. 그러나 일이 뜻대로 되지 않을 때의 손실은 그보다 더 커지게 된다. 돈이 재빨리 풀려 나왔다가는 다시 그보다 더 빠른 속도로 빨려 들어가기 때문에 일어나는 일이다.

자산시장의 대세가 하락세로 들어서는 듯한 순간 은행들은 신규대출은 물론 신용 만기시에 필요한 대출연장까지 거절하기 시작한다. 이에 따라 자금조달이 어려워지거나 부채청산에 쫓기는 기업이나 투자자들은 보유하고 있던 자산을 서둘러 처분하지 않을 수 없게 된다.

자산시장에 이런 급매물이 한꺼번에 쏟아져 들어오면 자산 가격은 더욱 빠른 속도로 떨어지면서 서둘러 자금을 회수하려는 금융기관의 채근도 더욱 집요해진다. 그래서 다시 한 차례 자산시장에 급매물이 쏟아지게 되고, 이에 따라 자산시장은 더 나쁜 쪽으로 재편된다. 이런 악순환은 자산 가격이 처음 하락세로 들어설 당시 자산 보유자의 부채비율이 높을수록 더욱 강하고 빠르게 작동된다. '빚 권하는 사회'가 예외 없이 불러오는 종말이다.

민스키(Minsky) 타임

부채견인 디플레이션은 중앙은행의 통화량 팽창이 불러오는 은행권의 신용팽창으로 한껏 부푼 자산 가격 거품이 수명을 다하는 순간 마진 콜이 울리면서 마침내 붕괴되는 구조를 잘 설명한다. 경제위기를 일으키는 거품에 앞서 새로운 형태의 신용팽창, 아주 최근의 경우로는 서브프라임 모기지와 같은 새로운 수법의 신용공여(어떤 금액을 상대에게 빌려줄 때 상대가 반환할 의사, 반환할 능력이 있음을 믿고 빌려줘 상대방에게 일시 이용하도록 하는 것)가 늘 있었던 것을 생각하면 피셔 교수의 부채견인 디플레이션은 아주 설득력 있는 설명이다.

이 부채견인 디플레이션 이론은 또 그로부터 반세기 가량이 지나 피셔 교수의 명예회복을 막았던 그 케인즈 학파의 일원인 민스키 워싱턴대 교수가 농조하고 나서면서 더욱 유명세를 탄다. 민스키는 1974년에 발표한 논문에서 흥청망청하다간 언제 그랬느냐는 듯 순식간에 얼어붙어 버리는 불안정한 금융시스템이 전체 경제에 호황에 이어 불황을 불러오는 비즈니스 사이클의 구조적 원인이라 주장한다.

민스키는 특히 부채를 안고 자산시장에 참여하는 투자자들을 '헷지 투자자' '투기적 투자자' 그리고 '폰지 투자자' 등의 3가지 등급으로 나누는데 거품이 꺼지는 과정에서 투자자들의 등급이 걷잡을 수 없이 하락하고 이에 따라 경제도 같은 속도로 망가진다고 했다.

먼저 헷지hedge 투자자는 최고 등급의 투자자로서 이자뿐만 아니라 원금상환에도 전혀 문제가 없이 출발하는 투자자이다. 다음 등급의 투자자인 투기적speculative 투자자는 이자납부에는 문제가 없으나 원금상환에는 처음부터 무리가 있어서 만기가 도래될 쯤에는 재대출 혹은 상환기간 조정이 필요한 투자자이다. 그리고 최하위 등급의 폰지ponzi 투자자는 처음부터 원금상환은커녕 이자 납부도 어려운 투자자다. 자산 가치의 상승으로 장차 발생할 차익으로 모든 비용을 감당하려는 위태롭기 짝이 없는 투자자이다.

경제가 뜰 때는 모든 등급의 투자자들이 어렵지 않게 다 자신의 틈새를 찾아 시장으로 진입해 들어온다. 또 자산 가격이 상승하면서 투자자들의 신용등급은 상향조정된다. 더불어 따라오는 금융권의 신용팽창과 함께 자산시장이 과열되면서 거품이 생기는 원인이 된다. 그러나 거꾸로 경제가 가라앉기 시작할 때는 신용 사이클이 강하게 역회전하면서 돈이 말라든다. 이에 따라 모든 투자자들의 투자등급도 따라 내려앉으면서 불황으로 가는 길을 재촉하게 된다.

경기순환 사이클과 같은 방향으로 움직이는 신용공급 사이클에 주목한 민스키의 관점은 사실 전통 경제학의 입장을 대변하는 것으로 그다지 특별한 일은 아니었다. 신용공급은 원래 경기확장기에는 증가하다 경기위축기에는 감소했기 때문이다. 그러나 문제는 신용공급 사이클의 진폭이 경기순환 사이클보다 더 크다는 사실이 그동안 간과되어온 데 있었다.

일반적으로 경기확장기에는 미래에 대해 투자자들의 전망이 낙관적으로 변하기 마련이다. 그래서 모든 투자대안에 대한 기대수익률을 높여 잡으면서 자금 마련에 더욱 적극적으로 나서게 된다. 은행들도 마찬가지로 돈을 빌리려는 사람들의 투자계획서에 숨어 있는 위험을 낮게 평가하게 될 뿐만 아니라, 그들 스스로도 기꺼이 위험을 감수하려 들면서 전 같으면 가능하지 않을 대출을 과감하게 승인하게 된다.

민스키는 특히 경기확장기에 일어나기 쉬운 투자 과열을 틈타 단기차익을 노리며 과도한 차입과 함께 뛰어드는 무모한 투자자들에 주목한다. 이들이 처음 자산시장에 뛰어들 때만 해도 기대되는 투자수익이 차입금리보다 월등히 높았으나 경기확장세가 꺾일 무렵부터는 분위기가 달라진다. 자산 가격의 상승세가 둔화되면서 기대수익률이 낮아지고, 심지어 차입금리에도 못 미치는데 여기까지 올 즈음이면 투자자들의 스트레스도 극대화된다.

역사적으로도 자산시장 분위기가 한껏 달아오를 때는 위험선호 분위기에 편승해 전에 없던 새로운 형태의 신용 시스템, 이를테면 그림자 금융이나 서브프라임 모기지의 채권화와 같은 것들이 어김없이 출현했다. 이에 따라 신용팽창이 더욱 가속화되면서 버블을 키워갔다. 하지만 시간이 지나 경기확장세, 또 그에 이어 자산 가격 상승세가 둔화될 조짐이 보이기 시작하는 동시에 일부 투자자들의 파산이 하나씩 늘어나기 시작하면 은행들은 일제히 몸을 사리기 시작한다.

민스키는 신용 사이클의 바로 이러한 특성 때문에 기업의 자금조달계획이 쉽게 어긋날 수 있고, 이로 인해 금융위기가 일어날 수 있다고 지적했다. 그의 이 같은 주장은 케인즈 이론을 신고전학파적 입장에서 애써 해석하려 했던 주류그룹에 밀려 당시에는 주목을 받지 못하다가 2008년 서브프라임 금융위기를 완벽하게 설명하는 모형으로 인정받으면서 뒤늦게 재조명을 받는다.

서브프라임 모기지 금융위기가 오기 전 미국의 은행들은 장기 주택담보대출인 모기지를 통해 주택을 매입하려는 사람들을 '프라임' '알트-A' '서브프라임' 등의 3가지 그룹으로 구분했다. 프라임 고객은 안정적인 소득원을 가지고 있는 사람으로 일반적으로 집값의 20%에 해당하는 다운페이는 물론 이자 납부에도 문제가 없는 사람으로, 앞서 언급한 민스키 기준으로는 헷지 투자자에 해당한다. 알트-A는 차순위 신용등급을 가진 사람으로서 민스키의 투기적 투자자쯤 되겠다. 그러나 문제가 된 서브프라임은 결국 크게 사단을 벌리게 되는 폰지 투자자 다름 아니었다.

주택 가격은 계속 상승한다는 믿음을 미국, 더 나아가 세계 전체가 굳게 믿고 있었던 만큼 서브프라임 고객들조차 처음에는 은행에서 돈을 빌려 집을 사는 데 아무런 어려움이 없었다. 2003년 한국에서 카드대란이 일어나기 직전까지 지하철 역 앞에서 지나가던 대학생에게도 신용카드를 발급해주던 것과 같았던 얼간이 세상이었다. 그리고 그때까지만 해도 세상은 더없이 좋았다. 그러나 호박에 줄을 긋는다고 결코 수박이 될 수는 없었다.

서브프라임 모기지를 기초 자산으로 만들어 미국은 물론 유럽으로까지 내다 팔은 성분불명의 모기지유동화증권MBS이 결국 사고를 친다. 은행대출이 막히면서 서브프라임 고객은 물론, 알트-A뿐만 아니라 프라임 고객에까지 불똥이 튄다. 프라임은 알트-A로, 알트-A는 서브프라임으로 지위가 강등되면서 경제를 움직이는 혈액같은 역할을 하는 신용공급이 2008년 9월 리먼 브라더즈의 파산 신청을 신호로 일제히 자취를 감추면서 일어난 미국발 금융위기는 1930년대의 경제대공황 다음 규모의 대형 불황을 불러온다.

민스키가 이 이야기를 처음 한 것이 1974년이었는데 미 연준은 물론 경제학자들은 그동안 대체 무엇을 하고 있었는지 알 수 없는 일이다.

정부의 구태의연한 대응

경제위기가 실제로 발생하거나 발생할 우려가 있다는 불안감이 확산될 때
중앙은행이 언제나 가장 먼저 하는 일은 시중에 돈을 푸는 일이다.

무너진 은행부터 바로 세운다

　　자본주의 시장경제체제에서 금융시장의 기능은 절대적이다.
시중에 떠도는 여유자금을 거두어 기업들에게는 생산 및 운영자금을, 소
비자들에게는 주택이나 자동차는 물론 식료품 구입에 필요한 신용을 공
급해준다. 또 중앙은행이 필요에 따라 통화량을 늘려 경제에 활력을 불
어넣을 때도 돈은 금융시장을 통해 기업과 가계로 흘러들어가야 한다.
그래서 금융시장의 작동이 멈추는 순간 경제는 곧바로 마비된다.

　거품이 터지면 제일 먼저 금융 기능이 위축되기 쉬워진다. 이어지는

경기위축이 불러오는 기업파산으로 부실채권이 발생하지 않도록 은행들이 대출을 꺼리게 되기 때문이다. 매에는 장사가 없다고 했듯이 경기위축 앞에서는 어떤 기업도 안전할 수 없기 때문에 은행들은 몸을 사리지 않을 수 없다.

대출심사를 더욱 강화하는 한편 예상되는 부실채권으로부터 자신을 보호하기 위해 무엇보다 현금을 비축하기 시작한다. 이렇게 해서 돈 구하기가 전에 없이 까다로워지면 우량기업조차도 자금조달에 어려움을 겪다가 종국에는 파산으로 치닫는 수도 있다.

이런 일이 일어나지 않도록 예방하는 것은 인플레이션 예방과 함께 중앙은행의 가장 중요한 책무 가운데 하나다. 그래서 경제위기가 실제로 발생하거나 발생할 우려가 있다는 불안감이 확산될 때 중앙은행이 가장 먼저 하는 일은 시중에 돈을 푸는 일이다. 먼저 은행들이 가지고 있는 국채를 현금으로 바꾸어주면서 은행으로 돈을 흘려보낸다. 그러면 은행들은 그 돈으로 먼저 자신의 건강부터 돌본다. 그리고 나서는 다시 기업과 가계로 돈을 돌리는 본연의 업무로 복귀한다. 이 모든 일은 경제위기의 공포가 사라질 때까지다.

중앙은행은 전쟁이나 테러는 물론 예기치 못한 주가폭락과 같은 돌발적인 사건으로 경제가 심각하게 위협을 받을 때는 언제나 돈을 풀어 시장의 불안감을 해소시킨다. 이어질 불확실한 미래에 대비해 최고의 안전자산인 현금으로 자산이 대거 이동하면서 현금이 생산과 소비현장을 떠나 금고 속으로, 혹은 장롱 속으로 피신하는 과정에서 불가피하게 발생하는 금융경색이 불러올 진짜 경제위기를 예방하기 위한 조치다.

미 연준은 9·11테러와 같은 예기치 못한 사건에도, 뉴밀레니엄을 앞두고 컴퓨터의 2000년 인식 오류로 발생할 수도 있었던 Y2K 쇼크에 대비해서도 시중으로 돈을 방출했다.

그러나 사람들은 거듭되는 경제위기의 풍상에 시달리면서 지혜로워진다. 경제가 가장 무서워하는 불확실성의 강도와 이에 맞서는 중앙은행의 대응강도, 이 2개의 경중을 견줄 수 있게 된 것이다. 그래서 중앙은행도 시장의 이런 기대에 적절히 부응하면서 자칫 더 험하게 전개될 수 있는 위기 국면을 슬기롭게 수습해나갈 수 있었다.

1998년 9월 러시아 금융위기에 직격탄을 맞아 파산위기에 몰리는 LTCM으로 인해 미국의 전체 금융 시스템이 와해될 조짐을 보이던 긴박한 시기에 열렸던 미 연준의 정례 공개시장위원회는 0.25% 포인트의 기준금리 인하를 결의한다. 그러나 그보다 더 화끈한 대응을 기대했던 시장은 총알 한 방으로 수습하려는 중앙은행의 너무나 안일한 대응에 크게 실망한 나머지 거의 패닉상태로 들어간다.

그러나 정작 당시 미 연준 의장이었던 그린스펀은 그다지 놀라지 않았다. 그는 일단은 총을 한 번 발사한 후에 시장의 반응을 지켜보기로 작정하고 있었기 때문이다. 그래서 그는 연방공개시장위원회를 재차 소집하지 않고도 의장 권한으로 기준금리를 0.25% 포인트 추가로 인하할 수 있는 권한을 미리 확보해두고 있었다. 그래서 곧 이 권한을 행사해 기준금리를 0.25% 포인트 추가 인하한다. 그리고 다음 회의에서 기준금리를 한 차례 더 인하한다. 시장의 허를 찌른 것인데 적중한다.

그린스펀의 그러한 탄력적인 대응에 감격해 마지않는 듯 증권시장은 거짓말처럼 곧 안정을 되찾는다. 그러나 크루그먼 교수는 그린스펀이 단지 운이 좋았을 뿐이라 혹평한다. 위기가 일어날 때마다 계속해서 시장에 허를 찌를 수는 없기 때문이란 점에서 그의 지적은 옳다. 이벤트도 너무 잦으면 감동이 떨어지는 것과 같다. 그래도 당시 그나마 그린스펀과 같은 출중한 중앙은행장이 있었다는 사실이 미국에, 또 더 나아가 세계 경제에 다행이었다는 것은 필자만의 생각일까?

시장이 갈피를 잡지 못할 정도로 상상을 초월하는 대형위기 국면에서는 중앙은행 역시 적절한 대응수위를 찾지 못하는 일이 발생한다. 서브프라임 금융위기의 불안감이 고조되어 가던 무렵 미 연준은 베어 스턴즈의 파산을 막기 위해 제이피 모건 체이스에 막대한 자금을 지원하면서 주당 연중 최고가가 133.20달러나 나갔던 베어 스턴즈 주식을 주당 10달러 가격으로 인수하게 하면서 베어 스턴즈의 파산을 막기 위해 안간힘을 다 쓴다. 금융 시스템의 주요한 한 축을 이루고 있었던 투자은행이 금융위기를 일으켰지만 벌을 줄 수가 없었다.

발등에 떨어진 불을 끄는 일, 즉 경제 전체가 함께 붕괴되는 일을 막는 일이 더 급한 만큼 나라 돈을 풀어, 즉 공적자금을 동원해서라도 베어 스턴즈를 구제하지 않을 수 없었던 것이다. 그러나 얼마 후 똑같은 위기에 직면해 있던 리먼 브라더즈에 대해서는 똑같은 해법을 기다리는 시장의 기대에 정면충돌한다. 리먼 브라더즈의 파산이 불러온 쇼크는 불행하게도 미 연준의 예상을 훨씬 뛰어넘는 것이었다. 그때부터 미 연준은 창설 이래 한 번도 세워보지 않았던 모든 비상대응 방안을 찾아내느라 땀을 뻘뻘 흘린다.

이런 대형 위기에서는 어느 누구도 어떻게 대응해야 할지 마땅한 대책을 세우기 어렵다. 그래서 사람들은 일단은 사태가 안정될 때까지 불똥이 자신에게까지 튀지 않도록 최대한 현금을 비축하면서 관망하는 태도를 취한다. 이런 때는 중앙은행도 속수무책이다. 돈을 아무리 풀어도 돈이 은행 문 밖을 나가지 않기 때문이다. 특히 당시에는 은행이 다른 은행조차 믿지 못하는 일이 벌어지고 있었던 만큼 기업이나 가계로까지 돈이 흘러나갈 수는 없었다. 경제는 어쩔 수 없이 빙하기로 들어서는 수밖에 없다.

통화스와프 거래의 작동

경제위기는 늘 사람들의 불안감을 증폭시키면서 금융위기부터 먼저 불러온다. 재정위기의 경우 정부부채가 일본처럼 비록 국내 자본으로 충당되었더라도 정부가 통화량을 늘려 화폐 가치를 떨어뜨리면서 실제적 부채 부담을 줄이려 할 것을 예상하면서 사람들은 급히 은행에서 현금을 인출해 달러화나 금과 같은 안전자산을 사들이려 한다. 이때 국내 통화의 가치가 급격하게 하락하면서 많은 문제를 일으키게 된다. 이 경우에도 외화가 충분히 비축되어 있는 경우에는 문제가 없다. 그러나 재정위기까지 올 정도로 기초체력이 부실한 국가가 외화를 충분히 보유하고 있기는 사실상 어렵다.

남미의 많은 국가들처럼 정부가 해외에서 자금을 조달해 재정적자를 보전해오다 위기 국면에 몰리게 되면 문제는 더욱 어려워진다. 내국인들의 도피 행렬보다 더 긴 외국인들의 이탈 행렬을 보게 될 것이기 때문이다. 외화가 턱없이 부족해지는 때다. 그래서 돈 주머니를 흔들어 보여주면서 동요하는 시장을 서둘러 진정시키는 것이 무엇보다 중요하다. 굴욕을 무릅쓰고 IMF로 달려가 후원을 요청하는 것은 바로 이 때문이다.

IMF의 구제금융 없이도 스스로 해결할 수 있는 방도를 미리미리 갖추어두어야 한다. 자국의 중앙은행 금고 속에 보관하고 있는 외환 외에 다른 나라 중앙은행의 금고 속에 있는 외화를 내 돈처럼 빼내 쓸 수 있도록 해두는 것이 한 가지 방법인데, 이를 가리켜 '통화스와프 거래'라 한다.

통화스와프 거래란 유사시 양 국가가 현재의 계약환율에 따라 자국통화를 상대방의 통화나 달러화와 교환하고, 일정기간이 지난 뒤 최초 계약 때 정한 환율에 따라 원금을 재교환하는 것을 말한다. 금융위기 이후 중앙은행 간 국제공조가 가장 분명하게 확인된 사례 가운데 하나가 바로 각 나라 중앙은행 간의 통화스와프라 말할 정도로 지금도 매우 활발하게 전개되고 있다.

국제결제은행에 따르면 글로벌 금융위기가 터진 2008년부터 2009년까지 전 세계 각국 중앙은행 간에 맺어진 통화스와프 라인은 27개나 되었다. 그 규모도 작게는 5천만 달러부터 크게는 무제한 스와프까지 다양했다. 한국은행도 글로벌 금융위기로 국내시장에 달러 품귀현상이 벌어지자 2008년 10월 29일 미연방준비은행과 3백억 달러 한도의 한미통화스와프협정을 체결한 것을 비롯해 중국, 일본 등과도 통화스와프 라인을 개설했다. 그 후에도 한국은행은 계속해서 아랍에미리트연합, 말레이시아, 호주, 인도, 캐나다, 또 가장 최근에는 2018년 2월 스위스 중앙은행과 통화스와프를 체결하며, 행여 발생할 수도 있는 외환위기에 대한 안전망을 확대해왔다.

경제위기국의 최종 선택 메뉴: 모라토리엄, 디폴트, IMF

외환보유고가 고갈되고 통화스와프 라인조차 막히면 이제 그야말로 막다른 길에 들어선 것이다. 그러나 그렇다고 끝은 아니다. 궁색하지만 마지막으로 선택할 수 있는 몇 가지 옵션이 그래도 남아있기 때문이다. 모라토리엄이나 디폴트 선언, 아니면 IMF 구제금융 신청이 바로 그것들이다. 먼저 모라토리엄은 말 그대로 지급유예다. 갚아야 할 돈을 일정기간 동안 미루는 채무상환 유예를 선언하는 것을 말한다.

모라토리엄이라고 하면 머릿속에 금방 떠오르는 것은 두바이 정부가 2009년 11월 두바이 월드와 두바이 월드의 자회사 나킬의 채권단에 대해 6개월간 채무상환을 동결할 것이라고 발표하면서 사실상 모라토리엄을 선언한 일이다. 이런 일은 해외에서만 있었던 일은 아니었다. 국내에서도 근래에 그런 일이 있었는데 성남시가 2010년 7월 12일 판교특별회계에서 빌려 쓴 돈 5,200억 원을 단기간에 갚을 수 없다며 대한민국 지방자치단체로는 처음으로 모라토리엄을 선언했다.

모라토리엄은 이렇게 막다른 길로 내몰린 채무자들만의 몫은 아니었다. 미국의 제31대 대통령 후버는 1931년 6월 20일 경제대공황으로 인한 세계 경제 불황을 타개하기 위해 제1차 세계대전 중 연합국이 미국에 진 채무와 독일이 연합국에 지불해야 할 전시배상 지불을 7월 1일부터 일 년간 동결하자고 당시 최대 채권국으로서 다른 채권국들에게 제안하기도 했다.

모라토리엄은 적어도 상환할 의사가 있다는 점에서 지급 거절을 의미하는 디폴트 선언과는 다르다. 그러나 국제적으로 신인도가 하락하면서 대외거래에서 여러 가지 불이익을 받게 되는 데는 디폴트와 큰 차이가 없다. 국가가 외채상환에 문제가 발생하게 되면 통상 모라토리엄을 먼저 선언하고 디폴트로 가는 것이 일반적이라 말하는 사람이 있긴 하지만 실제 사례를 보면 반드시 그렇지도 않다. 디폴트는 사실상 매우 빈번했고, 또 그 역사도 매우 깊다.

재정위기로 프랑스는 1500년과 1800년 사이에 8번, 스페인은 1500년과 1900년 사이에 13번이나 디폴트를 선언한 적이 있다. 당시의 디폴트는 사실 매우 위험천만한 선택일 수도 있었다. 국가부채가 개인이나 기업의 민간부채와는 달리 강제집행이 불가능한 현재와 달라 당시에는 무력으로 영토를 강제점유하기도 했기 때문이다. 중국의 아편금수에 맞서 일으킨 아편전쟁에서 이긴 영국은 1842년 난징조약을 통해 1997년까지 155년 동안 홍콩을 마치 자신의 영토나 되는 것처럼 다스렸다. 또 제1차 세계대전 후 독일이 경제난으로 베르사이유 조약으로 정해진 전쟁배상금 지급에 실패하면서 사실상의 디폴트 상태가 되자 프랑스는 벨기에와 함께 1923년 1월 독일의 최대 공업지역인 루르지역을 침공하기도 했다.

그러나 지금은 세상이 달라져서 채무불이행시 파산절차를 통해 잔존자산에 대해 재산권을 집행할 수 있는 민간 부문의 채무와는 달리 국가채무는 강제집행이 불가능하다. 그래서 어느 나라나 최후의 수단으로 디폴트 선언을 심각하게 고려하게 된다. 채무국이 가지고 있는 이 옵션은 IMF 측에게는 악몽이다. 그래서 IMF와 가까운 연구기관들이 내놓은 보고서들은 하나같이 디폴트 선언과 동시에 채무국이 치러야 할 경제적 불이익이 결코 작지 않다는 점을 애써 강조한다.

그럼에도 일정기간 경제주권을 넘겨주어야 하는 절체절명의 위기에서 채무국들이 디폴트를 생각하는 것은 당연한 수순이다. 많은 나라들이 실제로 그런 생각을 했고, 의외로 많은 나라들이 실행에 옮겼다. 가장 최근 사례로는 2011년 신용평가사인 무디스가 사실상 그리스는 디폴트 상태라는 선고를 내렸고, 북한도 1987년에 디폴트를 선언한 적이 있었다. 1998년 러시아는 유로화 표시의 외채를 제외한 루불화 표시 국채에 대해 디폴트를 선언했고, 2002년 아르헨티나는 10억 달러의 세계은행 돈을 떼먹었다.

그러나 이러한 단편적인 사례보다는 1824년부터 2004년에 이르는 지난 200년 동안에 있었던 디폴트의 수가 무려 257회나 되었다는 사실이 생각했던 것보다 훨씬 더 빈번했음을 더욱 잘 보여준다. 지역별로는 역시 남미가 기대(?)를 저버리지 않고 126회로 전체의 49%를 차지하면서 압도적인 우위를 보였다. 그 다음은 아프리카가 63회로 25%, 동유럽이 32회로 12%, 아시아가 22회로 9%, 그리고 서유럽도 14회로 5%를 기록했다. 특히 1981년부터 2004년까지의 마지막 4반세기 동안 전체 디폴트의 44%에 이르는 114회의 디폴트가 일어나면서 이에 관심을 가진 경제학자들은 물론 구제금융 회수에 위기감을 느낀 IMF도 신속하게 분석에 들어간다.

디폴트 후 채무국들은 확장적 금융정책을 통해 화폐 가치의 하락을 유도하면서 국가채무의 실질적 부담을 낮출 수도 있다. 딱히 디폴트 상태는 아니었지만 미국도 지난 수년간 자신이 일으킨 금융위기로부터 자신은 물론 세계 경제까지 구출한다는 명분으로 시작한 양적 확대가 결국은 달러화의 약세를 불러와 세계 도처로 수출해 놓은 미국의 부채인 미국 국채의 실질적 가치를 낮추려 한다는 의심을 받았다.

또 일본의 아베노믹스 역시 국내외 시장에서의 엔화 가치의 하락을 통해 과도한 적자 재정 부담을 실제적으로 낮추려 하고 있다. 미국이나 일본이 이렇게 할 수 있는 것은 물론 국채가 각기 자국통화로 표기된 부채이기 때문이다. 외화로 표기된 국채인 경우에는 이런 방법이 사실상 어렵다.

디폴트는 채무국에게 부채의 일부 탕감이나 부채상환기간 및 조건의 완화 등을 채권국으로부터 이끌어 낼 수 있는 시간을 벌게 해주기도 한다. 특히 은행 간 경쟁이 치열할 때는 더욱 그렇다. 실제로 1980년대에 남미에서 경제위기가 일어났을 때 채무국들은 껄끄러운 관계에 있던 채권은행을 피해 다른 은행을 찾아 도움을 청하고 급한 불을 끄기도 했다. 또 이를 지렛대로 이용해서 채권은행으로부터 채무조정을 얻어내기도 했다.

채무국들이 디폴트를 선언하는 대신 IMF를 찾는 이유는 아시아 외환위기 당시 한국의 경제 관료들이 그랬듯이 디폴트의 길로 들어서는 즉시 엄청난 대가를 치러야 할 것이라는 잘못된 통념 때문이다. 디폴트로 인해 받게 될 것으로 생각되는 경제적 불이익은 무엇보다도 국가신용등급의 하락과 그에 이은 국제자금시장으로부터의 고립이다. 그러나 실제 사례를 분석한 자료를 보면 생각하는 것만큼 끔찍하지는 않았다.

먼저 디폴트 후 국제자금시장으로부터의 고립은 천차만별이었는데, 1982년 도미니카 공화국은 디폴트 후 20년 이상이나 접근불가였던가 하면 터키는 디폴트 후 즉시 복귀하는 등 각기 다른 모습을 보였다. 또 전체적으로 디폴트 후 국제자금시장에서 추방되었다가 다시 진입하는 데도 1980년 이후 2000년까지는 평균 4년 반이 소요되었는데 후반부인 1990년대에는 그보다 짧았다. 게다가 디폴트 후 차입이자도 처음에는 다소 상승하지만 2년 내에 대부분 정상화되었다. 그나마 디폴트 자체보다는 디폴트를 불가피하게 했던 당시의 글로벌 경제환경이 더욱 크게 작용했다.

예를 들면 디폴트가 집중적으로 발생했던 경제대공황기의 1930년대와 미 연준의 볼커가 불러온 갑작스러운 고금리로 세계 도처에서 비명소리가 그치지 않았던 1980년대에는 디폴트와는 상관없이 모든 나라가 자금조달에 어려움을 겪었던 만큼 국제자금시장이 안정을 되찾자 디폴트 전력과는 상관없이 모든 국가들이 동일한 조건으로 자금을 조달할 수 있었다.

디폴트를 연구하는 많은 경제학자들은 '로고프·라인하트 절벽'이란 말로 최근 논란의 중심에 서기도 했던 바로 그 로고프가 1889년에 발표한 한 연구논문에서 내린 '사면 후 망각'이란 고도로 압축된 결론에 대체로 동의한다.

디폴트는 채무국에게 부채의 일부 탕감이나

부채상환기간 및 조건의 완화 등을 채권국으로부터

이끌어 낼 수 있는 시간을 벌게 해주기도 한다.

1636년 네덜란드 튤립투기 이후 지금까지 약 400여 년 동안 11
차례의 경제위기가 있었지만 우리는 그것들로부터 아무런 교훈
도 얻지 못한 듯하다. 그 11차례의 경제위기 가운데 절반이 넘는
7차례가 지난 50년 동안 일어났기 때문이다. 따라서 경제위기는
앞으로도 계속 반복될 것으로 생각하고 대비하는 편이 옳겠다.
경보기가 작동하지 않는 가운데서도 언제나 위기의 징후를 찾아
내는 노력을 게을리하지 말아야 한다. 그리고 적절한 순간에 재
빨리 물러서거나, 아니면 정면으로 맞서 반전의 기회를 노려야
한다.

9장

위기의
신호들

울리지 않는 경보기

옛날의 잠수함들은 함 내의 산소량을 알아내기 위해 토끼를 태웠다.
그리고 토끼의 호흡이 가빠지기 시작할 때부터 6시간을 최후의 시간으로 삼았다.

토끼는 없었다

"잠수함 이야기를 아시오? 옛날의 잠수함은 어떻게 함 내의
공기 중에서 산소 포함량을 진단해냈는지……. 토끼를 태웠답니다. 그래
서 토끼의 호흡이 정상에서 벗어날 때부터 6시간을 최후의 시간으로 삼
았소. 말하자면 토끼가 허덕거리기 시작해 6시간 후엔 모두 질식해 죽게
되는 거요."

1973년에 발표된 박범신의 소설 『토끼와 잠수함』에 나오는 이야기다.
옛 잠수함 승무원들은 토끼가 있어 좋았다. 그러나 2008년 일기에는 토

끼가 없었다. 그래서 현지 시간으로 9월 15일 새벽 1시 45분 리먼 브라더스가 마침내 법원에 파산신청을 내며 글로벌 금융시장을 사정없이 무너뜨리기 시작하기 직전까지도 사람들은 사태가 그런 쪽으로 발전할 것으로는 전혀 생각하지 못했다. 마지막 순간까지 뇌관을 들고 있던 미 연준조차도 이런 식의 마무리를 결코 예상하지는 못했던 모양이다.

그린스팬은 최근에 펴낸 『지도와 영토』의 첫 페이지에서 2008년 3월 16일 일요일 오후 테니스를 마치고 집으로 들어서자마자 미 연준의 고위간부 한 사람으로부터 전혀 예기치 못했던 소식을 전화로 듣게 되었다고 말한다. 그 소식은 미 연준이 연방준비은행법에 따라 뉴욕연방준비은행을 통해 제이피 모건이 파산위기에 몰려 있는 베어 스턴즈를 인수할 수 있도록 290억 달러를 지원하게 된다는 소식이었다. '서브프라임 부동산증권'이란 발빠른 주자를 애초에 출루시킨 투수는 전 의장인 그린스팬이니까 구원투수로 등판한 현 의장 버냉키의 실점은 아니라는 사실을 주지시키려는 의도였을까?

2008년 3월 14일 미 연준은 모건 스탠리에 250억 달러 규모의 긴급 대출금을 내주며 서브프라임 부동산 관련 채권펀드의 파산으로 도산 위기에 몰려있는 베어 스턴즈를 인수하게 한다. 그러나 그로부터 불과 6개월 뒤 같은 방식의 처리를 원하던 리먼 브라더스의 요청은 거절한다. 시장은 순간 맨붕에 빠져든다. '대마불사'의 신화가 무너지면서 이 사태가 앞으로 어떤 방식으로 발전해갈지 아무도 예측할 수 없게 된 것이다. 경제는 '불확실'의 깜깜한 터널 속으로 떠밀려 들어간다.

세계 경제의 사령탑인 미 연준 역시 이 때까지도 정책의 중심을 인플레이션 예방에 두어야 할지, 아니면 위기 극복에 두어야 하는 건지 갈피를 잡지 못하고 있었다. 리먼 브라더스 파산신청 전후 3차례 있었던 정

금융위기 전후 연방공개시장위원회 회의록 언급 내용

일시	리먼 브라더스 파산	인플레	실업	금융위기
2008.6.24~25	82일 전	468(85.6%)	44(8.0%)	35(6.4%)
2008.8.5	41일 전	322(87.3%)	28(7.6%)	19(5.1%)
2008.9.16	1일 후	129(81.1%)	26(16.4%)	4(2.5%)

례 미 연방공개시장위원회의 회의록을 보면 경제대공황 이후 최대의 불황을 가져온 금융혼란 앞에서도 위원들은 어처구니없게도 금융위기보다는 인플레이션을 더욱 우려하고 있었다.

그런데 이런 일이 처음이 아니었다 하니 더욱 놀라지 않을 수 없다. 경제대공황 당시에도 미 연준은 눈앞의 불황보다 인플레이션을 더욱 걱정했는데 나중에 이를 두고 영국의 경제학자이자 케인즈의 절친이기도 했던 호트리로부터 '노아의 홍수 앞에서 불이 났다고 소리친 격'이라는 비웃음을 받았다.

인플레이션 억제에 올인하는 매파가 지배했던 당시의 회의 분위기는 회의 중 위원들이 발언을 통해 '인플레이션' '실업' '금융위기'와 같은 3가지 주요 단어들이 얼마나 많이 언급되었는지를 세어보면 잘 알 수 있다. 회의록을 받아본 미국 언론사의 한 기자가 작심하고 조사한 결과는 위와 같다.

먼저 리먼 브라더스가 파산을 신청하기 82일 전이었던 2008년 6월 24일에서 25일까지 있었던 회의에서는 인플레이션에 대한 언급이 468회, 실업에 대한 언급이 44회, 그리고 금융위기에 대한 언급이 35회였다. 회의의 쟁점은 연준이 경기침체 예방과 인플레이션 예방, 이 둘 가운데 어느 쪽에 더욱 주력해야 하는가 였다. 인플레이션에 대한 언급이 85.6%로 압도적이었다.

이어서 리먼 브라더스가 파산을 신청하기 41일 전에 열린 2008년 8월 5일의 회의에서는 인플레이션에 대한 언급이 322회, 실업에 대한 언급이 28회, 그리고 금융위기에 대한 언급이 19회로 헤드라인 인플레이션을 끌어올렸던 원자재 가격 상승세가 진정되고 있었지만, 인플레이션에 대한 언급은 오히려 전체의 87.3%로 소폭 상승한다. 사정이 이러니 목표 연방기금금리는 2%로 계속 동결된다.

리먼 브라더스의 파산 신청 하루 후인 2008년 9월 16일에 열린 회의에서도 미 연준은 인플레이션과 금융위기, 어느 쪽이 미국 경제에 더 큰 위협인지 판단하지 못하고 있었다. 회의중 인플레이션에 대한 언급이 129회, 실업에 대한 언급이 26회, 그리고 금융위기에 대한 언급이 4회로 인플레이션에 대한 언급이 여전히 81.1%를 차지하고 있었다.

연방공개시장위원회는 미국의 최고 금융정책 결정기구다. 연방준비제도 이사회 의장과 부의장을 포함하는 이사 7명은 당연직 위원으로, 또 당연직 위원으로 지정된 뉴욕연방준비은행장을 제외한 나머지 11개 지역 연방준비은행장들 가운데 4명이 일 년씩 순번제로 의결권을 가지고 참여하는 일종의 원로회의다. 그런데 이들의 경제시국관도 알고 보니 이렇게 어설프기 짝이 없다. 도대체 누굴 믿어야 할까?

의미 있는 경고들, 그러나 늘 무시되는 이유

적지 않은 사람들이 미국의 서브프라임 금융위기를 경고해 왔다. 콜롬비아 대학의 스티글리츠, 뉴욕 대학의 루비니, 프린스턴 대학의 크루그먼, 예일 대학의 쉴러 등과 같은 학자들뿐만 아니라 헤지펀드를 운영하는 소로스와 모건 스탠리사의 로치와 같은 이들까지도 투자자 입장에서 여러 기회를 통해 경각심을 불러 일으켜 왔다.

역사적으로 이렇게 싱거운 역할을 하는 사람은 늘 있었다. 안타깝게도 싱거운 사람이라고 말할 수밖에 없는 것은 이들의 경고는 늘 무시되기 일쑤인데 지치지도 않고 끊임없이 등장하기 때문이다. 아마도 그렇게 하는 것이 선각자로서의 시대적 소명이라 생각하는 모양이다.

경제대공황이 일어나기 전 주가가 지나치게 상승하자 나중에 연방준비제도의 창설자 가운데 한 사람으로 참여하는 와버거는 연방준비제도가 생겨나기도 전인 1907년 주가가 최고치 대비 50% 가까이 내려앉으며 금융위기가 왔을 때, 당시 금융계의 원로였던 모건이 나서서 가까스로 수습에 성공했던 당시의 일이 떠오른다고 사람들에게 경고했다. 시장은 이 경고에 잠시 주춤거리기는 했다. 그러나 곧 훌훌 털어버리고 다시 가파른 상승을 재촉했다.

전 연준 의장이었던 그린스펀도 1996년 당시의 증시과열을 두고 '비이성적 과열'이란 수사적 경고를 월가에 날려 보냈다. 그럼에도 좀처럼 기세가 꺾이지 않는 주가 상승을 보다 못해, 1999년 8월 목표 연방기금 금리를 살짝 올리며 앞으로 증시를 계속 주목하겠다는 강한 경고를 날린다. 그러나 그의 경고는 또 묵살당한다.

시장전문가들이 시장의 행보에 수상한 기색을 발견하는 것은 시장지표들이 장기적 평균치를 크게 벗어나기 시작하는 때부터다. 이른바 펀더멘털의 잣대로 시장을 판단하는 것이다. 그러나 이때쯤이면 시장은 대개 아담 스미스의 '보이지 않는 손'에 의해 이성적으로 질서정연하게 움직이기보다는 통계적 분석을 웃음거리로 만들어 버리는 케인즈의 '야성적 충동'에 의해 움직이기 쉽기 때문에 어느 누구도 정확하게 타이밍을 포착하기가 어렵다.

케인즈는 또 '사업'이 자산의 장기적 수익창출을 예측하는 것이라면 '투기'는 시장의 투자심리를 예측하는 것이라 말하기도 했다. 그러나 이렇게 그는 늘 중요한 순간마다 '야성적 충동' '시장의 투자심리'를 말하며 일견 쉬워 보이면서도 사실은 아주 난해한 용어를 들이댄다. 누구보다 그렇게밖에 말할 수 없는 케인즈 자신이 더 갑갑하지 않았을까?

투기꾼들이 기다리는 신호

어떤 나라든 경제가 한 번에 망가지는 법은 없다. 그래서 경제위기로 들어서는 노정에 놓여 있는 주요 갈림길에 있는 테마 지표들을 확인하는 일이 중요하다.

경제위기의 전형들

〈동아시아형〉 1999년까지 동아시아는 개발도상국으로 흘러 들어가는 자본의 거의 절반을 독식한다. 이런 엄청난 규모의 자본을 쏟아붓는 해외투자자들에게 동아시아 경제는 거의 두 자리 수에 이르는 눈부신 성장률로 화답하면서 IMF 측과 세계은행으로부터 '아시아 경제의 기적'이라는 찬사를 이끌어낸다. 그러나 크루그먼 교수는 1994년 아시아 경제의 성장은 단지 자본유입의 결과일 뿐 생산성의 증가를 보여주지 못하고 있기 때문에 이대로는 오래가지 못할 것이라 말했는데 그의 그러한 지적은 옳았다.

아시아로 대거 유입된 외국자본의 일부는 생산성 증가를 약속하는 기업투자와 같은 본래의 용도로 사용되기도 했지만, 그보다는 자산시장 쪽으로 더 많이 흘러들어가면서 자산시장의 거품을 불러온다. 수년간 자금을 흘려보내며 현장에서 일어나는 변화의 추이를 살피던 해외투자자들이 긴장하기 시작한 것은 아시아 국가들의 경상수지가 악화되는 것을 본 이후부터였다. 자금이 생산적인 용도로 제대로 사용되었으면 외화획득이란 과실이 열리면서 경상수지가 개선되어야 하는데, 즉 경제활동으로 벌어들인 외화의 양이 지출한 외화의 양보다 더 많아야 하는데, 그런 조짐이 좀처럼 보이지 않았다.

이렇게 뭔가 잘못되어가고 있다는 의심을 사게 된 아시아 경제는 다른 지역의 경제들이 줄곧 그래왔던 것처럼 사소한 작은 사건 하나로 엄청난 격류에 휘말려 들어가게 된다. 1990년대 초 불황을 막 벗어난 미국이 인플레이션을 선제적으로 방어하기 위한 조치로 그동안 불황탈출을 위해 낮추어 두었던 기준금리를 다시 서서히 끌어올리며 제자리로 돌려보내기 시작했다. 그러자 고수익을 쫓아 개발도상국 쪽으로 흘러나왔던 자금이 미국으로 다시 역류해 들어가기 시작했다. 이렇게 해서 새로운 자금의 유입이 주춤해지자 해외자본의 유입으로 부풀려지고 있던 동아시아의 자산시장 버블은 마침내 수명을 다한다.

이런 낌새를 눈치 챈 해외투자자들이 태국에서부터 자신들의 투자자금을 회수해서 떠나기 시작했다. 그리고 태국에 이어 인도네시아, 말레이시아, 급기야 한국에까지 불똥이 튀는데, 이게 바로 우리 경제를 IMF의 도마 위에 올려놓게 만든 '동아시아 외환위기'의 전모다.

〈멕시코형〉 1982년의 경제위기 이후 나머지 1980년대를 험하게 보낸 멕시코가 정신을 차리고 보니 문제는 멕시코의 기적을 불러왔던 수입대체산업과 뒤이어 기간산업을 끌고 왔던 국영기업에 있었다는 사실을 알게 된다. 오랜 기간 정부의 과잉보호 아래 생산성 증가 노력에 게을렀던 이들 주력업종들이 불황의 파고를 뛰어넘지 못했다는 것이다. 그래서 멕시코 정부는 대대적인 수술에 들어간다.

삐쳐서 돌아앉아 있는 해외투자자들을 회유하기 위해 페소화의 가치를 절하하면서 경상수지를 개선하려 했다. 그러나 돌아온 것은 전례가 없는 고율의 인플레이션이었다. 1987년 멕시코의 인플레이션은 139.7%까지 뛰어 올랐다. 그러나 멕시코는 이에 굴하지 않고 해외투자자들을 의식하며 당시의 시대정신이 반영된 신자유주의적 강공을 전개한다. 시장 개방은 물론 공기업의 민영화를 강하게 밀어붙인다.

멕시코의 그런 노력은 1992년 미국, 캐나다, 멕시코의 경제 삼각동맹인 '북미자유무역협정' 체결로 보상을 받는다. 그러나 멕시코의 당시 살리나스 대통령은 한 걸음 더 내딛기로 한다. 물가는 물론 임금까지 규제하는 강수를 두면서 인플레이션을 단속하는 데 힘을 집중한다. 멕시코 정부의 이런 인플레이션 억제 정책은 성공을 거두면서 새로운 성장의 발판을 마련해준다.

그러나 그 과정에서 도입한 고정환율제가 다시 멕시코의 발목을 잡는다. 페소화의 가치가 실제보다 부풀려지면서 이로 인해 경상수지가 적자로 돌아서게 된 것이다. 이에 멕시코 정부는 부족한 달러화를 보충하기 위해 이른바 '테소보노스'라고 하는 달러화 표시의 국채를 대거 발행하는 대담한 결정을 내린다.

그러나 1994년 새해벽두에 일어난 농민 봉기와 유력한 대통령 우보

암살과 같은 일련의 사건들로 점화된 국내 정세의 불안이 해외투자자들을 흔들어 버린다. 해외투자자들이 서둘러 자본을 회수해서 멕시코를 떠나려 하자 멕시코 정부는 그동안 고집해오던 고정환율제를 포기하고 페소화의 가치를 시장에 맡겨 버리기로 한다. 페소화의 가치는 마치 기다렸다는 듯이 폭락하면서 1994년 12월 멕시코는 달러화 표시 부채가 불러온 외환위기로 빠져 들어가는데, 이게 바로 자신뿐만 아니라 이웃 나라, 아르헨티나까지 경제위기로 몰고 간 '데킬라 위기'다.

〈남유럽형〉 2009년 말 남유럽의 일부 국가들, 이른바 'PIGS Portugal, Ireland, Greece, Spain'를 중심으로 재정위기 경보가 울렸다. 정부부채가 급증한 이유는 국가마다 다 달랐다. 그러나 많은 경우에 자산시장의 거품이 꺼지면서 그동안의 자산시장 버블을 키우는 데 동참하며 부실채권을 쌓아온 은행들에 대한 구제 금융 때문이거나, 버블 파열 후 찾아온 불황타개를 위한 재정지출 확대 때문인 경우가 많았다.

먼저 포르투갈의 재정난은 방만한 국영기업 운영과 이에 따른 재정지원에서 비롯되었다. 그러나 아일랜드의 재정 곤란은 정부의 무분별한 과다지출에서 오지 않았다. 정부가 부동산 거품 파열의 후폭풍을 맞은 은행 구제에 나선 것이 직접적인 원인이 되었다. 그리스는 글로벌 경제위기가 오기 전인 2000년대 중반까지만 해도 유로존에서 가장 빠르게 성장하는 국가 가운데 하나였다. 이 때문에 역내에서도 재정적자가 상대적으로 높은 그룹에 소속되어 있었지만 심각한 수준까지는 아니었다.

그러나 미국의 서브프라임 금융위기가 글로벌 불황을 불러오자 사정이 갑자기 아주 나빠진다. 불황 탈출을 위해 국가부채를 더욱 키우면서까지 정부가 지출을 과감하게 늘리지만 해운과 관광 중심의 주력산업이 되살아나지 않으면서 해외투자자들을 긴장시킨다.

　마지막으로 스페인을 보자. 미국발 금융위기가 일어나기 전까지만 해도 적어도 국가부채 문제는 남의 집 이야기였다. 2010년 국내총생산 대비 국가부채비율은 60%에 불과해서 이탈리아, 아일랜드, 그리스보다 60% 포인트 이상 낮았을 뿐만 아니라 독일보다도 20% 포인트 이상 낮았다. 그러나 그런 스페인도 당시 이웃나라들처럼 부동산 버블을 피해갈 수는 없었는데, 이로 인해 세수가 증가하면서 나라 살림도 함께 좋아졌기 때문이다. 버블이 꺼지면서 부실화된 은행을 구제하는 과정에서 정부부채가 급증하면서 스페인도 예외 없이 위기에 빠져든다.

경제위기별 테마 지표

　근래에 일어난 경제위기를 지역별로 나누어 분석한 결과를 다시 압축해서 들여다보면 경제위기는 어떤 형태든 대체로 외부로부터의 자본유입에서 시작되는 경우가 많았다. 자본이 유입되는 것 자체가 나쁜 일은 결코 아니다. 오히려 2가지 측면에서 축복이다. 먼저 해외투자자들이 수익성도 따지지 않고 아무 곳으로나 자금을 흘려보내는 일은 결코 없다. 이들로부터 투자를 받는 것은 그동안의 성과를 통해 미래를 검증받았다는 인증서나 마찬가지다. 또 흘러들어온 자본은 새로운 활력을 불어넣으며 또 한 번의 도약을 가능하게 한다. 그러나 여기에 많은 함정이 도사리고 있다.

　생산성 증가로 가는 기업투자보다 증권이나 부동산투자와 같은 재테크 쪽으로 자금을 빨아늘이는 자산시상 서품을 일으키는 순간, 그 경제는 필연적으로 머지않아 파열음을 내기 시작한다. 증권과 부동산, 이 가운데 부동산 거품이 더 악성이다. 증권시장에서 적당한 수준의 거품은 오히려 기업들의 자금조달을 쉽게 만들면서 기업투자를 촉진하는 장점도 있다.

미국의 닷컴 버블이 불황을 불러오기는 했지만 나스닥시장을 통한 새로운 기업의 창업과 정보통신기술의 혁신을 통해 미국 경제의 생산성 향상에 기여한 것도 사실이다. 그러나 서브프라임 금융위기를 불러온 미국의 부동산 버블은 생산성 향상에는 조금도 기여하지 못했다.

부동산 버블이라는 것은 원래가 그렇다. 경제성장의 발목을 잡는 일이 더 많다. 물론 초기에는 부동산 가격 상승으로 인한 부의 효과를 통해 소비, 그리고 기업투자를 증가시키며 일단은 경제성장에 긍정적으로 기여한다. 그러나 부동산 버블은 다른 한편으로는 지가 상승 등을 통해 생산비용을 올려놓으며 경제성장에 상당한 부담을 주기도 한다.

거품은 언제나 새로운 돈에 목말라한다. 자금이 끊임없이 흘러들어오는 한 거품은 계속 커진다. 그러나 그런 일은 절대 없다. 언젠가는 돈이 끊기면서 거품은 수명을 다하게 된다. 그리고 거품이 터지는 순간 경제는 결코 다시 기억하고 싶지 않을 전혀 새로운 국면으로 휘말려 들어간다. 경제지표를 예의주시하며 탈출할 타이밍만 재고 있던 해외투자자들이 그렇게 일을 내어버리기 때문이다. 금리가 폭등하면서 재정위기가 오거나 통화 가치가 폭락하면서 외환위기가 일어난다.

이를 피하려면 해외투자자들이 들여다보는 지표를 같이 들여다보아야 한다. 물론 어떤 나라든 경제가 한 번에 망가지는 법은 없기 때문에 펀더멘털을 가리키는 모든 지표들이 일제히 동시에 악화되는 일은 없다. 경제위기국들이 기운을 잃기 시작하면서부터 들어서는 노정에 놓여

경제위기의 진행 과정과 테마 지표

진행 과정	테마 지표
❶ 상대적 고금리와 자본자유화 ⇨ 급격한 해외자본유입 유발	해외자본 유입량
↓	
❷ 여신관리부실 ⇨ 금융권 부실채권 규모 확대	금융권 부실규모
↓	
❸ 때로는 정부부채 증가도 한몫	정부부채 비율
↓	
❹ 고정환율제하에서의 과다한 경상수지 적자 ⇨ 실제통화가치와 표면적 통화가치의 괴리 ⇨ 평가절하 기대감 증대 ⇨ 외환투기꾼들의 공격을 불러오는 빌미를 제공	경상수지적자 비율
↓	
❺ 투기꾼들의 공격에 굴복하며 고정환율제 결국 포기 ⇨ 급격한 평가절하 ⇨ 외화부채 기업의 부채부담 급증 ⇨ 파산 ⇨ 불황	환율

있는 주요 갈림길에서, 과연 위기를 극복할 수 있을지를 가늠하게 하는 테마 지표들을 확인해야 한다. 위의 표는 경제위기의 일반적인 진행 과정과 과정별로 눈 여겨 봐야 할 테마 지표들이다.

그러나 생중계는 금융지표로

경제위기가 일어날 가능성이 커질 때 제일 먼저 일어나는 일은 자금 유출이다.
자금 유출은 조용히 일어나는 법이 없다. 요란한 파열음을 내면서 전개된다.

스프레드, 스프레드

　　어떤 특정국가에 경제위기가 일어날 가능성이 커지면 제일
먼저 일어나는 일은 자금유출이다. 자금유출은 조용히 일어나는 것이 아
니라 갖가지 요란한 파열음을 내면서 전개된다. 가장 먼저 눈에 띄는 현
상은 통화 가치의 하락이다. 달러화나 기타 주요 통화로의 환전을 거쳐
국경을 넘어가야 하니 주요 통화 대비 경제위기국의 통화 가치는 하락
이 불가피하다. 환율 비교의 기준은 주로 달러화다. 달러화 대비 환율이
크게 오른다.

그러나 자금유출은 최종적으로 일어나는 일이다. 그전에 보유하고 있던 자산의 매각이 있어야 한다. 주로 주식이나 채권이다. 그래서 주가가 떨어지고, 외국인들의 주 매입대상이 되었던 국채 가격은 밀려드는 매도 주문에 폭락한다. 국채 가격의 폭락은 국채 수익률의 상승으로 이어진다. 그래서 국채 수익률이 얼마나 크게, 또 빨리 상승하는가가 당연히 주요 관전대상이 된다.

이때 비교 대상은 만기가 같은 미국 국채의 수익률이다. 미국 국채 수익률과 해당 경제위기국의 국채 수익률의 차이, 이른바 '스프레드'가 평상시와 비교해 얼마나 커지고 있는가가 관건이다. '리스크 프리미엄'이라고도 하는 이 스프레드는 금융시장에서 배심원 역할을 하는 투자자들이 채권시장에서의 힘겨루기를 통해 결정한다.

최근에는 경제위기의 진행을 반영하는, 전에 없던 새로운 지표가 생겨났다. 국채의 디폴트에 대비한 일종의 보험상품인 CDS의 프리미엄 상승이다. 경제위기에 대한 우려가 커지면 디폴트의 위험성도 따라서 커지는 만큼 이에 대비한 보험 프리미엄이 상승하지 않을 수 없기 때문에 진행되고 있는 경제위기에 대해 금융시장이 어떤 생각을 가지고 있는지를 판단하는 주요 지표로 자리 잡았다. 언론에서는 이를 두고 '국가부도위험지수'라 말하기도 한다.

2014년 3월 러시아의 우크라이나 사태 개입의지가 뚜렷해지면서 글로벌 자산시장에 일대 회오리가 불어왔다. 우선 3월의 첫 번째 거래일이었던 3일 월요일, 러시아 국채 수익률은 크게 상승했고, 동시에 러시아 국채의 CDS 프리미엄도 따라서 상승했다. 또 교과서의 예측대로 러시아의 루블화 가치 역시 크게 하락하자 환율 안정을 위해 러시아 중앙은행은 외환시장에 100억 달러를 긴급 투입하는 동시에 기준금리를 1.7% 포인트 인상해야 했다.

미국에서 시작된 금융위기가 유로지역으로까지 확산되던 2008년 9월부터 2009년 3월 사이 유럽 금융시장에서도 같은 일이 벌어졌다. 개별 유로 참여국들의 국채 수익률과 유로지역의 벤치마크 역할을 하는 독일 국채 수익률 사이의 스프레드, 또 개별국가의 CDS 프리미엄과 독일의 CDS 프리미엄 사이의 스프레드가 일제히 크게 올라갔다. 반대로 2018년 3월엔 남북·북미정상회담의 잇따른 개최 합의로 한반도를 둘러싼 지정학적 위험이 완화되자 한국의 CDS 프리미엄이 17개월 만에 최저치를 기록하는 일도 있었다.

안전자산과 위험자산 사이에서

경제위기의 후폭풍이 해당 국가의 국경 내에서 잦아들고 말 것인가, 아니면 국경을 넘어 이웃나라로 전염되어 갈 것인가? 이 질문은 특정 지역의 경제위기가 불러올 불황이 국지적인 불황으로 그치고 말 것인가, 아니면 글로벌 불황으로 확산되어 갈 것인가와 같은 질문이다. 이 질문에 대한 대답에 따라 경제위기 당사국은 물론 다른 모든 국가들의 경제정책도 달라질 것이기 때문이다.

그러나 자본자유화가 이미 대세로 굳어진 현재의 경제체제에서 한 국가의 경제위기가 찻잔 속의 태풍으로 쉽게 잦아들 것으로 기대하기는 사실상 어렵다. 그래서 경제위기가 얼마나 빠른 속도로, 어떤 크기의 후폭풍을 일으키게 될 것인가에 초점을 맞추는 편이 옳다. 그리고 이를 알아보는 데는 글로벌 금융시장의 투자 분위기만한 것이 없다.

자산의 리스크 스펙트럼

	안전자산 ⇦ ⇨ 위험자산
통화	미 달러화, 유로화, 스위스 프랑화, 일본 엔화, 호주·캐나다 달러화, 신흥국 통화
투자자산	금, 채권, 원자재, 주식
채권	국채, 회사채, 정크본드
주식	S&P 500, 블루칩, 벤처 주식, 신흥국 주식

투자자들은 자산시장에 영향을 줄 수 있는 새로운 이슈가 발생할 때마다 자신의 자산을 '위험자산'과 '안전자산'을 잇는 스펙트럼의 어디에 포지셔닝을 할 것인지를 먼저 생각한다. 그래서 투자자금은 위험자산과 안전자산 사이를 끊임없이 이동하게 되는 것이다. 때로는 조용히, 때로는 격렬하게. 투자 분위기는 이렇게 안전자산과 위험자산 간 자산 이동을 통해 살펴볼 수 있다.

불확실성이 확산되는 상태에서는 사람들은 자산을 가급적 안전한 곳으로 이동시키고 싶어 하는데 자산시장에서는 이미 어떤 자산이 안전자산이고, 또 어떤 자산이 위험자산인지 구분되어 있다.

위의 표는 그 일부를 정리한 것이다. 표에서 자산별로 오른쪽으로 갈수록 리스크가 높아지고, 반대로 왼쪽으로 갈수록 리스크가 낮아진다. 예를 들면 외환시장에서 미 달러화는 가장 안전한 자산으로, 반대로 신흥국 통화는 위험한 자산으로 분류되고 있다. 주식은 일반적으로 채권에 비해 위험한 자산, 또 주식 가운데서도 신흥국 주식은 위험 자산으로 인식되고 있다.

일반적으로 경제위기가 발생하면 위험에 대한 투자자들의 내성이 달라지면서 안전하고, 유동성이 높은 자산에 대한 선호도가 높아신나. 성제대공황이 일어났던 1929년부터 1930년 사이의 기간 동안 2.5% 포인트 정도에 머물러 있던 중간등급Baa의 회사채 수익률과 미국 국채의 수익률 스프레드가 1932년 중반에는 무려 8% 포인트까지 벌어진다. 또 2006년 12월 1.6% 포인트 정도에 그쳤던 같은 스프레드가 리먼 브라더스의 파산과 함께 금융위기가 본격화되기 시작했던 2008년 12월에는 6% 포인트 이상으로까지 상승했다.

또한 1997년 말에 일어난 아시아 외환위기와 1998년 말에 일어난 러시아 경제위기, 또 이에 따른 LTCM 위기가 발생했을 때도 마찬가지였다. 투자자금이 위험자산인 회사채에서 안전자산인 국채로 이동하면서 회사채 가격은 떨어지고(회사채 수익률은 상승하고), 국채 가격은 상승하는(국채 수익률은 하락하는) 교과서적 사례가 빈틈없이 전개되었다.

그러나 실제로는 안전자산과 위험자산의 구별이 이처럼 간단하지만은 않은 경우가 많다. 특히 채권에 대한 기간 선호도는 경제위기가 일어날 때마다 각기 다른 투자 분위기가 반영되면서 장·단기 국채의 수익률 변화도 다른 모양을 연출하기 때문에 각별한 주의가 필요하다.

1998년 러시아 경제위기가 왔을 때 예상했던 대로 안전자산으로의 자금 이동이 있었는데, 당시 국제적으로 자금은 주식이나 고수익 회사채에서 투자등급의 안전한 회사채나 국채로 이동했다. 특히 장기국채에 대한 수요가 증가하면서 장기국채의 수익률이 단기국채의 수익률보다 더 빨리 떨어졌다. 이 결과 장·단기 수익률차는 좁혀졌다.

하지만 같은 해 가을 LTCM 위기가 왔을 때는 이전과는 다른 양상의 자금이동이 있었다. 투자자들이 무엇보다 유동성을 선호하면서 유동성이 높은 단기국채로 자금이 몰렸다. 그 결과 장·단기 수익률차는 평소보다 더 크게 벌어졌다. 이처럼 투자환경이 급변할 때는 위험에 대한 선호

도가 달라지면서 장단기 국채의 수익률, 또 이에 따라 장·단기 수익률차
도 변화가 불가피해진다.

크림반도와 북한 리스크

　　　　지정학적 위기의 도래로 자금이 안전자산으로 크게 이동한
사례는 최근에도 있었다. 2014년 3월 푸틴의 후원을 등에 업은 우크라이
나 크림 자치공화국의 친 러시아 세력이 일으킨 분리 독립 운동이 유혈
사태로까지 악화되면서 알려지기 시작한 우크라이나 사태는 TV 전파를
타는 즉시 신 냉전체제를 불러올지도 모른다는 우려감을 확산시켰다. 결
국 주민투표를 통해 크림반도가 러시아로 귀속되면서 사태가 일단락되
는 듯했지만, 뒤이어 러시아인들이 많이 거주하는 동부의 다른 지역에서
도 분리 독립운동이 잇달아 일어나자 사태는 더욱 복잡하게 꼬인 채 표
류했다.

　그러나 미국과 러시아, 유럽연합, 그리고 우크라이나가 함께 합의한
대통령 선거를 치르고, 푸틴도 이 대선 결과를 수용하겠다는 공식적인
반응을 보였던 가운데 새로운 대통령이 취임하면서 가까스로 안정을 되
찾아 가는 듯 했다.

　아무리 예전같지 않다지만 러시아의 이해관계가 첨예하게 걸려 있는
분쟁이 예삿일일 수는 없다. 뿐만 아니라 우크라이나 위기의 기폭제가
되었던 크림반도는 면적이 우리나라의 4분의 1 정도, 또 인구는 235만
명에 불과한 작은 지역이지만 세계 6위의 밀 수출국이자 세계 최대 보리
수출국이기도 하다.

우크라이나는 또 유럽으로 가는 러시아의 천연가스관이 지나는 통로이기도 한데 유럽은 전체 가스 수요의 30% 정도를 우크라이나를 지나오는 러시아산 가스로 충당하고 있는 실정이다. 위기가 장기화될 경우 유럽 경제에 미칠 영향이 결코 가볍지 않을 것이 분명하다. 자산시장이 흔들리지 않을 수 없게 된다.

가장 먼저 일어나는 일은 역시 안전자산을 향한 글로벌 자금의 이동이다. 이런 일은 자동항법장치로 움직이는 항공기 운항처럼 즉각적으로 일어난다. 글로벌 자산시장을 지배하는 대형 연기금이나 헷지 펀드들은 사전에 그렇게 입력되어 있는 위기대응 매뉴얼에 따라 움직이기 때문이다. 달러화와 미 국채, 금과 같은 대표적 안전자산들의 가격 상승은 이번에도 예외가 아니었다.

이 가운데 특히 미 국채 가격의 상승은 국채 수익률의 하락을 통해 미국의 장기 금리를 끌어내리는 데 기여했다. 그래서 아이러니하게도 저금리 기조를 유지한 채 출구전략을 당초 계획대로 추진하겠다는 미 연준의 다소 이율배반적인 정책을 도와주는 꼴이 되었다. 또 장기채권 수익률에 연동하는 모기지 금리의 하락을 유도하면서 미국 주택구입자들의 부담까지도 덜어주었다.

글로벌 자산시장을 뒤흔드는 지정학적 위기는 이처럼 이따금씩 늘 일어난다. 피할 수 없는 일이다. 그러나 최근 북한 핵실험과 미사일 시험발사가 일으킨 위기는 결코 흔한 일이 아니다. 말로만 듣던 핵 전쟁이 당장이라도 일어날 것 같은 위기감이 고조되면서 세계 각국 언론에서는 그로 인해 한반도에서 발생할 가공할 수준의 인명피해 규모까지 다투어 예측 보도했다.

그러나 북한 위기는 우리 국민과 주한 미군들만의 문제가 아니다. 미국의 경제 주간지 〈배런즈〉는 전쟁 발발과 동시에 전 세계 거래량 기준으로 반도체 17%, 메모리칩 64%, 자동차 부품 10%가 시장에서 사라지게 되면서 글로벌 경제가 즉시 마비될 것으로 전망했기 때문이다.

2018년 4월의 남북 판문점 회담은 출구가 보이지 않던 그 동안의 대치 국면에 극적인 반전의 모멘텀을 가져다주었다. 장차 남북 경협이 본격화되면서 러시아는 물론 유라시아 지역을 연결하는 물류망이 활짝 열리게 되면 한국 경제는 지금까지 경험해보지 못했던 전혀 새로운 역사를 쓰게 될 것이다. 반면에 핵 검증이 애매해지면서 예전의 대치 국면으로 다시 돌아가게 되면 그 동안 남북경협에 쏟아부은 돈들이 공중에서 사라지면서 재정위기가 불가피해진다.

이처럼 한반도 정세의 변화에 따라 우리 경제는 도약과 위기를 오가는 널뛰기가 불가피해지는 만큼 판문점 회담의 후속조치는 지나칠 정도로 신중하게 전개되어야 하는 것이 맞다.

'위기'라고 쓰고 '기회'라고 읽는 사람들

지정학적 위기가 늘 재앙을 불러오는 것은 아니다. 먼발치에서 그런 위기를 한껏 이용하며 재산을 증식하는 사람도 적지 않기 때문이다. 2016년 6월 23일 목요일 브렉시트 국민투표를 사흘 앞둔 런던에서는 월요일 아침부터 자신들의 주식계좌에 현금을 채워 넣어두려는 소액투자자들의 부산한 움직임이 있었다. 9년 전에 있었던 리먼 브라더스의 파산이 불러온 서브프라임 금융위기로 글로벌 자산시장이 패닉 상태로 내몰리며 투매현상이 벌어졌던 것처럼 '잔류' 쪽으로 기울어져 있는 시장의 기대와는 달리 '이탈'로 나오는 경우에는 천지개벽에 버금갈 만한 대혼란이 불가피하게 될 것이라 그들은 예측하고 있었다.

그러나 과거의 유사한 사례에서도 그런 일은 좀처럼 일어나지 않았다. 하지만 꼭 그렇기만 했던 것은 아니다. 2014년 브라질 월드컵 4강전에서 독일이 브라질을 7대 1로 꺾었던 일도 있었다. 브라질과 독일은 각기 소속 대륙을 대표할 만한 실력을 갖춘 팀들인 만큼 누가 이겨도 사실 이상할 것은 하나도 없었다. 그러나 어느 쪽이든 7대 1은 아니었다. 독일은 그 후 4년 후 러시아 월드컵에서는 한국에 2대 0으로 패하며 적어도 그 라운드에서 만큼은 일어날 수 없는 일은 없다는 교훈을 남긴다.

'쇼크'라고 이름 붙여질 정도로 전혀 예상하지 못했던 일이 벌어지는 경우 금융시장은 즉시 패닉 상태로 들어가기 쉬운데 이때 흔히 일어나는 현상은 투매다. 가격이 지나치게 크게 떨어지는 것이다. 이때 이것들을 사들였다가 며칠 지나 시장이 제자리를 찾아 돌아올 때 차익을 남기고 팔면 적지 않은 차익을 남길 수 있다. 아주 쉽다. 이런 일은 언제나 따라해도 된다. 아주 안전하기 때문이다.

투매를 노렸던 런던 시민들이 밤새 투표 결과를 지켜본 후 증시가 열리길 기다렸다 사들인 주식은 주로 낙폭이 유난히 컸던 금융주들이었다. 그런데 알고 보니 이날 밤을 새운 사람들은 일부 런던 시민들뿐만이 아니었다. 미국 오하이오 주에 사는 71세의 캐롤린과 뉴욕 주 브루클린에 사는 41세의 질도 5시간 후 뉴욕 증시가 문을 열자 평소에 그렇게 갖고 싶어 했던 애플사의 주식을 90달러 아래의 가격에서 쓸어 담았다고 한다. 참고로 그로부터 정확하게 2년이 지난 2018년 6월 22일 애플 주가는 185달러로 2배 넘게 상승했다.

'쇼크'라고 이름 붙여질 정도로 전혀 예상하지 못했던 일이
벌어지는 경우 금융시장은 즉시 패닉 상태로 들어가기 쉬운데
이때 흔히 일어나는 현상은 투매다.

Economy knows the flow of Money

에필로그

내 돈은
내가 지킨다

튤립파동 이후 400년 금융사의 교훈

지난 400년 동안의 금융 흑역사는 우리에게 무엇보다 졸지 말고, 걸리지 말고,
쫄지 말고, 튀지 말고, 아무도 믿지 말라고 말한다.

졸면 죽는다

1941년 12월 7일 일요일, 오전 7시 50분의 하와이 진주만에
서의 일이다. 미 해군 병영은 그즈음의 여느 일요일 아침들처럼 화창하
고 한가했다. 게으른 수병들은 아직 침대에 누워있었고, 부지런한 수병
들은 조반을 일찍 끝내고 갑판에 나와 작은 돈을 걸고 주사위를 굴리며
시간을 보내려 했던 그런 아침이었다. 그러나 그 시간, 사실상 일 년 전
부터 진주만의 미 해군기지 모형을 만들어 놓고 비행기에서 투하하는
어뢰의 명중률이 80%에 도달할 때까지를 기다리며 기습 준비를 끝낸 일

본군이 6척의 항공모함을 끌고 진주만으로 조용히 다가오고 있었다.

그런데도 진주만이 일본에서 너무 멀고, 어뢰공격을 하기에는 수심이 너무 얕다는 선입견에 젖어 있던 미국의 대통령과 군 수뇌부들은 이 사실을 까맣게 모르고 있었다. 결국 얕은 수심에서도 목표물까지 씩씩하게 돌진하는 어뢰를 다 발사하고 나서도 모함으로 되돌아가지 않고 타고 있던 빈 비행기로 다시 배를 들이받으려는 가미카제 특공대들이 조종하는 353기의 일본군 항공기로부터 두 차례에 걸친 기습공격을 받으면서 진주만은 아수라장으로 변한다.

8척의 미국 군함이 공격을 받고 이 중 4척은 침몰한다. 또 미군 항공기 188기가 파괴되고, 미군 2,402명이 전사하고 1,282명이 부상을 입는다. 공격 27시간 후 일본에 선전포고를 하고, 사흘 후 독일과 교전을 시작함으로써 마침내 미국은 제2차 세계대전에 참전하게 된다. 전쟁은 지리한 공방전 끝에 결국 당초 일본군 수뇌부가 우려했던 대로 미국과 연합국들의 승리로 끝이 나지만 적어도 시작만큼은 이렇게 예기치 못한 시간에 예기치 못한 장소에서 일어났다.

역사는 늘 이런 식이었다. 경제라고 예외가 아니었다. 1929년 9월 3일 당대 최고의 경제학자였던 예일대의 피셔 교수는 당시 뉴욕증시의 다우지수가 9년이나 연속 상승한 끝에 10배로 늘어나며 381.17의 고지에 도달하자 한껏 고무된 투자 분위기 속에서 미국의 주가가 이제 안전한 고원지대로 접어들었다고 선언하며 투자자들을 안심시킨다. 모두가 그러려니 했다. 제2차 세계대전의 영웅이 되는 영국의 처칠조차 당시 미국에서 벌어들인 강연 수입을 죄다 미국 주식에 묻어 두고 있었다.

그러나 그로부터 두 달도 채 지나지 않은 10월 24일 다우지수는 11% 폭락하며 '검은 목요일'의 반란을 일으킨다. 또 마치 이를 기다리기도 했다는 듯 뉴욕증시는 다음 주 월요일 다시 13%나 빠지며 '검은 월요일', 또 그 이튿날 12%나 더 내려앉으며 '검은 화요일'로 기록하게 만들며, 11월을 목전에 둔 10월 말의 달력을 온통 검정색으로 물들여버린다. 수요일인 30일에는 12%의 강한 반등이 일어나지만 이어지는 대세는 어쩔 수 없는 하락장이었다. 그리고 1932년 7월 8일 마침내 1929년에 기록했던 최고점에서 90% 가량 하락한 41.88을 기록하며 3년여의 지루했던 대하락을 마감한다.

주가폭락과 함께 경제도 '대공황'이란 이름까지 얻게 되는 전대미문의 혹심한 불황에 빠져든다. 국내총생산이 60%나 감소하고, 비농업 부문 노동자들 가운데 3분의 1 가량이 일자리를 구하지 못하는 참혹한 광경까지 연출한다. 이렇게까지 내려앉았던 미국 경제가 연이은 주가폭락이 시작되기 이전 수준을 다시 회복한 것은 1945년 제2차 세계대전이 끝나고 난 뒤였다. 그러나 이렇게 느닷없이 찾아와서는 기약도 없는 긴 고통을 강요했던 초대형 불황은 이게 끝이 아니었다.

2008년 9월 15일 월요일, 오전 1시 45분, 남북전쟁 이전에 설립되어 투자은행의 본고장인 미국에서 업계 4위로 랭크되어 있던 리먼 브라더스가 마침내 법원에 파산신청을 낸다. 시장은 직전까지도 앞서 3월 미 연준이 지난 70여 년 동안 지켜왔던 전통을 깨고 제이피 모건 체이스라는 투자은행에 300억 달러를 지원하면서까지 베어 스턴즈를 파산위기에서 구해냈던 사실을 기억하며 유사한 해법을 기대하고 있었다.

'대마불사'의 신화가 깨어질 것이라곤 상상조차 하지 않았고, 그동안 수차례에 걸쳐 미국 경제를 파국의 위기에서 구해내었던 미 연준이 서브프라임 모기지 부실로 밀려오고 있는 금융위기도 예외 없이 슬기롭게 헤쳐 나갈 것으로 내심 굳게 믿고 있었다. 그래서 리먼 브라더스의 파산

소식을 듣는 순간 세계의 투자자들은 일제히 얼어붙는다. 투자 분위기가 그동안의 '잔뜩 흐림'에서 갑자기 '돌풍을 동반한 폭우'로 바뀌는 악재가 되며 서브프라임 모기지 위기를 사실상 공식화하는 사건이 되었기 때문이다. 뉴욕증시는 즉시 2001년 9·11테러 사건 이후 최대의 낙폭을 기록할 정도의 신경질적인 반응을 보이고, 유럽 증시와 다른 지역 주요 증시들도 일제히 행동을 같이 한다.

리먼 브라더스가 법원에 파산 신청을 내던 그 시각 서울은 뉴욕보다 13시간이 먼저 지나간 같은 날 오후 2시 45분이었다. 일요일이었던 전날, 9월 14일이 때마침 추석이라 많은 사람들이 귀경길 자동차 안에서 라디오를 통해 갑자기 이 소식을 듣게 되었을 것이다. 그리고 이튿날인 화요일 아침 9시, 증시가 3일 간의 추석 연휴를 끝내고 개장되기 바쁘게 코스피KOSPI지수는 91포인트 가량 내려앉으면서 세계 증시의 움직임에 즉시 동조한다. 주가 폭락이 매번 불황을 동반하는 것은 아니지만 이러한 대폭락에 경제가 견뎌내기는 아무래도 어려웠던 모양이다.

세계 경제는 일제히 1930년대에 있었던 '경제대공황'만큼은 아니지만 그 이후로는 한 차례도 만나볼 수 없었던 '대불황'에 들어서게 된다. 진주만 공격, 경제대공황, 대불황 등 역사는 설마 하는 사람들에게 이렇게 '졸면 죽는다'고 경고한다.

걸리면 죽는다

아프리카 사슴 떼를 쫓는 사자 일가의 장면을 본 적이 있는가? 이들은 비록 힘이 약하기는 하나 떼를 지어 내달리는 사슴 떼 한 가운데로 감히 뛰어들지는 못한다. 대열 속에 있는 사슴과의 충돌은 사슴 뿐만 아니라 자신까지 크게 다치게 할 것이기 때문이다. 그래서 뜀박질이 느려 대열에서 이탈하는, 즉 늙었거나 병들었거나, 어린 사슴을 공격한다. 오랜 기다림 끝에 마침내 사자 한 마리가 그런 사슴 등에 올라타 목덜미를 깨무는 장면은 먹이사슬을 따라 어김없이 내려오는 적자생존이란 거대한 질서 속의 한 장면에 불과할지 모르지만 보는 이들은 그때마다 늘 마음이 서늘해진다.

그러나 사자들은 말이 없다. 그들이 늘 굶주려서 사슴을 공격하는 것은 아닐 것이다. 그래서 혹시 사자에게 왜 그랬냐고 물으면 아마도 이렇게 대답할지도 모른다. "거기 사슴이 있으니까"라고 말이다. 1953년 5월 29일 세계 최고봉인 해발 8,848미터의 에베레스트 산을 최초로 등정한 후 왜 산에 오르냐고 물은 기자들의 질문에 "거기 산이 있으니까"라고 대답했던 힐러리 경처럼 말이다.

그런 이야기는 그 후에도, 그러나 전혀 엉뚱한 장소에서도 있었다. 사무엘슨과 바넷이 엮은 『Inside the Economist's Mind』에는 일생의 거의 절반 가량을 감옥에서 보낸 미국의 한 유명한 은행강도인 서튼에 대한 언급이 있는데, 왜 자꾸 돈을 훔치느냐는 기자들의 질문에 그는 "거기 돈이 있으니까"라고 잘라 대답했다고 한다. 또 은행을 터는 것만큼 즐거운 일이 없기 때문에 모든 순간을 즐겼다고 하면서 일을 끝내기가 바쁘게 곧 다음 은행을 물색했다고 한다.

투기꾼들도 마찬가지가 아닐까? 그들은 평범한 얼굴로 늘 사람들 속에 있으면서 일거리를 찾아다니지 않을까? 경계를 게을리 하거나, 어떤 이유에서든 대열에서 이탈하면 이들의 먹이가 되기 십상이다. 경제도 마찬가지다. 경제위기를 경험한 대부분의 나라들은 투기꾼늘에게 어떤 식으로든, 이를테면 경상수지나 재정수지, 혹은 단기외채 비중이 지나치게 높다는 등의 약점이 잡힌 나라들이다. 그래서 역사학자였던 챈슬러는 경제위기를 모아 분석한 책을 쓰고 제목을 『악마는 낙오자를 덮친다』라고 붙였다.

걸리면 대책 없이 죽는 일은 도처에서 일어나고 있다. 지역 자율방범대원인 히스패닉계 백인 조지 짐머만은 2012년 2월 플로리다주 샌퍼드에서 편의점에 들렀다 귀가하던 회색 후드 차림의 17세 흑인 소년 트레이번 마틴을 범죄자로 의심해 뒤를 쫓다가 총으로 숨지게 한다. 당시 마틴은 한 손에는 편의점에서 산 사탕과 음료를, 다른 한 손에는 휴대전화를 들고 여자 친구와 통화하며 길을 걷고 있었다. 총기를 갖고 있지 않았으며 약물이나 음주를 한 상태도 아니었다. 나중에 확인된 사실이지만 범죄 전력도 전혀 없었다. 그런데도 짐머만은 그를 마약과 관련된 수상한 흑인이라 단정하고는, 추격할 필요가 없다는 911 직원의 권고도 무시한 채 계속 뒤를 쫓았다.

사법당국은 마틴이 자신을 바닥에 눕힌 뒤 머리를 계속 가격해 생명에 위협을 느낀 나머지 '정당방위' 차원에서 총을 쐈다는 짐머만의 일방적인 주장을 그대로 받아들여 그를 체포조차 하지 않았다. 결국 뒤늦게 여론에 떠밀려 법정에 세우지만 플로리다주 법원 배심원단은 짐머만의 행위를 정당행위로 인정하고 2급 살인혐의에 대해 무죄 평결을 내린다. 그러나 배심원단 6명 가운데 5명이 백인인 것으로 알려지면서 거센 인종차별 논란을 일으키고 급기야 샌프란시스코와 뉴욕, 시카고 등지에서도 법원 판결을 비난하는 시위가 잇달아 일어나게 된다.

사건 발생 일 년 2개월 만에 짐머만이 뒤늦게 법정에 서게 된 것은 피해자가 흑인이라 수사당국이 제대로 조사하지 않았다는 논란이 불거졌고, 오바마 대통령조차 수사당국에 진상 조사를 촉구한 바가 있었기 때문이다. 오바마 대통령은 당시 "내게 아들이 있었다면 트레이번 마틴과 같은 모습이었을 것"이라며 당혹스러운 심정을 감추지 않았다.

후드차림의 흑인소년에 미국은 왜 이렇게 가혹할까? 마약과 관련되었다고 그랬을까? 소가 웃을 일이다. 맨해튼 아파트 화장실에서 팔에 주사기를 꽂은 채 약물 과다복용으로 숨진 백인 배우 호프만에 대해서는 그토록 관대했던 미국 아닌가? 일부 여론은 그에게 약물을 판매한 사람을 잡아 경을 치라고 외쳐대기도 했다. 부잣집 백인 아이를 건드렸다간 그 아이의 아버지가 고가로 고용한 변호사에 걸려 평생 감옥에서 썩게 될 것은 범죄자들이 먼저 알고 있기 때문이다.

미국에서 흑인 소년이 후드를 입고 돌아다니다 걸리면 죽는다. 안타깝지만 이러한 모습이 '법의 지배'보다는 '법률가의 지배'를 받는다는 비아냥을 듣는 미국 인권의 현주소다. 이러한 일은 사실 아주 오래전부터 있어왔기 때문에 결코 새삼스러운 일은 아니다. 1923년 9월 관동대지진 당시 흔들리는 민심을 다잡기 위해 일본은 조선인들이 폭동을 조장하고 있다는 루머를 퍼뜨리며 6천 명 이상의 조선인들이 학살당하게 했다. 또 연대는 확실하지 않지만 중세의 못된 왕들은 유통중인 금화를 거둬들여서 낮은 무게의 금화로 재주조해서 교환하는 방법으로 재정난을 해결하곤 했는데, 때로는 유대인들을 속죄양으로 몰아 처형하면서 시민들의 불만을 달래기도 했다.

경제위기를 일으키기 위해 투기꾼들이 노리는 나라도 후드 차림의 흑인 소년처럼 대개는 약하고 작은 나라들이다. 적은 돈으로도 쉽게 허물어 버릴 수 있기 때문이다. 한국이 최근 경상수지 흑자의 벽을 높이 쌓아 올리며 투기꾼들의 '비호감국'이 된 것은 참으로 다행스러운 일이다.

미 연준이 2014년부터 양적완화 축소(테이퍼링)를 시작한다고 선언하면서 2013년 연말 미국 국채금리가 상승하고, 또 다른 많은 나라들도 국채금리가 상승하고 통화 가치가 하락하면서 적신호가 켜지고 있는 가운데서도 한국은 의외로 선전한다. 원화 가치가 상승했을 뿐만 아니라 국고채 금리도 하락하면서 투자자들을 놀라게 했다. 여러 가지 원인이 있었겠지만 당시 전문가들은 경상수지가 계속 흑자를 보이고 있었던 것이 가장 큰 원인이었다고 입을 모았다.

쫄아도 죽는다

불황은 늘 느닷없이 들이닥친다. 그러나 그런 불황이 왔다고 지나치게 흔들려서는 안 된다. 사태를 더욱 꼬이게 만들기 때문이다. "우리가 가장 두려워해야 할 것은 두려움 그 자체"라고 경제대공황 당시 국민들에게 호소한 미국의 루즈벨트 대통령은 그래서 옳다. 두려움을 극복하고 냉정한 자세로 사태를 바라보면 역사 속에 숨어 있는 해법을 반드시 찾아낼 수 있기 때문이다.

역사 속에는 위인들만 살고 있는 것이 아니다. 위인들이 살았던 삶과는 전혀 다른 삶, 이를테면 처음부터 다 알고 있었으면서도 짐짓 모르는 척 사악한 일들을 계속해서 저질렀던 사람들도 많다. 그러니 미처 알지 못하고 저지른 일을 가지고 지나치게 자책한 나머지 일을 더욱 꼬이게 만드는 우를 범해서는 안 된다. 인간은 실수를 하는 법이다. 사고나 실수를 예방하고 경계하는 것도 중요하지만, 더 중요한 것은 이미 일어난 사고나 실수를 어떻게 수습할 것이냐다. 이에 대한 해법 역시 역사가 제시

한다.

멕시코 경제를 보자. 1989년에 뚜껑을 연 브래디 본드의 최대수혜국이 되고, 1993년 미국, 캐나다, 멕시코, 3개국이 참여하는 북미자유무역협정 NAFTA이 미국 의회의 비준과 동시에 정식으로 출범할 때만 해도 더 없이 좋았다. 그러나 1994년 새해 첫날부터 발생한 농민 봉기로 국내정세가 격랑에 휩쓸려 들어가면서 멕시코 경제는 해외투자자들의 경계대상이 된다. 집권당 후보였던 세디요가 새로운 대통령으로 당선되었으나 국내 정세는 전혀 나아질 조짐을 보이지 않는다.

이에 불안을 느낀 국내외 투자자들이 페소화를 달러화로 바꾸어 해외로 탈출하기 시작한다. 이에 따라 외환보유고가 계속 감소하는 가운데 경제 불황으로 재정적자까지 확대되면서 멕시코의 국가 신용등급은 급격하게 하락한다. 이에 따라 1995년 3월엔 멕시코 국채의 표면금리가 75%까지 상승할 정도로 여건이 악화된다.

또다시 찾아온 경제위기에 바짝 긴장한 예일대 경제학 박사 출신의 세디요 당시 멕시코 대통령은 멕시코를 떠나려는 해외투자자들을 달래기 위해 '테소보노스'라고 하는 달러화 표시의 단기 국채를 대거 발행한다. 그러나 멕시코 정부의 이런 필사적인 환율 안정 노력에도 불구하고 멕시코의 페소화는 결국 폭락하고 만다. 이에 테소보노스도 따라서 폭발한다. 페소화로 환산된 멕시코 정부의 단기채무가 상상을 불허할 정도로 커졌기 때문이다. 이것이 바로 그 유명한 '테킬라 위기'의 전말이다. 그런데 데킬라 위기는 난데없이 아르헨티나까지 곤경에 빠뜨린다.

잇따른 외채위기에 이어 1980년대 말 두 해 동안 아르헨티나는 연간 3,000%에 달하는 초인플레이션을 경험하게 된다. 이에 바짝 긴장한 메넴 당시 아르헨티나 대통령은 하버드대 경제학 박사였던 카바요를 재무장관으로 발탁해서 1991년의 통화개혁을 통해 새로운 돌파구를 연다. 환율을 1페소당 1달러로 고정하는 동시에 통용되는 페소화에 대해 모두 달러 보유고의 뒷받침을 받게 하는 스페인 식민지 시절의 '통화위원회'를 부활시키는 강수를 둔 것이다.

해외투자자들을 안심시키기 위해서였다. 그 후 2년 동안 소비자물가는 40% 선으로 내려앉고, 게다가 3년 만에 GDP가 25%나 증가하면서 일단은 성공을 거두는 듯했다.

그러나 1994년 멕시코에서 테킬라 위기가 일어나면서 아르헨티나 경제개혁의 중심이 되었던 이 통화개혁이, 이제는 거꾸로 아르헨티나의 발목을 잡는 족쇄가 된다.

멕시코 페소화의 폭락에 놀란 투자자들이 갑자기 이와는 아무런 관련이 없는 아르헨티나 페소화의 가치 하락을 우려하며 은행으로 달려와 달러화로 바꾸어 줄 것을 요구하기 시작한 것이다. 시중에 떠돌아다니며 경제활동에 참여해야 할 페소화가 이렇게 은행으로 몰려들자 아르헨티나의 경제활동은 즉시 삐걱거리기 시작한다. 그러나 환전된 달러화가 이미 국내를 빠져나가 버렸기 때문에 달러보유고 부족으로 페소화를 다시 시중으로 내보낼 수도 없었다. 같은 크기의 달러화 확보를 의무화했던 통화위원회 규정 때문이었다.

세계은행의 지원으로 가까스로 곤경에서 벗어난 아르헨티나는 페소화와 달러화를 1대 1로 고정시켜둔 환율제로 인해 그 후 다시 위기에 빠져든다. 1990년대 말로 가면서 달러화 가치가 상승하자 이에 따라 아르헨티나 페소화의 가치도 덩달아 올라간다. 그리고 주력시장인 유럽에서 가격경쟁력이 떨어지면서 아르헨티나 경제는 침체에 빠져든다. 이때 설상가상으로 1998년 아시아 외환위기의 후폭풍으로 브라질의 레알화 가치가 폭락하면서 유럽시장에서 브라질과 경합을 벌이던 아르헨티나를 더욱 곤란한 상황으로 몰고 간다. 이에 따라 통화위원회 규정에도 불구하고 페소화의 가치 하락이 불가피할 것으로 예상한 투자자들이 일제히 은행으로 달려가자 1995년 멕시코 테킬라 위기 직후의 상황이 재현된다. 결국 아르헨티나는 2001년 말 1달러당 1페소의 고정환율제를 포기한다. 역사는 우리에게 이렇게 또 너무 겁 먹어도 안 된다고 가르친다.

겁을 먹어 사태를 그르친 나라는 아르헨티나뿐만이 아니었다. 외환위기 당시 IMF 측과 미국의 무리한 요구에 순응하는 한국 정부에 대해 적지 않은 이들이 의문을 가졌다. 외환관리나 재정지출과 같은 거시경제운용과 관련된 정책변화 요구는 자신들의 지원금을 안전하게 회수하기 위한 담보로 이해할 수도 있었다.

그러나 은행산업을 포함한 재벌구조 개혁까지 요구한 것은 너무 멀리 나간 것이었다. 그런데도 그런 무리한 요구까지 다 수용한 한국정부에 대해 상대 협상 팀의 한 축이었던 세계은행까지도 당시 몹시 의아스러웠던 모양이었다. 동아시아 경제위기 당시 세계은행 수석 부총재를 지냈던 스티글리츠는 나중에 한국의 경제관료들과 나눈 대화에서 그들이 혹시 IMF 측과 미국으로부터 긴급 달러 수혈을 받지 못하게 될까 전전긍긍하고 있었다는 사실을 확인했다고 한다. 한 마디로 엄청 '쫄고' 있었다는 이야기다.

그러나 그럴 필요가 전혀 없었다. 경제보다 정치공학을 더 무겁게 여기는 IMF에게 있어 한국은 미국이 가볍게 여길 수 있는 나라가 결코 아니었기 때문이다. 외환위기로 한국 경제가 큰 어려움을 겪고, 그로 인해 국가의 안위가 흔들릴 경우 미국도 지정학적으로 큰 곤경에 빠지지 않을 수 없다. IMF 측에서 들이대는 워싱턴 컨센서스는 그늘이 표변셕으로 내세우는 이른바 표준계약서일 뿐이고, 실제 적용은 해당 국가들마다 많은 차이가 있었다고 세계은행은 보고한다. 경제위기국의 지정학적 특성과 함께 무엇보다도 미국의 이익이 많이 고려되었다고 한다.

세상을 살면서 온갖 풍상을 겪다보면 '음지가 양지가 되고, 양지가 음지가 된다'는 옛말이 결코 빈말이 아님을 실감케 하는 일을 마주하게 된다. 아주 최근에 그런 일이 있었다. 재정위기로, 혹은 외환위기로 궁지에 몰린 나라가 IMF의 서슬에 눌려 낭패를 보는 것과는 반대로 IMF가 한 국가의 경제위기가 불러올 가공할 만한 후폭풍에 겁 먹은 나머지 납작 엎드리는 일이 일어난 것이다.

엄청난 재정적자로 머지않아 곤궁한 입장에 빠지게 될 것으로 오래전부터 예상되어 오던 그리스 문제가 글로벌 금융위기의 여진으로 2010년 초 갑자기 현안으로 떠오르자 IMF는 초긴장 상태로 들어간다. 그리스의 디폴트선언이 불가피할 것이라는 예상이 시장을 지배하게 되는 날은 세계 경제에 재앙이 닥쳐오는 날이기 때문이다.

일차적으로 그리스에서 은행들의 연쇄적인 도산에 대비해 서둘러 예금을 인출하려는 고객들이 한꺼번에 몰려오는 이른바 '뱅크런'이 불가피해지고, 뒤이어 그로 인한 충격파가 유사한 문제를 안고 있는 이웃나라, 스페인과 이탈리아로까지 순식간에 번져 나가면서 유럽연합체제가 붕괴되는 단초가 될 수도 있기 때문이다.

그런 걱정에 IMF 측은 급기야 그리스가 디폴트는커녕 모라토리움조차 직접 언급하지도 않은 2010년 5월에 유럽연합과 함께 1,470억 달러 규모의 구제금융을 들고 그리스를 찾는다. 그리고 그 돈으론 어림도 없다는 사실을 뒤늦게 알게 된 IMF는 2012년 초에 1,655억 달러를 더 챙겨들고 다시 그리스를 찾는다.

하지만 그리스는 몹시 당당하다. IMF가 들고 온 갖가지 경제개혁 요구안을 수용하려는 정부에 대해 그리스 국민들은 금반지를 벗어주는 대신 거리에서 돌을 던지며 반대의사를 확실하게 표시한다. 그런 국민들의 후원(?) 때문이었을까? 그리스 정부 역시 매우 당당하게 협상에 임한다. 그리고 IMF와 이웃나라들이 들고 온 구제금융을 못 이긴 척 다 받는다. 웬만하면 꺾일 수밖에 없는 상황에서도 절대 의기소침하지 않았던 그리스 정부에게 박수를 보낸다.

튀면 맞는다

일본은 단기적인 이익보다는 장기적인 안목으로 시장점유율을, 또 개인의 이익보다는 국가의 발전을 먼저 생각하는 특이한 국민성에 힘입어 패전의 상처를 재빨리 봉합하고 세계시장에 들어선다. 그래서 1980년대에 이미 일본 수출전사들은 40여년 전 카미카제를 앞세워 진주만으로 출정하던 당시보다 더 매서운 기세로 미국시장을 공략해 들어간다.

그러자 무역적자와 재정적자의 쌍둥이 적자를 해소하기 위해 미국의 레이건 대통령은 일본의 나카소네 수상에게 압력을 넣으며 일본시장의 문을 열기 위해 안간힘을 써야 했다. 당시 미국이 일본의 자동차산업을 압박하기 위해 염치불구하고 강제했던 관세와 수입 쿼터제, 또 자율적 수출규제 등과 같은 무역장벽 정책은 지금도 국제경제학 교과서에 그대로 실려 있다.

그러나 미국의 이런 눈에 뻔히 보이는 무역장벽으로는 미국상품을 눈에 잘 띄지 않는 곳에 전시하고, 또 미국산 쌀은 반드시 국내산 쌀과 섞어 판매하도록 해서 일본 소비자들이 순수 미국산 쌀을 쉽게 맛보지 못하도록 했던 일본의 눈에 보이지 않는 무역장벽을 이길 수 없었다. 이에 분노한 미국의 자동차 노조는 일본산 소형자동차를 모아서 불태우는 식으로 멍청하게 저항한다.

일본은 그렇게 긁어모은 달러화로 처음에는 미국의 국채를 사 모으며 엔화의 가치를 관리하는 조심스러운 행보를 보인다. 그러나 곳간에 달러화가 쌓이는 걸 보면서 태도가 달라진다. 할리우드의 유명 영화사와 월가의 소문난 빌딩들을 연이어 매입하면서 위세를 부리기 시작한다. 할리우드의 콜롬비아 영화사, 맨해튼의 록펠러 센터와 엑손 빌딩과 같은 미국의 상징적인 회사와 빌딩들이 일본인의 손에 넘어간 것은 바로 이 무렵이었다.

이뿐만이 아니었다. 파리로 진출해 인상파 그림의 매입에 대거 나서기도 했다. 하버드 대학의 사회학자 보겔이 1979년에 쓴 『Japan As Number One』이 뒤늦게 태평양 양안의 서점가에서 베스트셀러로 떠오른 것 역시 바로 이 무렵이었다. 나카소네 당시 일본수상도 대미 경제전에서의 승리가 일본인의 우수성에서 비롯된 것이라 선전하며 태평양 전쟁의 전범들이 안치된 야스쿠니 신사를 참배하며 우쭐댄다.

이렇게 기세가 등등해진 일본은 미국의 그칠 줄 모르는 시장 개방과 세계화 편승 요구에 극도의 피로감을 느낀 나머지 이에 정면으로 맞서기로 한다. 이런 시류를 반영이라도 하듯 1989년 당시 도쿄 도지사였던 이사하라 신타로와 소니 회장이었던 아키오 모리타가 공동으로 집필한 『'노'라고 말할 수 있는 일본』이 일 년 만에 20쇄를 찍는 공전의 히트를 친다. 한국과 중국에서도 번역되어 팔렸다.

그러나 여기까지였다. 토요다, 닛산, 미쓰비시, 샤프와 같은 당시 일본의 대표적 기업들이 올린 이익의 절반 이상이 본연의 제조업 활동에 의한 것이 아니라 부동산이나 주식매입과 같은 투기에서 발생하고 있는 버블을 보고 야스쿠니의 신들도 화가 나 돌아앉아 버렸는지, 해가 바뀌기 무섭게 버블이 꺼지기 시작하면서 도쿄 증시는 3분의 1토막이 난다.

이와 함께 바람 빠진 풍선처럼 활력을 잃게 된 일본 경제도 끝이 보이지 않는 긴 불황의 터널로 들어간다. 반면 미국 금융회사들은 도쿄 증시 하락에 재빨리 베팅하고는 보란 듯이 거액을 챙겨간다. 뒤다간 맞는다. 예외가 없다.

아무도 믿지 마라

서브프라임 금융위기가 고조되어 가고 있었던 2007년 초 미국 정부의 공식적 반응은 예외 없이 불신과 부인이었다. 2007년 3월 당시 미 연준 의장이었던 버냉키는 의회에 나와서 "서브프라임 모기지 채권으로 발생하고 있는 문제가 전체 경제와 금융시장에 미치게 될 영향은 지금 현재로서는 매우 제한적이다"라고 말한다.

같은 시기 당시 미국의 재무장관이었던 폴슨도 "전체 경제에 대한 위협요인은 되지 않는다고 생각한다"라며 서브프라임 모기지 채권시장의 붕괴 가능성을 일축한다. 폴슨은 한 걸음 더 나아가 베어 스턴스가 도산한 이후인 2008년 5월에도 "앞을 내다보아야 한다. 금융시장은 앞서 있었던 혼란보다는 전체 경제가 보여주고 있는 활력, 특히 부동산시장의 회복에 힘입어 활력을 되찾게 될 것이다"라며 호언한다.

미 연준 역시 그때까지도 자신들의 견해를 바꿀 생각을 하지 않고 있었다. 베어 스턴의 주인이 바뀌고 리먼 브라더스의 파산이 임박해 있던 시점에서도 미 연준의 공식적인 입장은 몇 차례 주춤거리기는 했지만 경제는 여전히 순항중이라는 것이었다. 그러나 당시 미국은 2007년 12월에 불황에 진입한 지도 5개월이나 지난 뒤였다. 물론 이 사실은 그로부터 7개월이 지난 2008년 12월 1일에 가서야 NBER의 공식적인 발표로 확인이 된 사실이다.

경기인식에 대한 오류는 부시 전 대통령도 마찬가지였다. 2007년 10월 17일 "나는 지금 우리 미국의 많은 경제지표에 고무되어 있습니다."라고 말한다. 또 11월 13일에는 재차 "미국 경제의 펀더멘털은 매우 튼튼해서 경제의 활력이 좋습니다"라고 말한다. 그러나 금융권과 부동산 부문은 계속 악화되어 간다. 결국 2007년 12월에 미국 경제가 불황으로 진입하자 상황의 심각성을 인정하기 시작하면서 "확실히 몇 가지 문제가 있습니다. 그러나 펀더멘털은 여전히 좋습니다"라는 언급을 한다. 그러면서 마치 기다렸다는 듯이 2008년 2월에 1,680억 달러 규모의 감세안에 서명한다.

그러나 부시의 감세정책은 실패한다. 일찍이 케인즈가 예언한 대로 사람들은 감세로 늘어난 가처분소득을 정부가 기대하는 소비지출로 보내는 대신 빚을 갚는 데 사용했기 때문이다. 이 사실은 나중에 실시된 한 조사에서 미국 국민들이 당시 감세로 늘어난 소득의 절반 이상을 소비 대신 저축으로 돌린 것으로 실제로 확인되기도 했다. 그러니 감세가 이미 쇠퇴일로에 있는 경기를 일깨우는 데는 역부족일 수밖에 없었다.

그런데도 끝내 자신이 이끄는 미국이 불황에 진입하지는 않았다고 고집한다. 실제로 불황에 진입한 지 두 달이나 지난 2008년 2월 28일에도

"나는 미국이 불황에 진입했다고 생각하지 않는다"라고 말한다. 당시로 서는 미국이 불황에 진입했다는 공식적인 증거는 전혀 없었기 때문에 부시 전 대통령이 고의로 거짓말을 하려 들지는 않았을 것이다.

그러나 곧 미국의 재무부와 연준은 주요 투자은행이었던 베어 스턴즈 를 JP모건 체이스은행에 주당 2달러에 매각하는 파격적인 거래를 주선 하면서 부동산 버블 파괴의 후유증이 본격적으로 불거지기 시작한다. 또 같은 해 9월에는 리먼 브라더스가 파산 신고를 한다. 2008년 10월 10일 부시는 그제서야 "문제가 있다는 사실을 잘 알고 있다"라고 말한다. 그 리고는 또 "우리에게는 이 문제를 해결할 수 있는 몇 가지 방법이 있고, 신속하게 움직이고 있다"라고 태연하게 이야기한다.

그러나 그런 한가한 대통령을 전면에 내세운 채 폴슨 재무장관, 버냉 키 연준의장, 그리고 그의 호위무사 가이트너 뉴욕 연방준비은행장은 금 융시장의 움직임을 실시간으로 지켜보며 이면에서 바쁘게 움직인다. 이 들은 시장의 불안감을 달래기 위한 비상조치로 공영 부동산 금융회사인 패니매와 프레디맥을 아예 국유화하고 AIG에 구제금융을 지원하는 동 시에 무차별적 채권매입을 위해 7,000억 달러 규모의 부실자산구제프로 그램TARP을 마련해 금융권을 지원하는 응급처치에 나선다.

그린스펀이 볼커의 뒤를 이어 미 연준 의장 일을 시작한 지 2개월이 갓 지나 터진 블랙 먼데이, 다우존스 산업지수가 22.61% 내려앉는 참사 가 벌어졌던 바로 그날에 그는 텍사스주 달라스에 있었다. 소식을 듣고 그는 달라스에서의 일정을 전면 취소하고 귀경한다. 이유는 단 한 가지 로 시장을 안심시키기 위한 것이었다. 고위공직자들의 말과 행동은 적지 않은 파급효과를 가지고 있는 만큼 언행에 특별히 조심해야 함은 당연 하다. 특히 비상한 국면에서는 엄청난 폭발력을 가질 수도 있기 때문에 사실대로 이야기할 수 없는 일도 당연히 많다. 가만히 있기보다는 어떤 식으로든 순간적으로 결정된 행동에 기어이 나서고야 마는 '야성적 충동'의 지배를 받는 투자자들의 오판을 방지해야 하기 때문이다.

그러나 그런 경우에도 사실을 감추는 한은 있어도 결코 거짓말을 해서는 안 된다. 사실 은폐와 허위사실 공표의 차이는 상당히 애매하다. 그러나 되풀이 되는 경제위기를 겪으며 어느 나라의 국민이든 이제 잘 알게 되었다. 정부의 말을 액면 그대로 믿고 무거운 결정을 내려서는 절대 안 된다는 사실을 말이다.

내 돈 안전하게 지키는 6가지 투자원칙

살얼음판처럼 늘 위태로워 보이는 자산투자지만 언제까지나 외면할 수는 없다.
투자 리스크를 크게 낮추는 6개의 투자원칙을 소개한다.

〈수칙 1〉 시장에서 절대 눈을 떼지 마라

　　　　최근 20여 년 동안 거대한 자산버블이 세 차례 있었는데, 첫 번째는 1980년대 후반에 있었던 일본의 버블, 두 번째는 1990년대 중반 무렵의 동아시아 지역에서의 버블, 그리고 세 번째는 1990년대 후반 미국에서 있었던 버블이었다.

　그런데 이 3개 버블 간에는 연관점이 있었다. 먼저 일본에서 버블이 꺼지면서 자금이 동아시아로 흘러들어가서 그곳에서 새로운 거품을 만든다. 또 동남아에서 거품이 꺼진 후에는 이 지역에 몰려들었던 자금이 일제히 미국으로 흘러들어가 주식거품을 키우게 된다. 이처럼 돈은 잠시도 쉬지 않고 움직이는데 그 속에 있지 않고는 그런 격류를 절대로 알아내지 못한다.

〈수칙 2〉 뉴스에 귀를 기울여라

돈의 흐름을 바꾸는 크고 작은 많은 사건들은 때로는 찻잔 속의 태풍으로 싱겁게 끝나기도 하지만 때로는 무서운 회오리를 일으키며 글로벌 자금시장을 순식간에 일주하는 격랑을 일으키기도 한다.

이렇게 경제의 흐름을 바꾸는 경제뉴스는 2가지가 있다. 하나는 정례적인 뉴스다. 정해진 일정에 따라 규칙적으로 발표되는 뉴스다. 주요 경제지표 발표가 대표적인 예다. 다른 한 가지는 예측이 아예 불가능한 비상한 뉴스로, 전쟁이 발발했다거나 주요 은행이 파산했다거나 하는 등의 예기치 못한 사건을 알리는 뉴스인데 이라크와의 전쟁이나 리먼 브라더즈의 파산 소식 같은 것들이 바로 그런 뉴스들이다.

깜짝 뉴스라고 해서 나쁜 뉴스만 있는 것은 아니다. 자산시장에 긍정적인 쇼크를 주는 좋은 뉴스도 얼마든지 있다. 1989년에 있었던 베를린 장벽의 붕괴와 같은 뉴스는 전례를 쉽게 찾기 어려울 정도의 호쾌한 뉴스다. 또 1974년 멕시코 앞바다에서 대형 유정이 추가로 발견되었다는 뉴스는 비단 멕시코 사람들뿐만 아니라 유가 인하를 기대하는 사람이라면 매일 들어도 질리지 않을 시원한 뉴스다. 그러나 좋든 나쁘든 이러한 깜짝 뉴스들이 자산시장에 충격을 주는 것은 사건 발생 후의 추이를 예단하기가 쉽지 않기 때문이다.

그런 면에서 일정에 따라 발표되는 뉴스는 어떤 내용의 뉴스가 나올지 정도는 미리 짐작할 수 있기 때문에 상대적으로 충격이 적은 편이다. 그럼에도 시장은 가끔 엄청난 충격을 받기도 한다. 예측이 빗나가는 경우에 일어나는 일이다. 전혀 예측하지 못했다는 점에서는 별안간 터져 나오는 깜짝 뉴스와 다를 바가 없다. 머릿속에 그리고 있던 대응책이 전혀 소용이 없게 되면서 '맨붕'에 빠지게 되는 것이다. 베어 스턴즈와 유사한 해법을 기다리던 투자자들에게 리먼 브라더스의 파산 소식은 그야말로 '마른 하늘의 날벼락' 다름 아니었다.

아마추어와 프로는 이런 상황에서 차이를 보인다. 아마추어는 우왕좌왕하다가 마침내 다른 투자자들의 뒤를 쫓아간다. 그러나 백전노장의 프로는 예전에 있었던 유사한 사례들이 열어놓은 길을 따라 달린다. 미리 준비하고 있던 위기대응 매뉴얼에 따라 움직이는 것이다. 2016년 브렉시트 당시 소로스가 그렇게 했다.

소로스는 브렉시트가 그리 심각하게 입에 오르내리지도 않았을 무렵부터 금을 사들였고, 투표 직전에는 다른 많은 투자자들처럼 유럽연합 잔류를 기대하며 파운드화도 매입했다. 결국 금은 성공한 투자가 되었고, 파운드화는 실패한 투자가 되었지만 소로스는 역시 달랐다. 영국 국민들이 '이탈'을 선택하자 즉시 파운드화 투자에서 발생한 손실의 만회에 나섰다. 금융주 하락을 예측하고, 대표적 금융주인 도이치뱅크 주식 700만 주를 공매도 했다. 주식을 빌려서 먼저 팔아 치운 것이다. 그리고 이틀이 지나 도이치뱅크 주를 사다 반납했을 때는 도이치뱅크의 주가가 22%나 떨어져 있었다. 그렇게 해서 단 이틀 만에 2,200만 유로, 우리 원화로는 284억 원의 차익을 올릴 수 있었다. 과연 소로스였다. 필자가 더욱 놀란 것은 당시 그의 나이가 85세였다는 사실이었다.

〈수칙 3〉 바늘 떨어지는 소리에도 귀를 기울여라

　　　　　경제는 자연과학과 달라 규칙적인 작동패턴을 찾아내기가 매우 어렵다. 탐욕과 공포에 반응하는 사람들의 생각, 또 그 생각들이 모여서는 전혀 엉뚱한 괴물로 변해버리는 집단심리를 추적해야 하는 작업이기 때문이다. 그럼에도 경제는 언제나 제 갈 길을 간다.

　경제, 특히 자산시장은 끊임없이 변하는 세상에 대응하는 투자자들의 집단심리가 변덕스럽게 옮겨 다니는 곳이다. 모험을 찾아 잠시도 가만히 있지 못하다가도, 또 언제 그랬느냐는 듯이 햇볕 잘 드는 곳을 찾아 들어가 납작 엎드리고는 미동도 하지 않는 수도 있다. 많은 세상사들이 결국은 경제지표를 건드리면서 투자자들에게 장차 자산시장에서 일어날 일에 대해 나름대로 암시를 주게 된다.

　그러나 지혜로운 투자자들은 경제지표가 움직이기도 전에 그 후에 전개될 일을 다 계산한다. 그런 경지에 오르려면 세상의 모든 소리에 귀를 기울여야 한다. 그리고 상상력을 동원해 자신만의 그림을 그릴 줄 알아야 한다.

〈수칙 4〉 언제나 출구를 확보하라

　　　　　모든 파티는 언젠가는 끝난다. 대개의 경우는 여흥이 길게 이어지면서 어느 순간 끝이 나는 듯하다 새로 이어지는 일도 많다. 긴 파티 끝에 찾아오는 것은 언제나 숙취다. 적절한 시간에 스스로 물러설 줄 아는 지혜가 필요하지만 결코 쉬운 일이 아니다. 파티가 무르익기 전에 술독을 치우는 일이 중앙은행장의 직무라 했던가? 그러나 지금까지 한 번도 지켜지지 않았다.

독자 여러분은 영화관, 호텔, 지하철역 등과 같이 낯이 익지 않은 곳에 처음 갈 때 잠깐이라도 비상구가 어디에 있는지 살펴보는가? 그게 때로는 생사를 좌우하게 될지도 모르는데. 자산시장 투자도 마찬가지다. 어떤 투자자산도 늘 오르기만 하지는 않는다.

2014년 3월 6일 미국의 모든 언론매체들이 일제히 월가의 상승장 다섯 돌을 알리는 기사를 올렸다. 2009년 3월 5일부터 2014년 3월 6일까지의 지난 5년 동안 다우존스산업지수는 2009년 3월의 저점 6,447의 3배나 되는 16,421.89까지 올랐다. S&P 500지수의 경우 평균 18개월마다 10% 이상 떨어지는 조정을 받는 것이 상례였는데, 이번에는 2011년에 한 차례 있고 재연될 조짐은 보이지 않았다. 5년 연속 상승장은 이례적인 일이지만 처음 있는 일은 아니었다. 2002년 10월 10일부터 2007년 10월 11일 사이에도 있었다.

서브프라임 모기지의 흡입력으로 돈이 미국으로 쏠리면서 만들어진, 2007년까지의 5년 연속 상승장은 결국 서브프라임 모기지의 부실로 내려앉았다. 2008년 9월 15일 리먼 브라더즈의 파산 신청과 함께 다우존스산업지수는 500 포인트 이상 빠지며 무려 4.4%나 하락한다. 결국 파티는 끝나고 말았다. 그러나 그게 끝이 아니었다. 2주가 지난 9월 29일 부시 행정부가 마련한 7천억 달러 규모의 구제금융요청이 의회에서 1차 부결되자 다우존스산업지수는 777 포인트, 7% 하락했다.

그러면 지금 진행되고 있는 월가의 증시 상승장의 귀추는 어떠한가? 서브프라임 모기지 금융위기를 극복하기 위해 마련된 양적확대가 불러온 신기루일까? 이른바 테이프링으로 그동안 쏟아부어 놓은 논을 수뎌

담기 시작하는 순간 사라지게 될 것으로 적잖이 예상하고 있었다. 그러나 그 예상은 보기 좋게 빗나갔다. 2018년 3월 현재 다우지수는 9년째 상승중이다. 제2차 세계대전 후 처음 있는 일이다.

그러나 전 세계를 대상으로 무역전쟁을 선포한 트럼프가 곧 이 기록을 깨뜨려 버리지 않을까 하는 우려가 커지고 있다. 그렇다면 어떻게 할 것인가? '너무 일찍 자리를 뜨지 말라'는 사람이 있는가 하면, '이른 편이 차라리 늦은 편보다 낫다'는 사람도 있어 투자자들 개개인이 스스로 결정할 문제다. 그러나 항상 출구를 바라보고 있어야 함을 잊지 말아야 한다.

〈수칙 5〉 실수를 두려워마라

사랑 없는 결혼을 하는 사람은 경제원리도 모르고 주식으로, 채권으로, 금으로, 부동산으로 돈을 벌려는 사람과 같다. 사랑 없는 결혼이 행복할 수 없으며 경제 원리도 모른 채 지르는 돈에 계속 과실이 열리기는 어렵다. 결혼 없는 사랑을 고집하는 사람은 경제를 많이 알면서도 자산투자는 굳이 마다하는 사람과 같다.

살인죄의 누명을 벗기 위해 시도한 두 차례의 탈옥에 실패하고 마침내 절해고도의 감옥에 갇힌 영화 〈빠삐용〉의 주인공이 꿈속에서 만난 하느님에게서 들은 말을 떠올려보자. "넌 유죄야. 인생을 낭비한 죄." 경제 원리를 공부하고도 실제 투자에는 난색을 보이는 사람 역시 유죄다. 지식을 낭비한 죄.

실패는 누구나 한다. 그러나 처음부터 실패를 두려워해서는 아무 일도 할 수 없다. 해마다 열리는 미 프로풋볼의 진검승부인 슈퍼볼을 떠올려보자. 경기가 진행되는 불과 서너 시간 동안 12억 5천만여 개의 닭 날개를 먹어 치우게도 하는 슈퍼볼의 승자가 마침내 허공 높이 들어 올리는 '빈스 롬바르디 트로피'의 바로 그 롬바르디가 이렇게 말했다. "당장 일어나 운동장으로 달려 나가. 그렇게 앉아있으면 다리뼈가 부러질 일은 없어 좋겠군."

현대그룹을 창설한 고 정주영 회장도 처음 경험하는 대형 프로젝트 앞에서 겁을 먹은 부하들에게 같은 이야기를 했다. "임자, 해봤어?" 남자들만 그렇게 말한 것은 아니었다. 할리우드의 여배우, 카메론 디아즈도 이렇게 말했다. "사람들은 어떤 일을 하고 나서보다는 하지 않고 후회하는 일이 더 많다. 그래서 나는 무슨 일이든 다 해보려 애쓴다."

〈수칙 6〉 시장을 언제나 내 편으로

다시 〈빠삐용〉 이야기로 돌아가자. 가슴에 새겨진 나비문신으로 인해 빠삐용으로 불리는 주인공이 2번의 탈옥에 실패한 뒤에 보내진 곳은 사방이 바다로 막힌 작은 섬, '악마도'였다. 빠삐용은 여기서도 다시 탈출을 노린다. 그러나 시험 삼아 야자열매를 채워 절벽 아래로 던진 포대는 거센 파도에 밀려 여지없이 산산조각이 난다. 빠삐용은 그래도 물러서지 않는다. 날마다 절벽에 서서 밀려오는 파도를 관찰한 끝에 마침내 길을 찾아내는 데 성공한다.

절벽 안쪽을 세차게 때리던 파도가 주기적으로 한 번씩 먼 바다 쪽으로 밀려나가는 것을 발견한 것이다. 마냥 사나워만 보이던 조류의 패턴을 찾아낸 것이다. 그리고 어느 화창한 날을 골라 야자열매를 가득 남은 포대를 끌어안고 절벽 아래 바다로 뛰어든다. 거센 파도가 적이 아니라 친구가 된 만큼 두려움이란 있을 수 없었다.

시장도 마찬가지다. 경제지표와 친구가 되면 시장을 내 편으로 만들 수 있다. 브라질에 비가 내리면 커피작황이 좋지 않을 테니 지금 바로 스타벅스 주식을 사는 것이나, 금융위기 후의 양적확대가 불러올 것으로 예기되는 인플레이션을 피해 금에다 돈을 묻어두는 것이 바로 시장친화적 투자 자세다. 매번 확실하게 성공하는 전략은 아니지만 실패보단 성공할 확률이 훨씬 높아 내 돈을 끝내 지켜낼 수 있는 전략이다.

경제, 특히 자산시장은 끊임없이 변하는

세상에 대응하는 투자자들의 집단심리가

변덕스럽게 옮겨 다니는 곳이다.

독자 여러분의
소중한 원고를 기다립니다

★

　　메이트북스는 독자 여러분의 소중한 원고를 기다리고 있습니다. 집필을 끝냈거나 혹은 집필중인 원고가 있으신 분은 khg0109@hanmail.net으로 원고의 간단한 기획의도와 개요, 연락처 등과 함께 보내주시면 최대한 빨리 검토한 후에 연락드리겠습니다. 머뭇거리지 마시고 언제라도 메이트북스의 문을 두드리시면 반갑게 맞이하겠습니다.